신앙의 역사를 찾아서
한국천주교회사 이야기

신앙의 역사를 찾아서
— 한국천주교회사 이야기

지은이/ 정두희
펴낸이/ 홍인식
편집인/ 김준우
펴낸곳/ 한국기독교연구소
초판 1쇄 펴낸날/ 2023년 2월 20일
등록번호/ 제8-195호(1996년 9월 3일)
경기도 고양시 일산동구 고봉로 32-9, 331호 (우 10364)
전화 031-929-5731, 5732(Fax)
E-mail: honestjesus@hanmail.net
Homepage: http://www.historicaljesus.co.kr.
표지 디자인/ 디자인명작
인쇄처/ 조명문화사

In Search of the History of Faith
Copyright ⓒ 2023 by Suh Yeonok
All rights reserved.
Printed in Seoul, Korea.

ISBN 978-89-97339-99-0 03230

값14,000원

신앙의 역사를 찾아서
한국천주교회사 이야기

정두희 지음

IN SEARCH OF THE HISTORY OF FAITH

한국기독교연구소

In Search of the History of Faith

Stories of Early Korean Catholics

by

Chung Doo-hee

정두희 교수 10주기를 맞아 이 귀한 책을 아름답게 복간하도록
표지그림 사용을 허락해주신 조광호 신부님께 감사드립니다.

Korean Institute of the Christian Studies

추천사

김한규
(서강대학교 사학과 명예교수)

　역사학에 종사하는 이들이 오래 전부터 즐겨 토론하는 주제가 몇 가지 있는데, 그중 하나는 역사학이 문학인가 과학인가 하는 것이고, 그 둘은 역사의 효용성 문제, 즉 역사적 사실과 현실의 관계에 관한 것이며, 그 셋은 역사학의 대중성 문제, 즉 역사학적 성과를 일반상식으로 활용할 수 있는가 하는 것이다.
　이 책은 이러한 전통적 논점에 대해 역사학자로서 저자가 어떤 생각을 갖고 있었는지를 잘 보여주는 모범 답안과 같은 작품이다. 이 책을 통해 저자는 역사학의 문학적 특성을 적극적으로 드러내고, 역사의 현재성을 강조하였으며, 역사학 성과의 대중화를 위해 직접 노력하였다.
　정두희 교수는 『조선초기 지배세력의 연구』(1983)와 『조선시대 대간제도 연구』(1994) 등 수많은 조선사 관련 논저를 통해 실증적 사료 분석과 합리적 역사 해석의 교과서적 성과를 우리에게 듬뿍 선물한 한국 조선사학계의 대표적 역사학자지만, 이 책에서는 엄격한 분석과 딱딱한 해석 대신 단아하고 미려한 문장으로 한국의 초기 천주교회사 무대에서 전개된 주요 사건들과 인물들을 문학적으로 재현하고 있다. 격동의 한국 초기 천주교회사의 고비 고비마다 만나게 된 중요한 사건과 인물들을 주제로 삼아 14편의 역사 에세이를 창작함으로써, 저자는 한국 천주교회사의 흐름을 잘 이해하도록 정리해 줄 뿐만 아니라, 과거와 현재를 연결해서 역사적 사실의 현실적 의미를 반추하도록 안내한다. 어떤 역사가들은 자신의 임무를 역사 연구에 국한하고, 그 연구 성과를 대중에게 전달해서 일반상식으로 전환하게 하는 역할은 스스로 포기한다. 그러나 이 책의 저자는 학문적 연구 성과의 대중화를 기꺼이 자임하여, 복잡하고 분산된 연구 성과를 소박하고 간명한 문장으로 쉽고 체계적으로 설명하는 수고를 감내하였다. 물론 이처럼 이 책은 전문적 학술논저가 아님에도 불구하고, 저자는 학자로서의 본성을 감추지 못하고 이 책의 곳곳에서 학술적으로 매우 창의적인 소견을 드러내는 것도 자제하지 않았다. 그처럼 철저하고 잔혹하며 지속적으로 천주교 박해가 자행된 원인으로 천주교의 '천지창조' 교리를 지목한 것 등이 그것이다.

그러나 이 책은 전문적 학술 논저가 아니다. 심지어 논문의 형식을 빌린 글("고통 속에 꽃피운 영성: 흑산도에 유배된 정약전의 영성")조차 실제 내용은 사실을 실증한 논문이라기보다 저자의 감상과 역사관을 피력한 에세이에 더 가깝다. 필자가 이 책을 읽으면서 개인적으로 가장 감동받은 글은 「배교자 최해두의 참회와 고백」이었는데, 이때 느낀 감동은 저자의 다른 학술명저를 읽었을 때의 그것과는 매우 다른 차원의 것이었다. 그것은 뛰어난 문학작품을 읽고 느끼는 감동과 비슷한 것이었다. 저자는 "한국천주교회사의 숲속을 거닐며 큰길을 내기 위해 양옆의 덤불 속으로 버려진 무수한 작은 돌들 위로 걷고 싶어", '배교자 최해두'처럼 "이름 없고 보잘것없는 무수한 사람들이 남겨놓은 고귀한 삶의 의미"를 되새기면서, "소리 없는 소리를 듣고 보이지 않는 것을 볼 줄 아는 삶"을 살아야겠다고 다짐한다. 그 결과, 저자는 「병인박해(1866년)의 순교자들」 1,092명의 명부를 확인하고, 이 명부에도 들어가지 못한 "이름 없이 억울하고 참혹하게 죽어간 수많은 사람들의 존재"를 기억하도록 호소한다. 저자는 성인품에 오른 소수의 순교자들에게만 시선을 고정시키는 태도를 비판하면서, "이러한 태도는 눈에 보이는 것만을 진실이라고 믿는 태도와 무엇이 다른가? 만약 눈에 보이는 것만이 진실이라면, 우리가 애써 이 신앙을 고백하며 살아야 할 이유는 또 어디에 있는 것인가?"라고 질책한다.

여기서 "모든 역사는 현재적인 의미를 함축하고 있다"는 저자의 역사관이 명료하게 정체를 드러낸다. 저자는 "작고 보잘 것 없었지만 참다운 천주의 위안을 얻을 수 있었으며 또한 형제적 사랑을 서로 나누었던 초기 한국천주교회의 역사는 오늘날 우리에게 특별한 의미를 지니고 있다."고 하면서, "우리가 박해시대 순교자들에 대하여 특별한 관심을 가지고 알려고 한다면, 그를 통해 그들이 이루었던 참된 교회의 모습을 이 시대에 되살리겠다는 다짐이 함께 할 때에만 그 의미가 있다."고 강조했다. 또한 저자는 "한국천주교회의 순교자의 삶은 이 땅의 천주교도들에게만 의미가 있는 것은 아니다. 진정으로 올바른 삶의 추구가 현재적인 이익과 상충될 때 어떠한 선택을 해야만 하는지를 그들의 생애가 너무나 잘 보여주고 있기 때문이다."고 하며, 한국 초기 천주교회사에 대한 이해가 갖는 보편적 가치를 강조했다. 만약 저자를 다시 만나 이 책을 이야기하게 된다면, 차가운 학술 토론 같은 것은 접어두고, 이름조차 남기지 못한 채 억울하고 참혹하게 죽어간 그 수많은 사람들과 '배신자'로 이름을 남긴 최해두에 대한 우리의 애절한 마음을 함께 나누게 되리라.

머리말

　조선왕조 전반기의 역사를 전공한 역사학도로서, 나의 주된 관심은 조선왕조의 지배체제·양반·유교이념 등에 쏠려 있었다. 조선왕조는 유달리 양반을 중심으로 형성된 뿌리깊은 유교 사회였다. 나는 오랜 시간 동안 여기에 관심을 쏟으면서 때로는 이것이 조선시대의 전모인 것처럼 착각하고 있는 것은 아닐까 하는 생각을 갖기도 했다.

　그런 중에 한국천주교회사 초기의 사료들을 읽었던 것은 큰 기쁨이요, 신선한 충격이었다. 이 교회사에 나타난 세계는 양반 지배층이 아니라 조선의 민중들에 대한 것이요, 한문이 아니라 한글로 쓰여졌으며, 유교가 아니라 그 유교를 벗어나는 새 종교에 대한 것이었다. 조선왕조 후기의 새로운 생명력을 당시 지배계층이었던 유교적 양반세계에서가 아니라 소외되고 버림받았던 이들에게서 찾을 수 있었던 것은 놀라움에 가까운 것이었다.

　천주교회사의 사료들을 읽으면서 정리할 수 있었던 것은 김준우 목사의 권유로 한국기독교연구소에서 발행하는 계간지 『세계의 신학』에 한국천주교회사에 관한 글을 쓰기 시작하면서다.

　나는 이 글을 쓰면서 천주교회사 자료를 읽을 때 느꼈던 나의 생생한 느낌들을 그대로 정리하려고 노력하였다. 그것은 나에게 솔직한 태도는 다른 사람의 눈에도 나쁘게 비치지는 않으리라는 믿음 때문이었다. 내가 역사학도이기 때문에 이 글에서 역사학적인 접근이 일생을 이루게 된 것이긴 해도, 이것은 결코 학문적인 논문이 아님을 이해해 주기 바란다. 나는 학자로서의 객관성을 유지해야 한다는 점을 한시도 잊지 않았지만, 동시에 한 사람의 평신도로서 자연스레 다가오는 감동들을 조금도 숨기려 하지 않았다. 나는 객관적 사실 그 자체뿐만 아니라 그 사실을 담고 있는 생생한 영감(靈感)이 불러일으켜지기를 원했다. 나에게 있어 영감이 없는 지식이란 죽은 것과 같기 때문이기도 하다.

    이 글이 빛을 볼 수 있도록 해준 김준우 목사와 천주교회사에 대한 나의 관심을 항상 초구하고 격려해 준 서강대학교 사학과의 김한규 교수께 감사드린다. 그리고 서강대학교 종교학과 교수이며 사랑의 씨튼 수녀회의 김승혜 수녀께 감사드리며 바오로딸 출판사 여러분께도 감사의 인사를 드린다.

1999년 9월
정두희

차례

추천사 _ 김한규 / 5

머리말 / 9

조선왕조와 천주교 최초의 인연 / 13

조선후기 유학자들의 천주교 비판 / 20

윤지충(尹持忠)과 조상제사 문제 / 31

한국천주교 최초의 교리서 / 44

유교적 전통과 천지창조설 / 65

「황사영 백서」(黃嗣永 帛書)를 어떻게 볼 것인가? / 75

이순이 루갈다의 순교와 남긴 편지들 / 94

배교자 최해두(崔海斗)의 참회와 고백 / 107

기해박해(1839년)의 순교자들과 당시 교회의 모습 / 116

김대건 신부 / 144

산골에 숨어 사는 양떼들을 찾아 헤매며:
    최양업 신부의 생애 / 174

병인박해(1866년)의 순교자들 / 195

고통 속에 꽃피운 영성:
    흑산도에 유배된 정약전의 생애에 대한 재조명 / 205

한국천주교회사의 현재적 의미를 생각하며 / 240

한국천주교 순교성인의 달을 맞으면서 / 247

일러두기

한국 순교성인들의 세례명 표기는 한국천주교중앙협의회의
세례명 표기법을 따랐습니다.

조선왕조와 천주교 최초의 인연

이수광(李睟光)의 『지봉유설』(芝峰類說)에 소개된 『천주실의』(天主實義)

오늘날 한국천주교회의 역사를 논하는 사람들은 이제 그 역사의 3세기를 준비해야 할 때라고 말한다. 그러니까 1700년대 후반부터 한국 천주교회의 역사가 시작되었다는 말이 된다. 그러나 본격적으로 천주교 신앙이 전파되기 시작하였던 18세기 후반 훨씬 이전에도 이미 중국에 와 있었던 서양 선교사들의 활약상과 그들의 저술에 관심을 기울인 사람이 없었던 것은 아니었다. 이처럼 자신의 관심을 글로 써두었던 사람 중에 당대의 유명한 학자요 관료였던 이수광이란 사람이 있다.

1563년(명종 18년)에 태어나서 1628년(인조 6년), 향년 65세로 세상을 떠난 이수광은 51세 되던 1614년(광해 6년)에 『지봉유설』(芝峰類說)이라는 책을 저술하였다. 이 책에는 다양한 내용들이 담겨져 있어서 이수광의 지적인 관심이 얼마나 광범위하였던가를 잘 말해주고 있다.

이 책에서 이수광은 1600년대 초 그가 처음 접했던 서양의 여러 나라 사정에 대하여 흥미있는 기록을 남겼다. 그중에 당시 중국 명(明)나라에서 활약하던 서양 선교사(예수회 소속의 신부)들의 활약상과 그들에 의해 전해진 천주교 신앙과 서양의 과학기술에 관한 약간의 내용이 소개되어 있다. 아마도 천주교 신앙을 위시해서 서양의 사정에 대하여 소개한 것은 이 책이 최초의 것이 아닐까 싶다. 이 책이 집필될 당시는 물론이거니와 이로부터 150여 년 후에 천주교 신앙과 서양 과학기술에 대하여 보다 본격적인 관심이 나타날 때까지 우리나라 사람들은 이런 문제에 관심을 기울이지 않았기 때문에, 이수광의 이 기록은 여러 가지로 중요한 의미를 지니고 있다고 할 수 있다.

　서양에서 마르틴 루터를 필두로 한 종교개혁 운동이 크게 일자 중세 천년을 지배했던 로마 가톨릭교회는 위기에 봉착하였다. 그때 이냐시오 로욜라를 중심으로 예수회가 결성되었으며, 이들은 로마 가톨릭교회의 쇄신운동을 벌였다. 그리고 이들은 당시에 막 서양에 알려지기 시작했던 신대륙으로 진출하여 선교사업을 전개하였던 것이다. 그 와중에 마테오 리치(Matteo Ricci, 1552-1610, 예수회 소속) 신부는 중국에 가톨릭 신앙을 전파하기 위하여 1582년 남중국의 마카오에 도착하였다. 그는 곧 중국 역사의 전통이 매우 뿌리깊다는 것을 알았다. 특히 중국 사람들의 문화적 자부심이 대단하다는 것을 발견하고 자신의 신앙을 전하기 위해서는 중국의 지배세력이던 사대부 계층을 설득하지 않고서는 불가능하다는 것을 깨달았다. 그래서 그는 무엇보다도 먼저 중국의 말과 글을 익히며 중국의 유교사상을 이해하기 위하여 부단한 노력을 기울였다.

　이처럼 현지의 역사와 문화적 전통을 이해하려는 한 서양인의 노력은 많은 사대부들의 관심을 샀으며, 1601년에는 북경으로 진출하여 명나라 황실의 궁정 학자로 임명되었다. 그의 특이한 활동이 중국 황제의 관심을 끌었던 것이다. 계속해서 그는 중국의 유교문화를 깊이 이해하려 노력하면서, 이들 자부심이 강한 중국인들에게 서양의 문화도 상당한 가치가 있다는 것을 보여줄 필요가 있다고 판단하였다. 그래서 그는 그리스의 수학자인 유클리드의 저술 『기하원본』(幾何原本)을 중국말로 번역 출판하였다. 그리고 대양을 항해할 수 있었던 서양의 지도 제작술을 과시하기 위하여 세계지도를 그리기도 하였다. 중국인들로 하여금 서양 문화에 대한 관심을 갖게 하는 것이 천주교 신앙을 전파하는 데 도움이 될 것이라고 판단했기 때문이었다. 그는 서양의 과학기술이 동양에 전파되는 데에도 커다란 기여를 한 셈이었다. 그러나 그의 궁극적인 관심은 천주교 신앙을 중국에 전파하는 것이었다.

그는 중국의 사대부들에게 천주교를 이해시키기 위하여 『천주실의』(天主實義)라는 책을 썼다. 이 책은 중국의 선비가 천주교의 주요 교리내용에 대하여 질문을 하면 서양의 선비(마테오 리치 자신)가 그에 대하여 답변하는 형식으로 꾸며졌다. 그런 과정을 통하여 마테오 리치는 유교문화에 깊이 젖어 있는 중국 사람들에게 천주교를 이해시키기 위하여 가톨릭 교리를 가능한 한 유교적인 맥락으로 설명하여 갔다.

마테오 리치가 북경에서 이런 활약을 하던 1600년대 초, 이곳을 방문했던 우리나라의 사신들도 이 사실을 접할 수 있었다. 이수광의 『지봉유설』을 보면, 1603년(선조 36년) 자신이 홍문관(弘文館)의 부제학(副提學)으로 재직하고 있을 때, 북경에 사신으로 갔던 이광정(李光庭)과 권희(權憘)가 귀국하면서 서양 선교사들이 그린 세계지도를 가지고 와서 홍문관에 제출하였다고 기록되어 있다. 그러므로 이때에 마테오 리치가 지은 『천주실의』(天主實義)라는 천주교 교리서와 지도가 함께 우리나라에 전해졌다고 믿어도 좋을 것이다. 그는 먼저 『천주실의』라는 책에 대하여 깊은 관심을 표명하였다. 그는 이 책을 읽고 나서 그 내용을 대체로 다음과 같이 요약하였다.

'마테오 리치'가 저술한 『천주실의』는 2권으로 되어 있다. 그 첫 머리에서는 천주가 처음으로 천지를 창조하고 만물을 다스린다는 것을 논하였으며, 다음으로는 사람은 그 영혼이 불멸한다는 점에서 짐승과는 크게 다르다는 것을 논하였다. 그 다음으로는 불교의 윤회전생설을 비판하고, 천당과 지옥이 있어서 선과 악은 반드시 그에 상응하는 보답을 받는다는 것을 논하고 있다. 끝으로 인간의 본성은 본래 선하기 때문에 천주를 받들게 되어 있다는 것을 주장하고 있다.[1]

위의 기록을 보면 그가 『천주실의』를 다 읽고, 그 주요한 내용을 천지창조설, 영혼불멸설, 천당지옥설, 성선설이라고 정리하였음을 알 수 있다. 뒤이어 『천주실의』를 읽으면서 이수광이 가장 신기하게 여겼던 것은 천주교의 교황제도였다. 이에 대하여 그는 이렇게 적어두었다.

그 나라의 풍속에는 왕을 교화황(敎化皇, 즉 정치적으로 지배하는 황제가 아니라 백성을 교화시키는 것을 주 업무로 하는 황제라는 뜻. 오늘날의 교황이라는 말은 여기서 비롯된 것임.)이라 하며, (이 교화황은) 결혼을 하지 않기 때문에 그 지위를 이어 나갈 아들이 없다. (그러므로 그가 죽으면 그 나라의 사람들이) 어진 사람을 뽑아 교화황으로 삼는다.

사실 왕이 죽으면 당연히 그 아들이 뒤를 잇고, 사람은 자라면 반드시 결혼을 한다는 유교적 윤리관에 젖어 있던 그로서는 천주교의 수도

---

[1] 『지봉유설』, "제국부의 외국조," '구라파국' 항목 중에서. 이하 인용문의 출처는 이것과 동일함.

자나 사제는 결혼을 금한다거나, 추기경들이 바티칸에 모여 교황을 선출하는 제도를 이해할 수도 없었을 뿐더러, 이러한 신기한 제도가 이 세상에 존재하리라고는 생각조차 하지 못했을 것이다. 그러므로 이수광이 『천주실의』 가운데서도 교황에 대한 내용에 대하여 각별한 관심을 표명한 것은 어쩌면 당연한 일이라고도 생각된다.

이처럼 『천주실의』의 내용을 요약하고, 교황제도에 특별한 관심을 표명하였지만, 정작 이수광이 『천주실의』에 나타난 천주교(혹은 서양)의 윤리관에 대해 어떻게 평가하였는지는 자세하게 알 수가 없다. 그런데 이 기록의 끝부분을 보면 그는 『천주실의』 말고도 마테오 리치기 저술한 『교우론』(交友論)이라는 책도 읽었음을 알 수 있다. 그는 이 『교우론』을 읽고, "그 나라 사람들은 우의(友誼)를 소중히 여긴다."고 하면서,

> 서역(서쪽에 있는 먼 나라라는 의미) 사람인 마테오 리치가 '친구는 제2의 나'라고 말하였는데 이 말이 매우 기묘하다.

라고 한 당시 중국의 학자 초횡의 말을 인용하였다. 이수광은 이전에는 전혀 알지 못했던 저 먼 서쪽의 이상한 나라 사람들도 친구와의 우정을 소중하게 여기고, '친구는 제2의 나'라고 말할 정도의 윤리관을 지닌 사람들임을 발견하고 이를 기이하게 여겼던 것이다. 유교사상에 깊이 젖어 있던 이수광의 입장에서 보더라도 친구와의 우정을 강조하는 서양의 문화와 천주교의 가르침이라면 전혀 이해하지 못할 것도 없었을 것이다. 아마도 이러한 따뜻한 관심이 『지봉유설』에 이런 기록을 남기게 하였을 것이다.

이수광이 『천주실의』를 읽었을 때 그는 당시 예수회 선교사들이 중국에서 그린 세계지도도 볼 수가 있었다. 그는 이 지도의 정교함에 무척 감탄하였다. 그리고 이 지도를 보고 난 느낌을 이렇게 적어두었다.

구라파 땅의 경계는 남쪽으로는 지중해(地中海)에 이르고, 북쪽으로는 얼음에 덮인 바다(氷海)에 이르며, 동쪽으로는 대내하(大乃河, 이것은 흑해 혹은 카스피해를 일컫는 것이 아닐까.)에 이른다. (여기서) 지중해라는 것은 이것이 바로 천지의 한가운데라고 하여 그렇게 이름붙인 것이라고 한다.

그 세계지도에 나타난 구라파의 지리적 형세가 사방으로 어떻게 되어 있는가를 설명한 이 글은 오늘날의 우리에게는 전혀 새로울 것이 없다. 그러나 중국을 중심으로 한 세계밖에 알지 못했던 그에게는 전혀 다른 세상이 또 있다는 것이 무척이나 신기하였던 것이다. 그러기에 그는 구라파의 남쪽 바다인 지중해라는 명칭의 유래가, 이 바다가 천지의 중심에 있다고 그 사람들이 생각하였기 때문임을 특별히 적어두었던 것이다.

이 지도를 통해서 그는 자신들이 세계의 중심이라고 여기며 살아가는 사람들이 있음을 처음으로 알게 되었던 것이다. 그리고 이들은 야만적인 사람들이 아니라 친구와의 우정도 소중하게 여기는 윤리도 지니고 있으며, 천주교처럼 유학자인 자신이 전혀 이해하지 못할 것도 아닌 독특한 종교도 지니고 있는 사람들임을 이수광은 발견하였던 것이다. 물론 이러한 발견이 그의 생각과 삶까지 바꿀 만한 것은 결코 아니었다.

그러니 당시의 조선사회에서 이런 문제에 대한 인식의 확대가 있을 리 없었다.

그러나 천주교 신앙과 서양의 존재에 대한 최초의 접촉은 매우 따뜻하고 호의적인 것이었다. 그런 의미에서 1600년대의 시작과 더불어 이수광을 통해 전해진 이 새로운 세계에 대한 지식과 호기심은 한 알의 씨앗처럼 이 땅에 뿌려졌다고 할 수 있다.

그로부터 한 세기 반이 더 지난 1700년대 후반에 이르면 많은 사람들이 이 새로운 세계를 알기 위하여 다투어 노력을 할 것이었다. 또한 이수광 이후 200년이 지난 1800년 이후가 되어서는 목숨을 바쳐서라도 이 새로운 세계 속으로 파고들려는 사람들이 줄을 잇게 될 것이었다. 실로 우연처럼 자리 잡았던 겨자씨 하나가 큰 나무를 이루는 데는 200년이 넘는 세월이 흘러야 했지만, 유구한 역사의 흐름을 생각해 본다면 그 200년이란 한순간처럼 여겨질 수도 있지 않을까. 지금의 상황을 돌아보면서 이수광의 『지봉유설』을 읽다 보면 깊은 감회에 젖곤 하는 까닭이 여기에 있다고 하겠다.

조선후기 유학자들의 천주교 비판

안정복(安鼎福)의 『천학문답』(天學問答)

　　안정복(1712-1791)은 조선후기의 대표적인 실학자이다. 그는 평생을 우리나라의 역사를 정리하는 일에 바쳤으며, 그의 대표적 저서인『동사강목』(東史綱目)은 오늘날에도 매우 높이 평가받는 뛰어난 역사 서술의 하나로 꼽히고 있다. 그는 80세를 일기로 1791년에 세상을 떠났다. 그 해는 윤지충이 조상제사를 거부했다는 죄로 사형을 당하는 소위 '진산사건'이 일어나던 때였다. 이처럼 안정복의 노년기 10여 년 간은 조선후기 사회에 천주교가 처음 수용되던 때였다. 당시를 대표하던 대학자였던 안정복은 결코 천주교에 빠져들 사람도 아니었으며, 그렇다고 왕조 체제의 입장에서 천주교도들을 심하게 박해하던 사람도 아니었다. 그런 그가 1780년 초에 천주교 및 서학을 비판하는『천학문답』이라는 글을 썼다는 것은 여러 가지로 생각할 점이 많다.

　　안정복과 함께 성호 이익의 문하에서 동문수학한 권철신은 정약전과 같이 그를 추종하는 사람들과 함께 천주교의 가르침에 대하여 남다른 관심을 지니고 있었다. 이들이 천주교에 대하여 본격적인 탐색을 시도한 것은 1779년 주어사 천진암의 강학회부터였다. 그리고 1784년 이승훈이 북경에서 세례를 받고 귀국하면서 정약용과 그 두 형인 정약전,

정약종을 위시하여 이벽, 윤지충 등은 천주교 신앙의 세계에 빠져들어 갔다. 이들은 대개 남인 출신의 학자였으며, 권철신을 통하여 이익의 학문을 이은 사람들이라 할 수 있다.

자신과 학문을 함께 하였던 이들이 천주교 신앙에 빠져들던 이때 안정복은 이미 70세를 넘었으며, 학문적으로도 이미 실학자로서 높은 경지에 올라 있었다. 그런 안정복의 눈에는 자신의 학문적 후배요, 제자라고까지 말할 수 있는 권철신과 그 추종자들의 태도는 무척 불안하게 보였던 것이다. 이들은 마테오 리치를 비롯한 서양 예수회 소속의 신부들이 중국에 와서 저술한 책을 통하여 처음으로 서양의 과학과 천주교에 대한 지식을 접할 수 있었다. 당시 예수회 신부들이 저술한 천주교 서적들은 한결같이 천주교와 유교의 가르침은 결코 대립적인 것이 아니라 유사한 것임을 강조하고 있었다. 유교적 전통이 강한 중국에 천주교를 전파하는 수단으로서 그들은 이러한 방식을 채택한 것이었다.

안정복은 권철신과 그 문도들이 이처럼 예수회 신부들의 주장대로 유교와 천주교의 가르침의 유사성을 인정했던 것과는 달리, 이 두 가르침의 차이성을 꿰뚫어 본 사람이었다. 그리고 이들이 점점 천주교 신앙에 깊이 빠져들자, 언젠가는 이 두 가르침의 차이점이 심각하게 부각되고, 그렇게 되면 수습할 수 없는 파국적 사태가 일어나리라고 예감하였던 것 같다. 그래서 그는 1784년 권철신에게 다음과 같은 편지를 썼다.

… 지금 듣자니 여러 사람들이 서로 약속을 하여 신학(新學, 여기서는 서학 및 천주학을 말함.)을 열심히 익힌다는 설이 오가는 사람들의 입에 낭자한데 이 모두 그대의 절친한 친구와 문도들이네 … (그대가) 금

하고 억제할 수 없음을 생각지 못하고 또한 그에 추종하여 파장을 따라 큰 물결을 일으키게 되었으니 어찌할 것인가?[1]

그는 권철신과 같은 그의 문인들이 천주교에 빠지면 뒷날 큰 재앙이 닥칠 것을 걱정하였다. 그래서 권철신을 설득하고자 다음과 같은 편지도 썼다.

… 어찌 이로써 경학(經學: 유교 경전에 대한 공부)의 공부를 포기하여 스스로 무너져 대죄(大罪)를 짓는가? (그대가) 보낸 편지에 "죽기 전에 조용히 스스로 수양하여 큰 악에 빠지지 않는 것을 최후의 법으로 삼습니다." 하였으니 이는 소림사(少林寺)에서 벽을 향하고 앉아 아침 저녁으로 아미타불을 외우며 전에 지은 죄를 참회하고 부처 앞에서 천당에 태어나고 지옥에 떨어지지 않기를 구하는 것과 무엇이 다른가? 나는 이에 실로 그대의 말을 이해할 수가 없네 … .[2]

그러나 이로 인해 권철신과 그의 추종자들의 생각이 바뀌지는 않았다. 이러한 걱정 때문에 그는 『천학문답』이란 글을 써서 유교와 천주교의 가르침이 결코 같지 않음을 설파하였으며, 그의 글을 읽고 이들이 태도를 바꾸어 줄 것을 기대하였는지도 모른다.

『천학문답』은 마테오 리치가 저술한 『천주실의』를 염두에 두고 이

---

1) 순암집 권6, 권철신에게 보낸 편지. 이 편지는 안정복의 연구가인 강세구의 저서 『순암 안정복의 학문과 사상』, 도서출판 혜안, 1996, p. 219에서 인용한 것임.
2) 순암집 권2, 권철신에게 보낸 답장. 강세구의 앞의 책, p. 218에서 인용함.

를 비판하는" 글이다. 『천주실의』는 서양의 선비[西士]와 중국의 선비[中士]가 서로 문답을 주고받으며 천주교의 교리를 설명해 나가는 형식을 취하고 있다. 안정복의『천학문답』도 이에 따라, 어떤 사람이 천주교 교리에 대하여 질문을 하면 여기에 대답하는 형식으로 꾸며졌다. 안정복은, 유교와 천주교의 유사성을 강조한 마테오 리치의『천주실의』의 모순을 밝히면, 자연히 국내에서 이 책을 통하여 천주교를 믿게 된 사람들도 깨우칠 수 있다고 생각하였을 것이다.

『천학문답』은 약 30여 항목으로 이루어져 있다. 이것을 일일이 다 거론할 수는 없다. 안정복과 같은 당시의 가장 대표적인 학자들이 천주교를 어떻게 비판하고 있었는가를 알아본다는 것은 그 자체로 무척 흥미있는 일이 될 것이므로 몇 대목을 인용해 보고자 한다.

안정복은『천학문답』제5항에서 "예수는 구세주의 이름이다. (이는 유교의) 성인이 도를 행하는 뜻과 다르지 않다."고 문제를 제기하고, 이에 대하여 다음과 같이 답변하였다.

그 무슨 소린가? 예수의 구세는 전적으로 후세에 이루어질 것으로서, (이는 사후에 갈) 천당과 지옥을 강조하여 선을 권하고 악을 징벌하려는 데 그 뜻이 있는 것이다. (그러나 유교의) 성인이 도를 행하는 것은 오로지 현세에 덕을 밝혀 백성을 새롭게 만들 수 있도록 교화를 하려는 데 그 목적을 두고 있다. … 인간은 마땅히 현세에 살면서 부지런히 착한 일을 하고 내가 하늘로부터 받은 천성을 저버리지 않을 뿐이지, 어찌 조금이라도 내세의 복을 맞이할 생각을 갖겠는가? 정자(程子)가 말하기를 "불교에서 죽고 사는 것을 초월한 것은 모두 일개인의 사사로운 일일 뿐"이라 하였으니, 천주학에서 지옥을 면하도록 기원하는 것도 자신의 사사로움을 위한 일이 아니겠는가?

그는 기독교에서 말하는 최후의 심판이라든가, 천당과 지옥에 관한 교리를 사람들에게 선을 권하려는 교훈으로서 이해하였지만, 기본적으로 기독교의 내세관을 이해할 수는 없었다. 그러므로 그는 기독교적인 내세관과 불교적인 내세관을 같은 것으로 보고 이를 비판하였던 것이다.

심지어 그는 제4항에서 원수를 사랑하라는 천주교의 가장 기본적인 가르침조차도 묵자(墨子)의 겸애설(兼愛說)과 다르지 않다고 하면서, "단지 다른 것은 묵자가 하늘을 현세로 말하였다면, 서사(西士, 즉 서양의 선교사)는 하늘을 내세 (안정복은 내세라는 말보다는 後世라는 말을 썼음.)로 말한다. (그러므로) 묵자와 비교하면 더욱 거짓되다."고 하면서,

> 오늘날 이른바 유자(儒子)는 일찍이 도교, 불교의 천당지옥설, 묵자의 겸애설을 배척하였는데, 서사의 말에 이르러 다시 변별하여 바로잡지 않고 "이는 천주의 가르침이다. 중국의 성인을 비록 존경한다 하더라도 어찌 천주보다 더함이 있겠는가?"라 한다. 그 미쳐 외치는 망언을 하면서 거리끼는 바가 없음이 이 지경에 이르렀다.

라고 천주교의 내세관을 비판하였던 것이다.

이어서 그는 천주교의 천지창조설에 대하여, 먼저 "서양의 옛 경전에 천주가 천지를 열고 곧 아담이라는 한 남자와, 이브라는 한 여자를

만들어 이들을 세상 사람의 조상으로 삼았다고 하니 과연 그런가?"라고 의문을 제기하고는, 이에 대하여 다음과 같이 반박하였다.

… 여기에 또 한 삼태기의 흙이 있는데 풀뿌리나 나무씨 하나 없고 벌레나 개미 한 마리 없이 두어보자. 빈 막대기를 걸쳐놓은 위로 바람이 불고 비가 내려 습기가 꽉 차면 역시 얼마 안 있어 하필 초목이 있고 벌레와 개미가 그 가운데에 생겨나는데 역시 기(氣)의 조화로 그런 것이 아닌가? 기(氣)가 만들어진 후 그로 말미암아 형(形)이 이루어지고 그러한 무리가 점차 번성한다. 사람의 생겨남도 어찌 이와 다르겠는가? 대지에서 백성을 이끈다는 것도 모두 아담 한 사람의 자손을 위한 것이니 과연 말이 되는가? 만약 그 설과 같다면 금수와 초목도 처음에는 단지 하나의 물건이 번식하여 생긴 것인데 이 같은 설을 꼭 찾아낼 필요도 없고 또한 믿을 수도 없다.

그는 천지창조설의 근본 뜻과 아담과 이브에 관한 성서의 내용을 도저히 이해할 수가 없었던 것이다. 그는 모든 사람들이 혈통상 아담의 자손이라고 말한 것으로 성서의 가르침을 해석하였기 때문에, 이 말이 허무맹랑한 것으로 밖에는 생각되지가 않았던 것이다. 그는 아담의 원죄설에 대하여도 도저히 이해할 수가 없었다. 아담이 에덴동산에서 행복하게 살다가 마귀의 꾀임에 빠져 원죄를 짓고 쫓겨났다는 것에 대하여,

아, 이것이 어쩐 말인가? 상제가 아담을 창조해 인류의 조상으로 삼았다면 그 신성함을 알 수 있다. 어찌 상제가 마귀의 꾀임을 들어

마귀로 하여금 그의 마음이 진실된가 거짓된가를 시험할 것인가? 만약 아담이 참람되고 망령된 마음이 설사 있었다면 상제가 마땅히 다시 다스려 그로 하여금 고치도록 함이 어진 아버지가 아들에게, 어진 스승이 제자에게 하는 것처럼 옳을 것이다. 상제가 어찌 이럴 수가 있는가? 이런 말을 하는 자는 하늘을 업신여기는 죄가 크다 하겠다. 설령 아담이 죄가 있다 하여도 죄가 그 몸에 그칠 뿐인데 또한 어찌 만세의 자손이 그 벌을 다 같이 받을 이치가 있겠는가? 선왕의 정치에도 벌은 자손에게 미치지 않는 것인데 하물며 만세에 이르기까지 그 자손을 고통스럽게 하는가? (『천학문답』 제13항)

라고 반문하면서, 온 인류가 아담의 원죄로 인하여 죄악에 빠졌다는 성서의 가르침을 비판하였다. 그의 상식대로 아담이 죄가 있다면 그를 꾸짖고 가르쳐서 바르게 살도록 할 일이지, 이렇게 지손만대까지 죄값을 치르도록 한다는 것은 결코 하늘의 뜻이 될 수가 없다는 것이다.

그는 또한 예수가 "서양 땅을 널리 교화하고 서른세 살에 다시 하늘로 올라갔다고 한다. 이 친히 내려왔다든가 강생하였다는 말로써 말한다면, 이때에 하늘에는 상제가 없었단 말인가?"(제13항)라고 의문을 제기하면서, 천주가 강생하였다면 그 동안에 하늘에는 천주가 없었다는 말이 된다고 하면서 여기에 비판을 가한다. 그는 기독교의 삼위일체설이 무엇인지를 도저히 이해할 수가 없었다. 그러므로 그는 예수가 이 땅에 강생하고, 또 십자가에 못박혀 죽었다는 말 자체는 "우매하고 무지하며 상제의 존엄을 모욕함이 심하다. 이러한 말들을 십분 마땅하다고 하여 믿고 따를 수가 있겠는가?"라고 개탄하였다.

안정복은 "예수는 세상을 구하기 위하여 십자가에 못박혔을 때, (그가 마음만 먹는다면) 천지만물을 뒤흔들 힘이 있는데도 자기를 못박은 사람을 하나도 상하지 않게 하였다. (이는 예수가) 지극히 인자하기 때문이 아닌가?"라는 물음을 스스로 제기하고 이에 대하여 이렇게 답변하였다.

무릇 복수에는 두 가지가 있다. 나에게 해를 끼친 자에게 복수를 하지 않고 용서해 주는 일은 옛날의 군자들도 그렇게 하였다. 그러나 만약 임금과 부모의 원수를 갚는 데 있어서 (원수를 사랑하라는) 가르침대로 따른다면 (이 세상에) 정의가 존재하지 않을 것이다. (제20항)

그는 천주교의 가르침대로 예수를 천주의 아들이요 천주 그 자체라고 한다면, 그를 죽인 자들을 그대로 용서해서는 안 된다고 주장하였다. 이런 일을 용서하면 정의가 존재할 수 없다는 것이다. 그러므로 원수에 대한 사랑이라든가, 예수의 십자가 고난의 의미를 그의 상식으로는 도저히 이해할 수가 없었다.

당시 공자께 드리는 제사인 석전제(釋奠祭)에 대하여 예수회 신부들은 매우 비판적이었던 것 같다. 이것은 공자의 상(像)을 걸어놓고 제사를 지내면 그의 귀신이 내려온다고 믿는 것 자체가 미신이라고 비판한 것이었다. 이에 대하여도 안정복은 천주교도들 자신이 "천주상을 걸어놓고 여기에 예배하고 기도한다. 이 또한 가짜 상인즉, 역시 하나의 마귀이다."(제27항)라고 신랄하게 비판하였다.

안정복은 성호 이익의 수제자였으며, 권철신을 비롯한 그의 추종자들도 대개는 성호의 가르침을 계승한 자들이라 자처하였던 것 같다. 그러므로 안정복은 그가 생각할 때 제대로 된 체계를 가지지 못한 천주교의 가르침에 잘못 빠져들어간 이들과 자기 자신이, 비록 학문적인 뿌리를 성호 이익에 두고 있다 하더라도 확연히 다른 존재임을 밝히려 하였다. 그리하여 그는 이익이 천주교의 가르침에 대하여 매우 긍정적인 태도를 취했다는 항간의 소문에 대하여도 분명하게 해두어야 할 것이 있었던 것이다. 그래서 그는 『천학문답』의 끝에 '부록'을 붙여 이 문제를 논하였다. 그는 스승 이익의 생전에 천주교의 기본 교리에 대한 질문을 했을 때, "이는 이단이며, 전적으로 불교의 또 다른 갈래에 지나지 않는다."라고 대답했음을 증언한 다음, 이렇게 말하였다.

> (성호 이익이 천주교의 가르침을 긍정하였다는 것은) 무식한 어린 무리들이 그것 때문에 자기의 함정에 빠지고 아울러 스승을 거기에 끌어들이는 것에 지나지 않으니, 가히 소인들의 거리낌 없는 짓이라 할 만하다. 다행스럽게도 내가 지금 살아 있어 그 시비를 가릴 수 있을 뿐이다. 내가 만약 죽었다면 뒷사람들이 또한 반드시 그 말을 믿을 것이다.

안정복은 자신이 보기에 황당무계한 천주교에 자신의 제자나 다름없는 사람들이 빠져드는 것을 경계하고 아울러 무엇이 진정한 가르침인지 그 학문의 근원을 뚜렷하게 밝히려 하였던 것이다. 그는 그 시대를 대표하는 학자로서, 또 성호 이익의 학문을 이어받은 수제자로서 이런 문제들을 시급하게 정리해 두어야 할 필요성을 절감하였던 것이다.

지금 우리의 입장에서 읽어보면 『천학문답』이 너무나 단순하고, 때로는 입가에 웃음을 자아내게 할 정도의 소박한 내용으로 되어 있다고 생각할 수도 있다. 그러나 18세기 후반의 역사적인 배경을 염두에 둔다면 그의 비판은 간단하게 여길 만한 것이 아닐 것이다.

우선 그의 비판이 매우 논리적으로 제기되었다는 점을 지적하고 싶다. 그는 마테오 리치가 중국 선교를 위해 지은 『천주실의』를 상세하게 읽고 그에 대하여 조목조목 반박 하였다. 마테오 리치는 중국에 천주교를 전파하기 위하여 유교에 대하여 많은 공부를 하였으며, 그의 『천주실의』는 천주교의 가르침을 모두 유교적인 맥락 속에서 설명한 책이었다. 이러한 그의 선교 방식은 상당한 성공을 거두었다. 그러나 안정복은 천주교와 유교의 유사성을 강조한 마테오 리치의 주장이 유교와는 결코 같을 수 없는 천주교의 가르침을 은연중에 현지인들에게 심으려는 계교라고 보았던 것이다.

그는 한눈에 이 두 가르침이 지니고 있는 차이점을 깊이 인식할 수가 있었으므로 당대를 대표하는 학자로서 조리있게 반박하는 글을 쓰게 되었던 것이다. 그는 단순히 천주교도들을 임금도 부모도 모르는 불한당이라 매도하고 이들을 극형에 처해야 한다고 주장하던 사람들과는 달리, 자신이 평생을 두고 닦았던 유교적 학문의 토대 위에서 학문적 논리로써 반박을 제기하였던 것이다. 사람들은 대개 자신의 생각과 너무나 동떨어진 것들을 보면 이를 경멸하고 없애버리려고 하는 경우가 많다. 그러나 안정복은 이러한 태도를 취하지는 않았다. 그는 『천주실의』를 비롯하여 천주교에 관한 서적을 분석적으로 읽고, 그에 대한 자신의 견해를 당당하게 밝혔던 것이다. 그는 신앙의 신비한 체험을 이해할 수는 없었지만, 평생을 통해 가르쳤던 유교에 대해서는 자신감을 지녔던 사람이다.

그의 『천학문답』을 읽어보면, 오늘날 우리 주변에서 예수님의 가르침에 대하여 비판하는 사람들의 견해를 알 수가 있다. 우리는 과연 이러한 비판이 오늘날 우리 주변에서 제기된다면 어떻게 대답할 것인가? 다양한 종교가 공존하는 현실 속에서 진정으로 예수님의 말씀과 행동에 따라 살겠다고 다짐한 사람들에게는 또 어떻게 그 차별성을 보여줄 것인가?

나는 『천학문답』을 읽으면서, 만약 내가 그 시대에 태어나 처음으로 천주교의 가르침을 접했다면 어떠한 태도를 취했을까 하는 생각을 해보았다. 내가 비록 안정복처럼 학문적으로 높은 경지에 이르지는 못했다 하더라도, 대체로는 그의 노선을 따랐을 것이다. 그렇다면 18세기 후반에 남부러울 것 없는 교육을 받고, 또 유복한 환경에서 자라 장래가 기대되는 사람들이 왜 천주 신앙을 갖게 되었을까? 당시에 천주 신앙을 갖는다는 것은 그가 가지고 있던 모든 것을 버려야 하는 것을 의미했다. 그들이 비록 신앙의 초기에는 과거에 지녔던 것을 유지할 수 있었지만, 머지않아 모든 것을 잃어야 할 것이었다. 안정복처럼 모두에게 존경을 받았던 큰 스승이요, 대선배까지도 이단시하는 천주 신앙을 가지기로 한다는 것은 실로 어려운 결단이었을 것이다.

윤지충(尹持忠)과 조상제사 문제

　윤지충(尹持忠, 1759-1791, 세례명: 바오로)은 당시의 전라도 진산군(현재의 충남 금산군 진산면) 출신의 유학자로서, 조선후기의 유명한 실학자였던 정약용과는 외사촌 사이였다. 그가 천주교 신앙을 갖게 되면서 그의 운명은 커다란 전환기를 맞게 되었다. 그가 조상의 제사를 거부하였다는 죄로 그의 먼 일가인 권상연(權尙然, 1750-1791, 세례명: 야고보)과 함께 사형을 받게 되면서 당시 사회에 커다란 파문을 불러일으켰고, 조선후기의 역사에서, 그리고 한국천주교회의 초기 역사에서 주목받는 인물이 되었다.
　그는 1784년 겨울, 한양서 지내며 명례방(지금의 명동)에 살던 중인(中人) 김범우(金範禹 ?-1786)의 집에서 『천주실의』(天主實義)와 『칠극』(七克)이라는 두 권의 천주교 서적을 보게 된다. 『천주실의』는 중국에 최초로 천주교를 전하였던 마테오 리치가 유교문화에 젖어 있는 중국인들에게 천주교 교리를 알리기 위하여 1595년경에 저술한 것이다. 이 책은 북경에서 1603년에 출판되어, 그 직후 북경을 방문한 조선의 사신들에 의하여 우리나라에 전해졌는데, 이수광을 비롯한 조선의 많은 유학자들이 이 책을 통해 천주교에 대하여 초보적인 지식을 얻게 되었던 것이다. 그리고 『칠극』은 스페인 출신의 예수회 신부 판토하(Pantoja, 1571-1618)가 지은 것으로, 일곱 가지의 죄와 일곱 가지의 덕행을 다룬 것이다. 이 책은 천주교 신앙을 지니고 살아가는 사람이 꼭 지키고 살아야 할 윤리적

덕목을 가르치고자 하는 것이다. 여기서 일곱 가지의 죄란 탐욕·오만·음탕·나태·질투·분노·색욕을 일컫는 것이며, 일곱 가지의 덕행이란 은혜·겸손·절제·정절·근면·관용·인내를 가리키는 것이다. 『천주실의』와 마찬가지로 이 책도 당시의 유교적 윤리를 깊이 준행하던 사람들이 천주교의 교리를 가능한 한 쉽게 받아들일 수 있도록 설명한 책이라 할 수 있다. 그러므로 중국에서나 한국에서나 모두 이 책 자체가 크게 문제시되지는 않았으므로 읽는 사람이 많았다. 조선후기의 많은 지식인들이 이 책을 통하여 천주교 신앙에 접하였는데 윤지충도 그들 중의 하나였다.

이 두 책이 우리나라에 소개된 것은 1600년대 초였다. 그러나 이 책을 읽고 천주교 신앙을 적극적으로 받아들이기로 마음먹은 사람들이 나타나기 시작한 것은 이로부터 한참 후인 1780년대였다. 한국천주교회 사가들은 1784년 이승훈(李承薰, 1756-1801)이 북경에서 세례를 받고 돌아와 이벽(李檗, 1754-1786)·정약전(丁若銓, 1758-1816) 등과 더불어 신앙 공동체를 구성함으로써 정식으로 천주교가 수용되기 시작하였다고 말한다. 그러므로 윤지충이 1784년 겨울, 『천주실의』와 『칠극』을 구해 보았던 때는 한국에서 신앙 공동체가 막 태동하던 때였음을 알 수 있다. 더욱이 당시의 서울에서 재능있고 유망한 젊은 학자로 촉망을 받던 그의 외사촌 정약전·정약종(丁若鍾, 1760-1801)·정약용(丁若鏞, 1762-1836) 삼형제는 모두 초기에 천주교 신앙에 빠져 있던 인물들이었다. 그러므로 이들을 통하여도 천주교 신앙에 관하여 윤지충은 많은 이야기를 들을 수가 있었고 1787년경에는 이들 정씨 형제들의 권유를 받아들여 천주교에 입교하였다.

1784년 이승훈이 중국에서 세례를 받고 돌아와 최초의 신앙 공동체가 형성된 이후 한국천주교회는 비교적 순탄하게 성장하였다. 물론 당시 한양의 재능있는 양반가 출신의 젊은이들이 천주교 신앙에 젖어 들어가는 것을 불안하게 여기는 사람들도 많았다. 그래서 1785년에는 명례방의 김범우 집에서 집회를 하던 중 형조의 관원에게 적발되어 참석자들이 구속되는 사태도 발생하였다. 그러나 이 집회에 참석하였던 이벽과 같은 양반가의 젊은이들은 모두 풀려나고, 중인이었으며 자신의 집을 집회 장소로 제공했던 김범우만이 매를 맞고 멀리 단양으로 유배형을 받는 것으로 일단락되었다. (김범우는 유배지로 가는 도중 매맞은 후유증으로 사망하였다.) 그러나 이러한 시련에도 불구하고 초기의 신앙 공동체는 계속 활발하게 성장하였다. 최초의 세례자 이승훈은 1786년부터 다시 본격적으로 활동을 개시하면서, 스스로 천주교에 입교하고자 하는 사람들에게 세례를 주는 등 성사를 집행하였다. 그러나 그들은 교회에는 사제가 있어야만 한다는 것을 깨닫고 신부를 영입하기 위하여 많은 노력을 기울이게 되었으며, 이런 목적을 이루기 위하여 윤유일(尹有一, 1760-1795)을 비밀리에 북경에 파견하였다.

그러나 1790년 북경에 조선교회의 밀사로 파견되었던 윤유일이 돌아와서 전한 내용은 뜻밖의 것이었다. 윤유일이 전한 내용은 평신도가 세례를 베푸는 등 성사를 집행할 수 없음은 물론, 성직을 임명할 수가 없다는 원칙과 천주교 신자는 조상에 대한 전통적 제사를 지내서는 안 된다는 북경 교구장 구베아(Alexander de Gouvea) 주교의 명령이었다. 성사 집행과 성직 임명에 관한 내용은 그대로 따르기만 하면 되었으므로 별문제가 되지 않았지만, 조상제사를 금한다는 구베아 주교의 명령은 예사로운 일이 아니었다. 초기의 천주교 신자들이 읽었던 그 어떤 책에서도 제사를 지내는 것이 교리에 어긋난다는 내용을 읽지 못하였던 그들에게는 조상의 제사를 금한다는 주교의 명령은 너무나 뜻밖의 것이었다. 그들이 천주교 서적을 읽고 새로운 신앙에 빠져 그들만의 집회를 가지는 것을 가족들이나 주변의 사람들은 못마땅하게 여겼으나, 이런 주변의 껄끄러운 시선을 그들은 심각하게 염려하지는 않았었다. 그러나 제사를 금한다는 것은 초기의 천주교 신자들에게 엄청난 양자택일을 요구하는 것이었다. 지금까지 너무나 당연하게 여겨왔던 모든 유교적인 윤리와 관행을 끊는다는 것은 효도를 가장 기본적인 윤리로 강조하던 당시 사회에서는 용납될 수가 없는 행위였기 때문이었다. 이 뜻밖의 소식에 대부분의 신자들은 제사를 포기하기보다는 신앙을 버렸다.

16세기 말 중국에 진출하였던 예수회 신부들은 중국의 전통 문화가 매우 뿌리깊고 수준이 높으며, 그들의 문화에 대한 자부심이 강하다는 것을 알고 천주교의 교리를 중국인들의 유교 전통을 존중하는 바탕 위에서 전하려고 노력하였다. 마데오 리치의 『천주실의』나 판토하의 『칠극』과 같은 책은 모두 중국의 유교적 전통을 인정하면서 그런 전통에 익숙한 중국인들이 이해하기 쉽도록 천주교의 가르침을 전하려 했던 것이다. 이러한 예수회 선교사들의 노력은 상당한 성공을 거두었다. 그러나 서양의 세력이 동양으로 계속 진출하면서 예수회와는 다른 입장에 있던 다른 수도 단체들도 중국 선교에 나서게 되었다. 그러면서 이들은 예수회의 선교 방식에 커다란 의문을 제기하였다.

제사에서는 죽은 이의 신주(神主)를 모시고 절하며, 향을 피우고 술을 부음으로써 죽은 이의 혼백(魂魄)을 불러들여 차려 놓은 음식을 들도록 하는 예절이 그 중심을 이루고 있다. 이 예절은 죽은 이를 살아 있을 때와 마찬가지로 정성껏 섬기려는 효도의 상징적 표현이었다. 이것을 그대로 인정한다는 것은 천주교에서 금하는 미신 행위로 해석될 여지가 있었다. 그러던 차에 1643년 중국에 막 진출하였던 도미니코회의 모랄레스(Morales)가 예수회의 선교 방식에 반대하여 교황청에 제소하기에 이르렀다. 이를 계기로 교황청에서는 무려 100여 년 동안 심각한 논쟁이 제기되었다. 오랫동안 제사를 지냈던 중국인들의 전통을 그대로 인정할 수 있느냐 없느냐 하는 논쟁은 일진일퇴를 거듭하였다. 그러다가 1715년 3월 19일 교황 클레멘스 11세는 조상제사 행위를 금하는 칙서를 반포하였다. 이어서 1742년 7월 12일 교황 베네딕토 14세는 클레멘스 11세의 칙서를 다시 확인하면서, 모든 선교사에게 조상제사를 금하는 교황의 칙서를 준수하도록 명하고, 이에 불복하는 자는 엄한 벌과 함께 중국에서 추방될 것이라고 경고하였다. 이로 인하여 제사 문제를 두고 전개되었던 논쟁은 결말을 보게 되었다. 제사 문제에 관용적이었던 예수회는 중국 선교를 단념할 수밖에 없었다.

　이런 논쟁에서 조상제사를 금한다는 원칙을 가장 강력하게 주장하였던 수도 단체는 프랑스에 본부를 둔 파리 외방전교회였다. 이후 중국에서의 천주교 선교는 이 단체가 주도하였다. 윤유일이 선교사를 영입하기 위하여 북경에 갔을 당시 조선 교회에서도 제사를 지내서는 안 된다는 명령을 전한 북경 교구장 구베아 주교도 바로 이 파리 외방전교회의 신부였던 것이다. 아무튼 조상제사 문제를 비롯하여 유교 전통의 윤리와 관행에 대하여 포용적이었던 예수회 신부들의 저술을 통해 천주교에 대하여 알게 되었던 우리나라의 초기 신자들은 이제 막 신앙을 가지려고 노력하던 중에 새로운 교리에 맞닥뜨린 것이었다. 그러므로 초기 우리나라의 신자들이 받은 충격은 심각한 것이었다. 그래서 그들은 대부분 신앙을 버리게 되었던 것이다.

이러한 사정은 그대로 윤지충에게도 선택을 강요하였다. 그에게 신앙을 권유하였던 외사촌 형제인 정약전과 정약용도 이미 교회를 떠났으며, 이승훈과 그 외의 중심인물들도 그러했다. 윤지충으로서도 천주교 신앙을 지킬 것인가 말 것인가 하는 문제는 심각한 것이었으며, 그에 따라 그도 커다란 갈등에 빠졌었겠지만 그래도 윤지충은 신앙을 택하였다. 그는 구베아 주교의 명령대로 부모님의 신주를 불사르고 제사를 폐하였던 것이다. 이처럼 그가 제사를 폐하고 신앙을 선택한 행위는 엄청난 파장을 몰고 왔다. 제사를 지내지 않고 부모의 신주를 불사른 행위는 수백 년간 유교적 윤리관에 젖어 있던 당시의 사람들에게는 결코 용납될 수 없는 패륜의 행위였으며, 부모에의 효성을 나라에 대한 충성과 동일시하였던 당시에는 반역의 행위로 간주될 수밖에 없었던 것이다. 윤지충은 1791년 음력 10월경에 체포되어 전라도 감영이 있는 전주로 압송되었다.

이 사건에 접한 당시의 전라 감사 정민시(鄭民始)는 무척 당황하였다. 제사를 지내지 않겠다고 부모의 신주를 불사를 사람이 생기리라고 전혀 생각할 수 없었던 일이라 이런 문제를 어떻게 처리해야 좋을지 몰랐기 때문이다. 이 행위가 윤리적으로 패륜이었다고 생각하는 것과, 이들을 임의로 처형해야 한다는 것과는 별개의 문제일 수가 있었기에, 정민시는 이 사건을 중앙에 보고하고 그 처리 방침을 물었던 것이다.

이런 보고가 조정에 이르자 사헌부의 지평이었던 한영규(韓永逵)는 윤지충을 위시한 당시의 천주교도들에 대하여 비교적 온건한 태도를 취했던 재상 채제공(蔡濟恭 1782-1799)에게 공개적으로 편지를 내어 이 사태를 맹렬하게 추궁하면서 다음과 같이 말하였다.

> 서양의 간악한 사교가 언제부터 나왔으며 누구를 통해 전해졌는지 모르겠으나, 세상을 어지럽히고 (어리석은) 백성들을 속이고 (사람이면 누구나 지켜야 마땅한) 기본적인 윤리를 저버리는 자로서 진산의 윤지충과 권상연 두 역적과 같은 자가 있을 수 있겠습니까? 제사를 폐지하는 것으로도 부족해서 부모의 위패를 불사르고 (부모의 초상 때) 사람들의 조문을 거절하였으며, 나아가서는 그 부모의 시신마저도 내버렸으니, 그 죄악을 따져보면 어찌 하루라도 이 하늘과 땅 사이에 그대로 살도록 용납할 수가 있겠습니까?[1]

한영규는 이런 무리를 결코 살려둘 수 없는 대역죄인으로 못박았다. 당시의 천주교도에 대하여 공격적인 태도를 취했던 홍낙안(洪樂安)도,

> 이 무리들은 임금과 아비를 마치 길거리에 지나가는 사람처럼 여기고, 기본 윤리를 헌신짝처럼 내팽개친 자들이라, 이미 예(禮)와 악(樂)으로도 감화시킬 수 있는 대상이 아닙니다. 또 이들은 빨리 (죽어서) 천당에 가는 것을 커다란 즐거움으로 여기고 칼날에 죽는 것을 지극한 영광으로 알고 있으니, 형벌을 가지고도 이끌 수 있는 자들이

---

1) 「정조실록」 권33, 15년 10월 갑자조.

아닙니다. … (그러므로 그런 자들에게 있어서는) 윤리와 도덕이 이미 사라지고 사람이 지켜야 할 도리가 이미 다 없어지고 말았으니 다시금 깨닫고 돌아서게 할 희망이 없습니다. (이처럼) 그들이 오랑캐와 짐승으로 바뀌는 것을 앉아서 볼 수밖에 다른 도리가 없습니다. … 형률에 의하면 "남의 신주를 손상시킨 자는 그 죄가 살인과 같다."라고 규정되어 있는데, (이들은) 제 손으로 제 조상의 신주를 태워버렸으니, 이는 임금과 아비를 살해한 대역죄를 진 것이나 다름없습니다. 설령 윤지충 무리가 정신을 잃고 미쳐서 이런 변고를 일으킨 것이라 해도 사형죄를 면할 수는 없습니다. 더구나 이단의 설을 믿어 유교의 가르침을 저버리고 저 옛날의 성인들이 만들어 놓은 예법을 원수처럼 여기며, 흉악하고 패역한 일을 제멋대로 하는 자들을 어찌 용서할 수가 있겠습니까? 그자들의 죄를 따져보면 이는 흉악한 역적들보다 그 죄가 몇백 배나 더하니, 이런 것을 분명하게 처벌하지 않는다면 삼강오륜(三綱五倫)은 다시는 찾을 길이 없고, (건국된 이래) 400여 년 동안 예의를 지켜온 우리나라가 타락해서 짐승과 오랑캐의 나라가 되고 말 것입니다. 생각이 이에 미치면 어찌 가슴이 막히지 않겠습니까?[2]

라고 하며 이들을 사형에 처해야 한다고 강력하게 주장하였다.

이들의 주장은 당시 대부분 사람들의 생각이었다. 이 사건을 이처럼 심각하게 받아들인 것은 유교적 가르침의 기본이라 할 수 있는 효와, 그

---

[2] 「정조실록」 권33, 15년 10월 갑자조.

효의 구체적인 표현이었던 제사를 폐했다는 것은 그 시대 그 사회의 모든 가치를 무시했다는 것으로 해석한 때문이었다. 나아가 가정과 국가의 윤리를 동일시했던 당시에 효를 저버린 행동은 나라의 기본 체제를 무시하는 행동으로 해석되기 마련이었다. 그런 의미에서 한영규나 홍낙안의 주장은 그 당시의 분위기를 무엇보다도 잘 보여주는 것이라고 하겠다. 채제공을 비롯한 소수의 인사들이 이 문제의 처리에 신중할 것을 요구하기도 했지만, 대세는 이들을 극형에 처해야 한다는 것으로 기울었다.

이처럼 그들의 파격적 행위기 국가적으로 큰 물의를 불러일으키고, 나아가 그들은 사형에 처해질 운명에 있었지만, 정작 윤지충은 조금도 자신의 입장을 굽히지 않고 있었다. 윤지충은 전라 감사 정민시의 문초에 응하여 자신의 주장을 다음과 같이 피력하였다.

천주를 큰 부모로 여기는 이상 천주의 명을 따르지 않는다는 것은 결코 (천주를) 공경하고 높이는 태도가 아닙니다. 사대부 집안의 나무로 만든 신주는 천주교에서 금하는 것이니, 차라리 (나라에) 죽을 죄를 얻을지라도 천주에게 죄를 얻고 싶지는 않았습니다. 그래서 결국 집 안에 땅을 파고 신주를 묻었습니다. 그리고 죽은 사람 앞에 술잔을 올리고 음식을 바치는 것도 천주교에서 금지하는 것입니다. 더욱이 (사대부가 아닌) 서민들이 신주를 세우지 않는 것은 나라에서도 엄히 금하는 일이 없으며, 가난한 선비가 제사를 제대로 차리지 못하는 것도 엄하게 막는 예법은 없습니다. 그래서 (저도) 신주도 세우지 않고 제물도 차리지 않았던 것인데, 이는 단지 천주의 가르침을

위한 것일 뿐이며 나라의 금법을 어긴 일도 아니라고 생각합니다.3)

윤지충은 자신이 죽을 것을 알면서도, 나라에 죄를 얻을지언정 천주께 죄를 지을 수는 없다고 당당하게 자신의 생각을 밝혔다. 그리고 그는 추호도 자신의 행위가 나라의 법을 어긴 것이 아니라고 주장하였다. 그에 앞서 천주교를 신앙하였던 사람들과 그에게 천주교 신앙을 권유했던 사람들이 조상제사를 금해야 한다는 조처가 취해지자 신앙을 버렸던 것에 비해, 윤지충은 너무나 당당하게 자신의 신앙을 증거하였던 것이다.

윤지충이 전통적인 방식대로 제사를 지내지 않겠다고 결정을 내린 것은 결코 쉬운 일은 아니었을 것이다. 그로서도 무척 힘든 결정이었다. 그리고 그런 결정으로 그가 사형을 당하기 이전에 이미 가족과 친지들과 이웃들로부터 철저하게 배척당하였으리라는 것은 설명할 필요조차도 없을 것이다. 말하자면 이 결정 하나로 그는 모든 것을 다 잃게 되었다. 그도 이러한 결과가 오리라는 것을 능히 짐작할 만한 사람이었다. 그럼에도 불구하고 그는 그 모든 것을 다 포기하고 신앙의 길을 선택하였던 것이다. 이처럼 윤지충과 함께 끝까지 신앙을 지킨 이들의 태도에 대하여 그들을 문초하였던 전라 감사 정민시는 놀라움을 금치 못했다.

(이들이) 문초를 당할 때, (그들의 죄를) 하나하나 따지는 과정에서 피를 흘리고 살이 터지면서도 찡그리거나 신음하는 기색을 전혀 보이지 않았고, 말끝마다 천주의 가르침이라고 하였습니다. 그리고 심

---

3) 「정조실록」 권33, 15년 11월 무인조.

지어는 임금의 명을 어기고 부모의 명을 어길 수는 있어도, 천주의 가르침만은 사형을 당할지라도 바꿀 수 없다고 하였으니, 확실히 칼날을 받고 죽는 것을 영광으로 여기고 있었습니다.[4]

나는 당시 천주교에서 제사를 그처럼 엄격하게 금하는 것이 과연 잘한 일인가 하고 의문을 가질 때가 많다. 그러나 윤지충의 순교 과정을 보면서 이 조상제사를 금한다는 조처가 의외의 결과를 가져왔다는 것을 알게 되었다. 나는 지금도 이 제사 금지 결정을 내렸던 사람들이 그 조처로 인하여 이처럼 엄청난 결과가 발생할 것을 예상하지 못했으리라 생각한다. 또 그 조처로 인하여 윤지충과 같은 순교자가 줄을 이으리라고도 예상하지 못했을 것이다. 그러나 그들의 생각이 어떻든지 간에 이 조처는 초창기의 한국천주교회에 일시적으로는 엄청난 시련을 주었지만, 길게는 기반을 단단하게 만드는 한 계기가 되었다고 믿는다. 윤지충 등이 제사 문제로 사형을 당한 것은 1791년이었지만, 이로부터 10년 후에는 전국적으로 대대적인 박해가 반세기 이상 지속되어 수천수만의 사람들이 목숨을 잃게 되었다. 물론 이런 엄청난 규모의 박해는 제사를 지내느냐 마느냐의 문제가 아니었다. 유교 지상주의적인 사회에서 비록 그 수가 많지는 않았어도 그것보다 더 중요한 가르침이 있다고 믿는 사람들을 그 체제에서 더 이상 용납할 수 없었기 때문이었다.

윤지충은 한국천주교회의 역사상 세상의 법과 천주의 법이 정면에서 상충될 때 천주의 법을 따르겠다고 선언한 최초의 증거자였으며, 그 대가로 그는 사형을 당하였다. 당시 일부 지식인들이 지적인 호기심만

---

[4] 「정조실록」 권33, 15년 11월 무인조.

을 가지고 천주교에 관심을 보이는 때도 있었다. 그러나 윤지충의 증거 이후 천주교 신앙을 가지기 위해서는 이 세상에서 자신이 소중하게 지녀왔던 그 모든 것을 잃을 수도 있다는 것이 명백해졌다. 이제는 천주 신앙은 단순한 지적인 호기심으로가 아니라, 그 사람 일생 가운데서 가장 극적이고 위험천만한 결정적 선택이어야만 하였다. 이런 선택을 하게 되면 하루하루를 살아가는 일상적 태도에서부터 자신의 운명과 관련된 일체의 행위가 달라지지 않을 수가 없었다. 말하자면 전혀 새로운 존재로 태어나야만 하는 것이었다.

천주의 가르침 가운데 그 어떤 요인들이 윤지충으로 하여금 그런 결정을 내리게 만들었을까? 오늘날 우리는 아무런 위험을 느끼지 않고 쉽게 세례를 받을 수 있게 되었다. 그러므로 평범하게 생각한다면 우리가 신앙을 갖기 위해 그처럼 극적인 결정을 내려야 할 이유도 없는 것 같다. 그러나 천주 신앙을 가지기로 하고서, 이전의 나와 달라진 것이 없다면 그런 신앙은 도대체 무슨 소용이 있는 것일까? 또한 오늘날에도 신앙을 지켜 나가는 과정에서 제사 문제를 둘러싼 갈등이 없는 것은 아니다. 때로는 제사 행위를 죄악시하고 제사 지내는 사람을 경멸하는 듯한 태도를 숨기지 않는 사람들이 아직도 없지 않다. 그러나 이러한 태도를 신앙을 지키기 위한 결단으로 해석할 수는 없다.

우리는 윤지충이 살던 시대와는 판이하게 다른 세계 속에 살고 있으며, 그에 따라 제사의 의미도 현격하게 축소되었다. 그러나 20세기에 이르러 동양 민족들의 문화적 전통에 대한 서구인들의 이해와 통찰력이 커짐과 동시에 제사가 전통 시대와는 달리 미신적 요소를 지녔다기보다는 사회적 의식에 불과하다는 점을 깨닫게 되면서 교황청에서도 제사를 허용하게 되었다.

    그 이후 우리나라의 천주교회도 그처럼 금기시했던 제사를 다시 허용하는 조처를 취하였던 것이다. 아직도 제사 문제에 대한 세부적인 논의가 다 끝난 것은 아니지만, 이제 우리는 제사 문제를 두고 윤지충과 같은 결단을 내려야 할 입장에 있지는 않다. 오늘날의 우리는 더 이상 제사를 그처럼 중요시할 필요가 없는 시대에 살고 있지만, 그 대신 현대의 우리들이 소중하게 생각하는 것들은 또 얼마나 많은가? 이 모든 것들을 하나도 잃지 않고서도 올바른 신앙을 가질 수 있다면 얼마나 좋을까?

    그러나 예나 지금이나 천주 신앙을 갖는다는 것은 어떤 형태로든 이 세상과의 결별을 요구하고 있다. 신앙을 갖는다는 것은 곧 이 세상에서 소중하게 여기는 것과 천주의 사랑 중에서 어느 것이 더 중요한 것인지를 확실하게 가리는 행위라고도 할 수 있기 때문이다. 만약 우리가 소중하게 여기는 것들, 예컨대 돈·명예·자존심·이기심·안락함·가난하고 약한 자들을 무시하는 태도·자신이 원하는 것을 얻기 위해서는 부정한 짓도 서슴지 않는 태도 등을 청산하라고 신앙이 요구한다면 그때는 어떻게 할 것인가? 그러므로 윤지충이 목숨을 걸고 선택한 그런 매서운 결단력이 오늘날의 천주 신앙인들에게도 필요한 것은 아닐까 한다.

한국천주교 최초의 교리서

정약종(丁若鍾)의 『주교요지』(主教要旨)

1. 머리말

정약종은 1760년에 태어나 1801년 신유년의 대박해 때에 순교하였다. 그는 조선후기의 실학자 정약용의 셋째 형이었다. 네 형제 가운데, 둘째 정약전, 셋째 정약종, 넷째 정약용은 모두 1780년대 중반 이후에 천주교에 입교하였으나, 1791년 조상의 제사 문제를 둘러싸고 심각한 문제가 발생하자 정약전과 정약용은 신앙을 포기하였다. 그러나 정약종은 그러한 시련에도 불구하고 끝까지 자신의 신앙을 굳게 지켰다. 그는 1794년 말 중국인 주문모 신부가 입국하여 세운 평신도들의 교리연구 및 전교단체인 명도회(明道會)의 회장으로서 교회를 위해 맹활약을 하였다. 그리고 1801년 박해 때에 순교로써 일생을 마쳤다. 이처럼 정약종은 초기 한국천주교회의 발전에 매우 중요한 역할을 한 사람이었지만, 천주교에 입교한 후 그가 어떤 삶을 살았는지를 자세히 살펴볼 자료가 충분하지 않다.

그러나 그가 지은 『주교요지』란 교리서는 아직도 남아 있어 이 책을 통해 그의 신앙을 살펴볼 수가 있으며, 이것을 토대로 정약종이 어떤 사람인지를 가늠하게 한다. 정약종은 1786년에 아우구스티노란 이름으로 세례를 받고 1801년에 순교하였다. 그는 『주교요지』를 저술하였는데 이 책의 정확한 저술연대를 알 수는 없지만, 그가 세례를 받은 직후라기보다는 그가 순교하던 1801년에서 비교적 가까운 시기에 저술되었을 것으로 짐작된다.

이 『주교요지』는 어려운 한문을 읽지 못하는 사람들을 위해 우리말로 지어졌기 때문에 당시 신자들 사이에 널리 읽혔다. 당시 주문모 신부도 이 책이 중국의 교리서보다도 더 낫다고 칭찬하며 이를 널리 권장하였다고 한다. 『주교요지』는 필사본으로 전해져 오다가, 1864년 목판본으로 간행되었는데 이것을 보면 이 책이 여러 차례의 가혹한 박해 중에서도 초기 교회의 발전에 많은 공헌을 했음을 알 수 있다.

여기서는 『주교요지』의 내용을 살펴보고, 이것을 토대로 저자인 정약종의 내면의 변화와 천주 신앙에 대하여 성찰해 보고자 한다. 나아가 이 책이 박해시대에도 신자들의 영성에 지대한 영향을 미친 것으로 보아 『주교요지』를 통하여 초기 한국천주교회의 신앙의 성격을 이해할 수도 있을 것이다.

이 책에서 나는 성서와 천주 신앙에 대한 정약종의 풀이를 들으면서, 그의 일상적 생활 속에서 우러나는 깊은 신앙심에 대하여, 그리고 그의 성서와 교리에 대한 깊은 통찰력에 대하여 말할 수 없는 감명을 받았다. 그러나 이 책의 내용 전체에 대하여 나 자신의 설명을 가한다는 것은 거의 불가능하다는 사실을 인정하지 않을 수 없었다. 우선 나 자신이 성서와 천주 신앙에 대한 신학적이며 철학적인 문제점을 잘 이해하지 못하고 있는 상황에서 『주교요지』에 대하여 어떤 설명도 가할 수 없다는 것을 깨달았기 때문이다.

그럼에도 불구하고 나는 이 책의 내용을 독자들에게 알리고 싶었다.

보통 천주교회사는 박해와 순교의 역사로 기억되기 쉽다. 그러나 그 모진 박해에도 불구하고 신앙을 그처럼 증거할 수 있는 힘은 어디에서 나오는가? 아무것도 모르는 상태에서 어떻게 그러한 고통을 감당할 수가 있는가? 당시의 신자들이 천주교리와 예수의 가르침의 핵심 내용을 너무나 잘 이해하고 있었기 때문에 순교가 가능하였던 것은 아닐까? 그렇다면 대부분의 신자들이 제대로 교육을 받을 수 없었던 그 시대에 어떻게 천주교리를 깊이 체득할 수가 있었을까?

이런 문제들에 대해 해답을 얻기 위해 당시 국내에서 만들어진 유일한 교리서였던 『주교요지』를 살펴볼 필요성을 느꼈다. 그러므로 이 책의 내용을 소개함에 있어서 내가 읽고 중요하다고 판단되는 구절을 체계적으로 제시하는 것으로써 나의 임무를 다하려고 한다. 이 글을 읽는 이들이, 정약종이 펼쳐가는 천주교리와 예수의 가르침의 내용을 오늘날 자신의 입장과 비교하면서 스스로 묵상의 시간을 가져보길 기대한다.[1]

2. 『주교요지』의 구성과 내용

(1) 구성

『주교요지』는 상하 두 편으로 되어 있으며, 모두 43과로 되어 있다. 각 과에는 모두 제목을 달아놓았는데, 그 제목만 보아도 이 책의 내용을 짐작할 수가 있으며, 또한 그 제목이 이 책이 쓰여진 시대의 신앙적 관심사가 무엇이었는지를 잘 말해주고 있다.

상편의 32과 가운데 제1과에서 제14과까지는 천주의 존재 및 천지

---

[1] 이 글에서는 한국교회사연구소 편, 「순교자와 증거자들」 (1982), pp. 10-70에 현대문으로 정리한 「주교요지」를 대본으로 하였다.

창조에 대하여 설명하고 있으며, 제15과부터 제17과까지는 당시의 민간신앙의 문제점들을 지적하고 있다. 그리고 제18과에서 제26과까지는 그 당시 일반 민중들의 생활 속에 깊이 뿌리내린 불교에 대한 비판을 가하고 있다. 제27과에서는 잡귀신을 섬기는 미신 행위가 잘못되었다는 내용을 담고 있으며, 제28과에서 제32과까지는 천주교의 천당과 지옥에 대하여 논하고 있다. 하편에서는 제33과에서 제43과까지 모두 11과로 되어있는데, 이 가운데 앞의 9개 과에서는 천지창조에서 시작하여 예수의 탄생과 십자가상의 죽음, 그리고 예수의 부활과 승천에 이르는 신구약성서의 기본 내용을 정리하여 제시하고 있다. 그리고 마지막 두 과에서는 천주의 가르침을 열심히 배워 실천하라는 저자의 간곡한 당부를 적어놓았다.

(2) 내용

창조주이신 천주의 존재에 대하여

천지도 또한 집과 같아서, 하늘로 덮고, 땅으로 싣고, 해와 달로 밝히고, 비와 이슬로 초목을 기르고, 물로 축이고, 불로 덥히고, 나는 새는 공중에 날고, 기는 짐승은 땅에 기어, 만물을 다 배포(排鋪)하고 마련하였기에, 사람이 그 중에서 하늘을 이고 땅을 밟고, 만물을 쓰고, 평안히 살아, 마치 집을 짓고 평안히 있음과 같으니, 작은 집도 절로 되지 못하여, 반드시 건축한 목수들이 있어야 되거든, 이 천지 같은 큰 집이 어찌 절로 되었으리요?

분명히 지극히 신통하시고, 지극히 능하신 이가 계셔서 만들어야 될 것이니, 목수들을 보지 못해도 집을 보면 집 지은 목수들이 있는 줄을 알 것이요, 천주를 보지 못해도 천지를 보면, 천지를 만드신 임자가 계신 줄을 알 것이라. (제2과 만물이 저절로 되지 못하느니라.)

… 대개, 스스로 계신 이 하나가 먼저 있어야 만물이 이에서부터 생겨나는 것이다. 나무로 비유하면, 잎은 가지에서 나고, 가지는 줄기에서 나고, 줄기는 뿌리에서 나니, 뿌리는 잎과 가지와 줄기의 근본이 된다. 근본의 또 근본이 어찌 있으리요? 또 수(數)로서 말한다면 만은 천에서 나고, 천은 백에서 나고, 백은 열에서 나고, 열은 하나에서 나니, 하나는 만과 천과 백과 열의 시작이 되는지라, 시작의 또 시작이 어디에 있으리요? 천주는 나무의 뿌리 같으시어, 다시 뿌리가 없으며, 수의 하나와 같으시어, 다시 시작이 없느니라. (제7과 천주는 본디부터 계시고, 스스로 계시니라.)

천주 삼위일체에 대하여

'천주 삼위일체'의 도리는 사람의 슬기가 약하므로 완전히는 통달하지 못하나, 비유로써 조금은 증명할 수가 있다. 무릇, 사람이 밝은 거울에 비춰면 거울 속에 그 얼굴이 나타나고, 또 사람이 마음에 한 가지 것을 사랑하면 마음속에 그 사랑하는 정이 생긴다. 그와 같이 천주도 이러하시어, 무시로 그 무한히 아름다운 본체, 무한히 밝은 마음 가운데 비치어, 무한히 아름다운 얼굴을 나타내시니, 그 얼굴이 곧 당신의 얼굴이시라. 또 무한히 사랑하는 마음으로 무한히 아름다우신 정을 발하시니, 그 발하신 사랑이 또한 당신의 사랑이시니라. 그러나 사람이 거울에 비춰어 나타나는 얼굴은 오직 거울을 의지한 그림일 뿐이요, 사람의 사랑하는 정은 마음에 의지한 빈 정일 뿐이다. 그 그림자와 빈 정은 다 잠깐 있는 것이요 헛것이지만, 천주는 본디 무궁히 능하신 성(性)이시오, 그 밝으신 얼굴과 그 사랑하시는 마음이 그 체(體)이시라. 그 밝으신 얼굴과 그 사랑하시는 정에, 또한 그 체와 함께 사시며 진실하시어, 그 본체가 하나이시고, 그 얼굴이 하나이시고, 그 사랑하시는 정이 하나이시므로, 삼위(三位)라 하는데, 삼위란 말은 천주의 체가 셋이 아니라, 위는 비록 셋이지만, 그 체는 오직 하나이시라.

그 비치시는 얼굴이 곧 체이시고, ㄱ 사랑하시는 정이 곧 그 체이시니, 삼위가 한 가지로 한 체이시고, 한 성이시기 때문에 삼위가 다 높고 낮음과 크고 작음과 먼저와 나중의 분별이 없느니라. 또 삼위가 먼저와 나중의 분별이 없으나, 차례의 선후를 말한다면, 그 본체는 아비라 이르고, 그 낳으신 얼굴은 아들이라 이르며, 그 아비와 아들이 서로 사랑하여 발하신 정은 성신(聖神)이라 이르니라. 사람은 아비의 마음이 아들의 마음에 통하지 못하고, 아들의 마음이 아비의 마음에 통하지 못하는 것은 그 마음이 각각이고 형체에 걸리는 까닭이거니와 천주의 사랑하시는 마음은 그렇지 아니하시어, 아비와 아들이 한 체이시고, 또 그 체가 형태가 없으므로 아비의 사랑과 아들의 사랑이 서로 형체에 걸리는 것이 없이 통하시어, 성령을 발하시니, 성신이란 말은 지극히 착하시고, 형태가 없으신 사랑을 이름이니라. (제14과 천주는 세 위[位]이시고 한 체[體]시니라.)

불교에 대한 비판

하늘 위와 하늘 아래에 오직 한 천주가 계시어, 그 높으심이 한량없으시어, 다시 그 위가 없으며, 그 귀하심이 지극하여 다시 짝이 없다. … (그런데 부처가 태어나자마자) 왼손으로 하늘을 가리키고 오른손으로 땅을 가리키면서 큰 소리로 말하기를, "하늘 위와 하늘 아래에 오직 나만이 높다." 하였으니, 슬프다! 그 부모도 그보다 높고, 그 임금도 그보다 높고, 또 부모와 임금 위에 무궁히 높으신 천주가 계시거늘, 이같이 무엄한 말을 감히 입으로 내었으니, 천하 만고에 이런 대죄인이 또 있겠느냐? (제19과 석가여래가 스스로 천지간에 홀로 높다 함이 지극히 요망하니라.)

사람이 짐승으로 태어난다는 말이 참으로 허망하다. 만일 짐승이 되어 개도 되고 소도 된다면 몸은 개 몰골과 소 몰골을 하고 있을지라도 혼은 사람의 혼이 박혔으니, 응당 사람같이 영(靈)한 개와 영한 소가 있으련만, 세상에 사람같이 영리한 개와 소를 본 사람이 그 누구인고? … 만일 사람의 혼을 짐승의 몸에 박은 것 같으면, 이는 칼을 활집에 꽂고, 활을 칼집에 꽂는 것과 같으니, 어찌 서로 맞으리요? 또 이름 짓기도 어려울 것이니, 짐승이라고 하자 하니 사람의 혼이 있고, 사람이라 하자 하니 짐승의 몸이니, 무엇이라고 이름하리요? (제21과 사람에게 전생과 후생이 있어, 사람이 죽어 짐승이 되고, 짐승이 죽어 사람이 된다는 말이 허망하니라.)

천당 지옥에 대하여

천주는 지극히 밝으시고, 지극히 능하시고, 지극히 어지시고, 지극히 엄하시고, 지극히 공번되시니, 반드시 사람의 착함을 상주시고, 악함을 벌하시느니라. … 어떤 사람이 묻기를, "그러하면, 어찌하여 이 세상에서 착한 사람도 가난한 이가 많고, 악한 자도 부귀한 이가 많으냐?"고. 대답하기를, 세상의 화복으로써는 사람의 선악을 갚을 길이 없으니, 사람이 세상에 살아가는 데 있어서 처음에는 착하다가 나중에 그른 이도 있고, 처음에는 그르다가 나중에 착한 이도 있다. 죽은 뒤에야 착한 이가 다시 그르지 못하고, 그른 이가 다시 착히지 못할지니라. 만일, 이 세상에서 사람의 선악을 갚으려 하면, 사람이 오늘 착한 일을 한다 하여 부귀를 주었다가 내일 그른 일을 한다 하여 부귀를 빼앗고, 그 후에 다시 착하거든 부귀를 다시 줄 양이면, 한 사람의 부귀를 천백번이나 주었다가 천백번이나 빼앗을 것이니, 천주의 상벌하시는 법이 어찌 이렇듯이 어지러우시리요? 또 사람이 죄를 지었다가도 뒤에 다시 뉘우치고 고치는 일이 있으니, 만일 죄를 짓는다 하여 큰 벌을 주어 죽게 하면, 그 죄를 뉘우쳐 다시 고칠 길이 없을 것이니, 천주의 어지신 뜻이 어찌 그러하시리요? …

무릇, 이 세상에서 착한 사람이 어찌 빈천과 고난을 받으며, 몹쓸 놈이 어찌 부귀와 복락을 누리는고? 착한 사람도 한두 가지 그른 일이 있기 때문에 천주께서 지극히 공번되시어 한 가지의 그른 일일지라도 벌하지 아니하심이 없기에, 세상의 작은 괴로움으로 그 작은 죄를 벌하시었다가, 죽은 뒤에는 큰 복락으로 큰 공덕을 갚으시며, 몹쓸 놈도 한두 가지 착한 일이 있으므로 천주께서 지극히 어지시어

한 가지의 착한 일일지라도 갚지 아니하심이 없기에, 세상의 작은 복락으로 그 작은 공을 갚으시고, 죽은 뒤에는 큰 형벌로 죄악을 다스리시는 것이다. 그러므로 이 세상의 착한 이가 간혹 괴로움을 당하고, 몹쓸 놈도 간혹 즐거움을 얻는 것은 그 죽은 뒤를 기다려 상과 벌을 결단하시려 함이니라. (제28과 천주는 반드시 착한 이를 상주시고 악한 이를 벌주시느니라.)

(3) 예수의 탄생과 십자가상의 죽음과 부활

『주교요지』의 하편에서는 구약의 창세기부터 시작하여 예수의 탄생, 십자가상의 죽음과 부활 및 승천까지의 성서적 내용을 간결하게 정리하였다. 성서가 쉬운 우리말로 번역, 간행되지 않았던 당시의 상황을 고려한다면, 『주교요지』의 하편은 성서를 대신하는 중요한 역할을 담당하였을 것으로 생각한다. 그런 의미에서 이 부분은 『주교요지』의 가장 핵심적인 내용이라 할 수 있다. 그러나 이러한 내용에 부족한 나 자신의 어설픈 설명을 가하기보다는 그 내용을 독자들이 직접 읽어보는 것이 더 나을 것이라 생각하기에 몇 가지 대목으로 분류하여 그 원문을 제시하려고 한다.

천지창조에 대하여

천주께서 우리 사람을 사랑하심이 마치 부모가 자식을 사랑함과 같으시니, 부모가 자식을 위하여 먼저 집을 짓고 논밭과 살림살이를 장만한 후에 자식을 살리니, 천주도 이러 하시어 먼저 하늘을 내어 덮게 하시고, 땅을 내어 싣게 하시고, 해와 달을 내어 비치게 하시고,

오곡백과를 내어 기르도록 마련하시고, 나중에 사람을 내시니라. (제 33과 천주께서 엿새 만에 천지만물을 내시니라.)

아담과 이브의 원죄에 대하여

어떤 사람이 묻기를, "원조의 실과 먹은 죄가 무슨 큰 죄이기에 그 벌이 이렇듯이 중한고? 또 자손에게까지 미친다는 것은 어찌된 일이냐?"

대답하기를, 죄악의 가볍고 무거움이 죄지은 곳의 높고 낮음에 달렸으니, 이를테면 백성이 고을 원에게 죄를 지었으면 그 형벌이 볼기를 맞을 것이요, 감사에게 지었으면 형추(刑推)를 당할 것이며, 임금께 지었으면 귀양 갈 것이요, 천자께 지었으면 죽기를 면치 못할 것이니, 죄는 한 가지로되, 죄지은 곳이 높을수록 그 형벌이 더욱 무거운 것이다.

이제 원조의 실과 먹은 죄가 무궁히 높으신 천주께 범하였으니, 천주는 무궁히 높으신 즉 그 죄가 무궁히 무거울 것이요, 그 죄가 무궁한 즉 그 형벌도 무궁할 것이니, 어찌 무궁한 괴로움을 면하며, 또 만대의 자손인들 어찌 그 벌을 면하리요? (제 34과 세상이 본디 좋더니 사람의 처음 조상이 천주께 죄를 지으매, 좋던 세상이 괴로워지고, 착한 사람이 다 그릇되었느니라.)

예수의 탄생에 대하여

원조(元祖)가 한번 죄를 지은 후에 온 천하 고금 사람이 다 지옥의 무궁한 형벌을 받게 되었다. … 온 세상 사람이 천주 앞에 다 죽는다 하여도 그 죽는 벌이 한이 있으니, 어찌 한이 있는 벌로 한이 없는 죄를 풀 수 있으리요? … 또 사람은 지극히 천하고 천주는 지극히 높으시니, 지극히 천한 사람으로서 지극히 높으신 천주께 죄를 얻었으니, 그 죄를 속할 길이 없으나, 다만 한 가지 신통한 법이 있으니, 만일 어떤 사람이 그 높기가 천주와 같아, 만민의 죄를 다 그 몸에 안고 벌을 받으면 비로소 속죄가 될 것이다. 대개, 죄를 범한 상대가 비록 지극히 높으신 천주이시나, 푸시는 이가 또한 천주와 같이 높으면 가히 천주께 범한 죄를 속할 수 있으리라. … 그러나 사람은 다 극히 천하고 지극히 낮으니, 어찌 천주와 같이 높은 이가 있으리요? 천주와 같이 높으신 이는 오직 한 천주시라. 이에 천주께서 지극히 어지신 마음으로 세상 사람을 불쌍히 여기사, 친히 세상에 내려와 사람이 되시어, 우리 죄를 속하셔야 도리에 마땅할 것이다. 그러므로 천주께서 세상에 내려오시기 전에 속죄하실 말씀을 미리 원조에게 이르시고, 또 원조로부터 그 자손에게 전파하게 하시고, 후에 여러 성인을 대대로 보내시어 세상에 내려와 속죄하실 말씀을 기록하여 성서를 만들게 하시니라. (제35과 천주께서 강생하사 사람이 되시어, 온 세상 사람의 죄 건져내시니라.)

예수의 신성과 인성에 대하여

견주건대 복숭아나무에 가지가 둘이 있는데, 하나는 뿌리에서 나 있고, 하나는 베어 살구나무 가지를 접붙이면, 각각 그 본성이 있고, 각각 그 열매가 열리어 복숭아 가지에는 복숭아가 열리고, 살구나무 가지에는 살구가 열렸으니, 복숭아가 변하여 살구가 된 것이 아니며, 가지는 둘이로되 나무는 하나이니, 두 가지가 한 뿌리에 붙었기 때문이다. 예수가 한 위에 천주성과 인성을 합하심이 마치 복숭아나무에 살구가지를 접붙인 것과 같느니라. 그러므로 그 성은 비록 둘이시나, 그 위는 오직 하나이시니, 진실로 천주이시면서 사람이시고, 사람이면서 천주이시니라. 예수는 두 가지의 성의 합하심이 이렇듯 아름답고, 또 두 가지 성을 쓰시는 묘리가 신통하고 기묘하니라. … 예수의 인성을 논하면, 아담의 자손인지라 가히 아담이 끼친 죄를 다시 저지르지 않을 것이요, 또 사람과 같은 혈맥이므로 가히 사람의 범한 죄를 도맡을 것이다. 그 천주성을 말하면, 지극히 높으시고, 한량없이 존귀하시니, 한 번 작은 괴로움만 받으셔도 다 무한한 공이 되어, 천하 사람의 죄를 다 속하고도 오히려 그 공이 남을 것이요, 천주성과 인성이 겸하여 계심을 논하면, 위로 천주께 친하시고 아래로 사람에게 친하시니, 예수는 천주와 사람 두 사이의 거간(居間)이 되사, 천주께는 성부의 아들이시고, 사람에게도 만백성의 맏형이시니, 형된 이가 그 아버지에게 아우의 죄를 자기가 지은 듯이 하여 용서하기를 청하면, 그 아버지 된 이가 그 맏아들의 간절히 비는 형상을 보고, 반드시 그 작은아들의 죄를 풀어줄 것이다. …

　이와 같이 예수 한 분이 천주와 사람 둘 사이에 다리가 되어, 천주께서 사람에게 은혜를 주시고 가르치려 하시면, 예수는 천주성으로 천주에게서 받아 인성으로 사람에게 내리시고, 사람이 천주를 공경하고 기도하려 하면, 예수가 인성으로 사람에게서 받아 천주성으로 천주께 올리신다. … 원조가 잃은 바를 예수가 회복하고, 원조가 그르친 바를 예수가 고치시고, 원조의 지은 죄를 예수가 푸시고, 원조의 병든 바를 예수가 낫게 하시고, 원조가 죽인 바를 예수가 살리셨으므로, 예수는 다시 살리시는 조상이라고 이르느니라. (제35과 천주께서 강생하사 사람이 되시어, 온 세상 사람의 죄를 건져내시니라.)

예수의 활동과 기적과 죽음의 의미에 대하여

예수가 세상에 서른세 해를 계시어 지극한 덕의 징표를 뵈시고 지극히 거룩한 교를 세우사, 도를 바르게 하시고, 사람의 마음을 감화하사, 만백성에게 무궁한 은혜를 베푸시고, 또 신령스러운 기적을 무수히 나타내사, 소경을 보게 하시고, 귀먹은 이를 듣게 하시고, 벙어리를 말하게 하시고, 병든 사람을 낫게 하시고, 죽은 사람을 다시 살아나게 하시고, 바람과 물결을 그쳐라 하시면 그치고, 초목을 말라라 하시면 마르고, 마귀 쫓으시면 마귀가 물러가 천지만물이 다 명령을 따르니, 이는 천주의 무궁하신 힘을 나타내심이요, 또 육신의 병을 고침으로써 영혼의 병도 고치는 증거를 보여주는 것이다. 예수는 만백성의 머리가 되시므로 마침내 만백성의 죄를 당신 한몸으로 맡으시어, 목숨을 버려 만백성의 죄를 용서하기 위하여 죽으시니라. (제35과 천주께서 강생하사 사람이 되시어, 온 세상 사람의 죄를 건져내시니라.)

예수의 수난에 대하여

수난 전날 밤에 예수께서 성밖 오리와 동산에 가사, 천주 성부께 세 번 비실 적에 생각하시기를, "내가 장차 이렇듯이 중한 괴로움을 받아도, 만세 사람이 감동치 못하고 죄를 고치지 아니하여 지옥에 떨어지는 자가 많다." 하여 참혹히 여기시는 마음이 간절하시어, 온몸에 피땀이 흐르시었다. … (빌라도의 심판) 돌기둥에 붙잡아 매고 채찍으로 때리되 5,400대에 이르니, 예수의 온몸이 터져 피가 낭자하게 흘렀다. 또 능욕하여 가시관을 예수의 머리에 씌우고 막대로 그 관을 내려치니, 가시가 머리에 깊이 박혀 피가 흘러 얼굴에 낭자하였다. 또 예수를 조롱하여 임금의 옷을 입히고, 거짓 예로 유데아 임금께 절한다고 하였다. … (십자가의 길, 못박히심) 예수께서 십자가를 지시고 가실 때에, 길에서 차이시고 기력이 지치시어, 세 번이나 넘어지시었다. 그 꼭대기에 이르자 악당이 예수의 옷을 벗기고 거룩하신 몸을 십자가 위에 놓고 두 손을 벌려 못을 박고, 두 발을 모아 못을 박았다. … 예수께서 죽으신 뒤에 악당이 또 창으로 오른쪽 갈빗대를 찔러 온몸의 피와 물이 다 쏟아지니, 사람의 죄 푸심을 마치시었다. (제35과 천주께서 강생하사 사람이 되시어, 온 세상 사람의 죄를 건져내시니라.)

예수의 부활과 승천에 대하여

예수께서 다시 살아나시매, 전에 흘리신 피가 눈 깜짝할 사이에 죄다 그 몸으로 돌아와 한 점도 땅에 묻음이 없고, 온몸에 다치신 흔적이 없으시되, 오직 두 손과 발과 가슴의 다치신 다섯 구멍을 남기사, 사람의 죄를 풀어주신 표를 보이시는데, 그 다섯 상처[五傷]의 영화로운 빛이 온몸에서 배로 더하시더라. … 예수께서 부활하사 먼저 성모 마리아께 가 뵈시니, 성모가 죽었던 아들을 다시 보니, 그 몸에 영광과 아름다움이 영롱하시고 휘황하시니, 즐겁고 기쁘기 한량없었다.

　　예수의 다시 살아나신 몸은 세상에 계시던 몸과 달라 사람의 눈으로는 볼 수가 없어 당신이 보이신 후에야 비로소 사람들에게 보이었다. … 성모께 뵈신 후에 두 번째는 성녀 막달레나에게 뵈시고, 세 번째는 여러 성녀에게 뵈시고, 네 번째는 수종도(首從徒) 베드루에게 뵈시고, 다섯 번째는 길에서 두 제자에게 뵈시었다. 여섯 번째는 열 종도에게 뵈시니, 이때에 종도들이 문을 닫고 같이 있었는데, 문이 열리지 않았는데도, 난데없이 예수께서 방안으로 홀연히 들어와 계신지라, 모든 제자들이 떨면서 무서워했다. …

    예수께서 가신 뒤에 도마 종도가 오거늘, 모든 종도들이 그에게 이르기를, "우리들이 스승을 보았노라." 하니, 도마가 곧이듣지 아니하여 말하기를, "내 눈으로 두 손에 못박힌 자국을 보지 못하고, 내 손으로 가슴에 넣어보지 못하고서는 믿을 수가 없다."고 하더라. … 여드레 뒤 일곱 번째로 열한 종도에게 뵈실 제, 예수께서 도마 종도를 불러 말씀하시기를, "네 눈으로 내 손을 보고, 네 손으로 내 가슴을 만져보고 의심을 하지 말라." 하시니, 도마가 공경하여 보고 만지매, 그 마음이 환히 깨달아 크게 기뻐하여 소리를 질러 말하기를, "참 우리 주이시며, 우리 천주로소이다." 하니, 예수께서, 너는 나를 보고 나서야 비로소 믿으나, 나를 보지 아니하고 믿는 이는 더욱 참 복이로다." 하시었다. 예수께서 도마의 의심을 풀으심이 깊은 뜻이 있으니, 대개 한 사람의 한때의 의심을 풀어줌으로써 만세 만민의 의심을 푸시고, 한 사람으로써 그 몸을 만지게 하사, 후세의 모든 사람의 믿는 증거를 삼으심이니라.

    예수께서 세상에 계시는 사십 일 동안에 천주성교의 법을 세우사, 그 제자들을 자세히 가르치시고, 사십 일의 기한이 차서, 장차 하늘에 오르려 하실 제, 모든 제자들에게 이르시기를, 때가 하늘 위와 땅 아래의 모든 권한을 온전히 받았으니, 너희들이 마땅히 천하에 나아가, 천주의 바른 도리로써 만백성을 가르치고, 물로 씻되 성부와 성자와 성령의 이름으로 하라.

내가 너희들에게 이른 바를 너희들도 만백성에게 일러, 그 중에 믿고 물로 씻김을 받은 이는 반드시 하늘에 올라가 길이 무궁한 복을 누릴 것이요, 믿지 아니하는 이는 반드시 지옥에 떨어져 무궁한 괴로움을 겪으리라." … 또 가라사대, "내가 날마다 너희들과 함께하여 세상을 마칠 때까지 있으리라." 하시니라. (제36과 예수께서 다시 살아나신 뒤 사십 일에 하늘에 올라가시니라.)

최후의 심판에 대하여

예수께서 세상에 계실 제는 인성을 취하여 천주의 무궁하신 권능과 위엄을 감추사 다만 인자하시고 겸손하시고 인내하시는 모든 덕으로써 우리 사람을 가르쳐 구속의 일을 공부하시었으나, 이때에 이르러서는 그 위엄과 영광이 천지에 진동하여 당신의 지극히 공변되시고 지극히 의로우심을 혁혁히 나타내어 보이시니라. (제39과 세상이 끝날 때에 천주 예수께서 다시 내려오시어 천하고금 사람들을 다 심판하시느니라.)

예수의 탄생과 수난의 의미에 대하여

어떤 사람이 묻기를, "천주는 본디 시초가 없이 스스로 계신 이라 하는데, 어찌하여 한 나라 때에 어머니가 계시어 낳게 한 것이라고 하는가?"

대답하기를 구세주 예수는 한 위에 두 성을 합하고 계시니, 하나는 천주성이요, 또 하나는 인성이라. 한 나라 때에 어머니 뱃속에서 나신 이는 인성을 이름이요, 천주성은 무시로부터 스스로 계시니, 어찌 한 나라 때에 모친이 있어 비로소 났다 하리요? 예수의 천주성은 성모의 아들이 아니요, 오직 예수의 인성으로만 성모의 아들이 되시느니라 ….

어떤 이가 또 묻기를, "지극히 높으신 천주가 지극히 천한 사람과 결합하여 계심이 어찌 마땅하리요?" 대답하기를, 천주와 사람이 서로 결합함으로써 사람은 천주와 같이 높아지고, 천주는 사람과 같이 낮아지지 아니하니, 비유컨대 세상의 임금이 신하의 딸을 왕비로 삼아 배합하면, 그 여인의 낮은 것은 없어져도 임금의 높은 것은 높은 그대로 있는 것과 같으니라. 또 묻기를, "천주 예수께서 한 번 작은 괴로움만 받으셔도, 온 세상의 죄를 다 넉넉히 푸실 것이어늘, 어찌하여 만고만난(萬苦萬難)을 다 받으시어 죽기까지 하셨는고?"

대답하기를, 천주께서 죽으신 뜻이 지극히 선하시니, 대개 천주께서 사람을 사랑하시는 마음이 무궁무진해서, 다시 더할 것이 없게 하려 하심이요, 또 천주께서 지극히 높으심과 사람의 죄가 지극히 중함을 보이고자 하심이요, 또 당신이 이미 사람을 위하여 죽기까지 하셨으니, 사람도 천주를 위하여 죽기를 사양치 말라 하심이라. (제40과 예수께서 강생하신 의심을 밝힘이라.)

신자들에 대한 당부

어떤 이가 묻기를, "이제 천주교에 대한 말씀을 들으니, 마땅히 믿어 행할 일이로되, 천천히 내년부터 시작하면 어떻겠느냐?" … 비유컨대, 독 속에 있는 물은 종지로 퍼내어 한 번 푸고 두 번 푸고, 천만 번 퍼내면 필경 그 독의 물이 다 없어질 것이다. 사람이 세상에 태어나서 하루가 지나가고 이틀이 지나가고 천만 날이 지나가면 필경 죽을 기한이 올 것인데, 독의 물이 없어진 것을 보고, 맨 나중의 종지가 그 물을 다 없앴다고 할 것인가? 반드시 첫 종지부터 물이 없어졌다고 할 것이며, 사람이 죽는 것을 보고 어찌 죽는 날에야 죽었다 하리요? 반드시 나던 날부터 죽어간다고 해야 할 것이다. 그러므로 사람이 세상에 살매, 하루가 지나면 무덤이 하루만큼 가까워지는 것이니, 날마다 무덤을 향하여 가면서, 어찌 내년을 기다리고 공부 시작을 미루리요? … 이렇듯이 죽는 일이 너도 어느 날 어느 때에 어느 곳에서 당할지 모르는데, 그래도 장래를 기다리고 방심하느냐? …

슬프다! 오늘 이 시각에도 죽는 사람이 얼마나 되는지를 모르는데, 그 속에서 내년을 기다리다가 지옥에 들어간 이가 무수할 것이니, 너도 내년이란 말을 다시는 말지니라. 사람이 개과천선하면, 천주께서 그 죄를 용서함을 허락하시지만, 장래를 기다리고 미루어 가는 사람에게는 훗날을 허락하지 아니하시느니, 오늘부터 곧 시작하여 미루고 핑계하지 말지어다. (제43과 사람이 천주교를 들으면, 즉시 믿어 받들어 행할지니라.)

3. 한국천주교회의 역사와 『주교요지』

『주교요지』가 한국천주교회의 역사에서 지니고 있는 의미를 생각할 때, 이 책이 무엇보다도 한글로 쓰여졌다는 점을 강조하지 않을 수 없다. 이 책이 저술되었던 1790년대에 대부분의 책들은 모두 한문으로 된 것이었다. 이러한 풍토 속에서 한국 천주교 최초의 교리서가 한글로 만들어졌다는 것은 매우 중요한 의미가 있다. 이것은 이 책이 당시의 지배계층인 양반 지식인을 대상으로 한 것이 아니라, 양반계층 이외의 사람들을 염두에 둔 것임을 말해준다.

물론 이 책이 저술될 당시 한글을 읽을 수 있는 사람들이 얼마나 되었는지는 확인할 길이 없다. 양반들을 제외한 대부분의 사람들에게 교육의 기회가 거의 제공되지 않았던 실정을 감안한다면, 한문은 물론이거니와 한글을 깨친 사람도 많지는 않았을 것이라고 생각된다. 그렇다 하더라도 한문보다는 한글을 해독할 수 있는 사람들이 더 많았을 것임은 쉽게 짐작할 수가 있다. 그리고 교리는 혼자 개별적으로 배우는 것이라기보다는 여러 지역의 신자 공동체에서 소집단으로 이루어졌을 가능성이 높다. 그러므로 교리를 가르치는 사람만이라도 한글을 읽을 수가 있다면『주교요지』는 모든 무식한 사람들에게도 쉽게 전달될 수가 있었을 것이다. 그런 의미에서『주교요지』는 조선왕조 역사상 민중을 대상으로 만들어진 최초의 교리서라고 할 수 있다.

조선시대에도 한글로 쓰여진 책이 있기는 했지만,『주교요지』는 그런 것들과 비교할 수가 없다. 대개는 유교적인 이념이나 조선왕조의 시책을 민중들에게 널리 심기 위하여 한글로 된 책을 만들었지만,『주교요지』는 민중들에게 유교를 넘어서는 새로운 사상체계를 알리기 위해 만들어졌다는 점이 특별히 기억되어야 한다.

사실 조선의 유교적 이념은 지배자의 관용과 솔선수범을 강조하기도 하였지만, 계층적 서열을 엄격하게 유지시키는 역할을 다하였다. 가정에서 부자간의 윤리[孝]가 뒤바뀔 수 없는 것처럼, 국가적으로나 사회적으로 한 번 형성된 상하의 순서는 결코 바뀔 수가 없었던 것이다. 그러므로 사회의 하층민들은 그 어떤 경우에도 자신의 처지를 벗어날 수 있는 합법적인 기회가 마련되어 있지 않았던 시대였기에, 그들에게는 희망이 없었다.

바로 이들에게 천주교리는 전혀 새로운 것이었다. 이 교리에 의하면 천주는 인간을 평등하게 창조하였으며, 이 세상에서의 인간적인 처지는 서로 다를지라도 최후의 심판에 의해 모든 부조리는 사라질 것이었다. 사후에라도 사람은 사회적 신분이나 지위에 따라서가 아니라 그 사람만이 가지고 있는 독자적인 가치에 따라 올바른 심판을 받을 수 있다는 가르침은, 이들이 살고 있는 현세가 모든 것이 아니라는 점을 일깨워 주는 것이었다. 그리고 예수 그리스도는 모든 고통 받는 사람들을 위해 십자가에 못 박혀 죽었으며, 또 그 부활로 인해 모든 의인들이 다시 밝은 세상에 태어나리라는 희망을 가질 수 있게 되었던 것이다. 그리고 그 희망은 당시의 양반 지식인들이 아니라 민중에게 절실히 요구되는 것임을 깊이 인식하였기에, 정약종은 이 책을 한문이 아닌 한글로 저술하였던 것이라 생각된다.

한 세기에 걸친 모진 박해 속에서 수천 명의 우매한 신자들이 순교로써 이 새로운 신앙을 증거할 수 있었던 것은 이들이 예수 그리스도의 사랑과 희망의 메시지를 정확하게 깨닫고 있었기 때문이었다. 아직 한글로 번역된 성서가 없던 당시에, 이 『주교요지』는 그런 가르침을 많은 이들에게 전파하는 데 결정적인 역할을 하였을 것이다.

오늘날 우리 사회는 더 이상 조선왕조와 같은 신분제 사회도 아니며, 능력만 있다면 누구나 자신의 사회경제적인 처지를 향상시킬 수 있는 개방사회라고들 한다. 그러나 지금 이 시대라고 희망을 버리고 절망 속에 살아가는 사람이 없겠는가? 이렇게 생각하다 보면 절망에 빠져 있던 조선후기의 가난한 이들에게 새 희망을 가져다주었던 정약종의 『주교요지』와 같은 교리서가 이 시대에도 절실히 요구되는 것은 아닐까 생각해 본다.

유교적 전통과 천지창조설

1

　18세기 후반에서 19세기까지의 한국천주교회사는 보통 박해와 순교의 역사로 기억되고 있다. 그러나 조선후기 사회에서 천주 신앙이 철저하게 박해를 받아야 했던 근본 이유는 무엇인가? 이 점에 대해서는 아직도 논의가 부족한 실정이다. 초창기 천주교로 개종했던 양반들은 대부분 남인 출신 학자들이었기에, 남인들을 중용했던 정조가 죽은 직후에 본격적으로 전개된 천주교 박해는 남인을 제거하기 위한 당쟁적 관점에서 이해해야 한다는 해석도 어느 정도 설득력을 지니고 있다. 또는 윤지충이 조상제사를 거부했다는 것을 이유로 들어 천주교의 윤리가 유교적 윤리와는 너무나 달랐기 때문에 그런 박해는 불가피했다는 주장도 있다. 그리고 신앙의 자유를 얻기 위해 서양 군함의 파견을 요청한 황사영 백서 사건에서 드러난 것처럼 천주교의 국가관이 조선왕조의 전통과 너무나 대립적이어서 박해가 발생했다는 해석도 가능한 것이다.

　그러나 이런 설명만으로는 조선왕조가 천주교를 그처럼 철저하게 박해했던 까닭을 다 설명할 수는 없다. 무엇인가 조선사회에서는 도저히 받아들일 수 없는 근본적인 차이점을 천주교가 지니고 있지 않고서야 당시의 박해가 그처럼 잔혹하고, 대규모적이며, 장기간에 걸쳐 지속된 까닭을 설명할 길이 없다. 그런 점에서 '천지창조설'이 당시 사회에서 어떠한 의미를 지니는 것인지를 한 번 생각해 볼 필요가 있을 것 같다.

2

마테오 리치는 『천주실의』를 쓰면서 그 첫머리에서 천지의 창조주이신 천주의 존재에 대하여 다음과 같이 말하였다.

모든 사물은 자기 스스로 존재할 수 없습니다. … 집도 목수의 손을 거치지 않고는 저절로 있을 수 없습니다. 이것을 안다면 바로 천지만물 모두가 스스로 이루어질 수 없다는 것을 알 수 있습니다. 틀림없이 한 창시자가 있습니다. 우리들이 바로 천주라 일컫는 분입니다.[1]

그는 천주가 처음으로 천지만물을 창조하고, 주재하고, 기르는 유일한 존재임을 집과 목수의 비유로 설명하였던 것이다. 그리고 그에 이어서 "천주는 만물의 근원입니다. 만약 낳은 자가 있다면 결국 천주도 천주가 아닙니다. 동물과 초목은 시작과 끝이 있는 사물입니다. 천지와 귀신과 사람의 영혼은 시작은 있고 끝남이 없는 사물입니다. 천주는 시작도 없고 끝남도 없습니다. 그러므로 만물의 근원이 될 수 있습니다. 천주가 없으면 바로 모든 사물도 없습니다. 만물은 천주로부터 유래합니다. 천주는 어떠한 사물로부터도 낳음을 받지 않았습니다."[2]라고 하여 천주만이 시작도 끝도 없는 영원한 존재이며, 인간을 비롯한 이 세상의 모든 존재는 이 천주의 피조물임을 설명하였던 것이다. 마테오 리치가 『천주실의』를 통하여 천지창조설을 처음 중국에 알렸을 때 이것이 특별한 반발을 불러일으키지는 않았다. 1600년대 초에 이 『천주실의』를 읽

---

[1] 이수웅 역, 『천주실의』(분도출판사, 1984), p. 9.
[2] 위의 책, p. 22.

었던 이수광도 그의 유명한 저서인 『지봉유설』에서 이것을 소개하면서,

> (마테오 리치가) 저술한 『천주실의』는 2권으로 되어 있다. 그 첫 머리에서는 천주가 처음으로 천지를 창조하고 만물을 다스린다는 것을 논하였으며, 다음으로는 사람은 그 영혼이 불멸한다는 점에서 짐승과는 크게 다르다는 것을 논하였다. 그 다음으로는 불교의 윤회전생설을 비판하고, 천당과 지옥이 있어서 선과 악은 반드시 그에 상응하는 보답을 받는다는 것을 논하고 있다. 끝으로 인간의 본성은 본래가 선하기 때문에 천주를 받들게 되어 있다는 의미의 주장을 하고 있다.[3]

라고 하여 천주가 천지의 창조주임을 강조하는 것이 이 책의 가장 중요한 내용임을 지적하였던 것이다. 이수광은 자신이 알고 있던 세계의 저 밖에는 유교와는 전혀 다른 방식으로 이 세상을 이해하고 있는 사람들이 있다는 사실에 대하여 대단한 흥미를 느꼈지만, 이 천지창조설이 그가 살던 시대에 어떠한 의미를 지니는 것인가에 대하여 심각하게 생각하지는 않았다.

그러나 이때로부터 200여 년이 지난 18세기 말에 이 땅에서 천주교를 신앙으로 받아들인 사람들에게 있어서 이 문제는 매우 심각하게 받아들여졌다. 우리나라 최초의 천주교 교리서로 알려진 『주교요지』를 쓰면서 정약종은 천지를 창조한 천주의 존재를 설명하기 위해 심혈을 기

---

[3] 이수광, 『지봉유설』, "제국부의 외국조," '구라파국' 항목 중에서 인용함.

울였다. 그는 먼저 천주 존재를 설명하기 위해 그 책의 처음에서 다음과 같이 썼다.

> 천지도 또한 집과 같아서, 하늘로 덮고, 땅으로 싣고, 해와 달로 밝히고, 비와 이슬로 초목을 기르고, 물로 축이고, 불로 덥히고, 나는 새는 공중에 날고, 기는 짐승은 땅에 기어, 만물을 다 배포(排鋪)하고 마련하였기에, 사람이 그 중에서 하늘을 이고 땅을 밟고, 만물을 쓰고, 평안히 살아, 마치 집을 짓고 평안히 있음과 같으니, 작은 집도 절로 되지 못하여, 반드시 건축한 목수들이 있어야 되거든, 이 천지 같은 큰 집이 어찌 절로 되었으리요?
> 분명히 지극히 신통하시고, 지극히 능하신 이가 계셔서 만들어야 될 것이니, 목수들을 보지 못해도 집을 보면 집 지은 목수들이 있는 줄을 알 것이요, 천주를 보지 못해도 천지를 보면, 천지를 만드신 임자가 계신 줄을 알 것이라.[4]

정약종도 이 세상을 창조하고 다스리는 분은 천주임을 설명하면서, 마테오 리치처럼 집과 목수의 관계를 비유로 들어 그 존재를 증명하고자 하였다. 그는 목수가 지어야 집이 생기듯이 이 세상천지도 지은이가 반드시 있어 생긴 것임을 강조하였던 것이다. 또한 정약종은 이 세상을 창조한 이는 오직 하나이신 천주임을 다음과 같이 말하였다.

---

[4] 정약종, 『주교요지』는 한국교회사연구소에서 펴낸 『순교자와 증거자들』(1982)에 실려 있으며, 여기의 인용문은 그 책의 p. 11을 참조할 것.

한 집안에는 가장이 하나이고, 한 고을에는 관장이 하나이며, 한 도에는 감사가 하나이며, 한 나라에는 임금이 하나이니, 만일 한 고을에 두 관장이 있으면, 고을 일이 제대로 되지 않을 것이요, 한 도에 감사가 둘이 있으면, 도의 일이 잘 되지 않을 것이며, 한 나라에 두 임금이 있으면, 나라가 어지러워질 것이다. 그러므로 한 천지에도 임금이 하나이니, 만일 두 임금이 있다 하면 천지가 어지러워질 것이다. …

천지가 개벽한 뒤로 이날까지 일정한 법이 있어, 만고에 바뀌지 아니하니, 반드시 한 임금이 계시어서 마련하기 때문에 온갖 법이 나끆으로 나게 되어 있다.[5)]

그는 한 가정에는 가장이 하나이며, 한 나라에는 임금이 하나이듯이 천지에도 다스리는 분은 천주 한 분임을 당시의 우리나라 사람들이 잘 알아들을 수 있는 비유로 설명하였던 것이다. 그리고 이 천지가 한번 생긴 뒤로 그 질서가 변치 않고 유지되어 온 것도 천지의 주인이 한 분이기에 가능하였다고 강조한 것이다.

이어서 그는 "어떤 사람이 묻기를, 만물이 절로 나지 못하고, 다 천주가 내신 것이라 하니, 그러면 천주는 누가 내었는가?"라고 의문을 제기하고 나서 다음과 같이 말하였다.

… 대개, 스스로 계신 이 하나가 먼저 있어야 만물이 이에서부터 생

---

5) 위의 책, pp. 13-14.

겨나는 것이다. 나무로 비유하면, 잎은 가지에서 나고, 가지는 줄기에서 나고, 줄기는 뿌리에서 나니, 뿌리는 잎과 가지와 줄기의 근본이 된다. 근본의 또 근본이 어찌 있으리요? 또 수로서 말한다면 만은 천에서 나고, 천은 백에서 나고, 백은 열에서 나고, 열은 하나에서 나니, 하나는 만과 천과 백과 열의 시작이 되느니라, 시작의 또 시작이 어디에 있으리요? 천주는 나무의 뿌리 같으시어, 다시 뿌리가 없으며, 수의 하나와 같으시어, 다시 시작이 없느니라.6)

천주는 시작도 없고 끝도 없는 영원한 존재임을 나무의 뿌리와 수의 하나에 비유하여 설명하였던 것이다.

3

오늘날의 우리에게도 천지창조설은 이해하기가 쉬운 것이 아니지만, 당시 유교적인 전통 아래서 수백 년을 살아왔던 사람들에게는 더욱 받아들이기 어려운 내용이었을 것이다. 유교에서는 항상 가정의 윤리와 국가의 윤리를 동일한 것으로 이해하였다. 그리고 가정에서는 가부장인 아버지가 최고의 권위를 지니며, 나라에서는 임금보다 더 높은 존재는 없다고 가르쳤다. 여기에 더하여 아버지의 아버지가 있듯이, 이런 가부장의 권위는 조상 대대로 이어져 오는 것으로 여겼으며, 나라 임금의 권위도 또한 그처럼 조상 대대로 이어져 오는 것으로 믿었다. 때문에 유교적 전통이 특별히 강조되었던 조선사회에서는 조상의 제사가 매우 중요

---

6) 위의 책, p. 14.

시되었던 것이다. 이미 죽은 조상들을 마치 살아 있는 아버지나 왕처럼 여긴다는 의식이 이 제사 행위를 통해 계속 강조되고 전승되었던 것이다.

정치적 이념으로서의 유교는 상하의 계층적 질서를 유난히 강조하였다. 가정에서 부모와 자식의 관계는 결코 뒤바뀔 수 있는 것이 아니듯이, 나라에서 군주와 신하의 관계도 변할 수 없는 것이다. 그렇기 때문에 조선시대에는 부모에 대한 효성과 군주에 대한 충성을 그처럼 강조하였던 것이다. 그러므로 조선사회에서 한번 형성된 부모와 자식의 관계, 군주와 신하의 관계, 더 나아가 지배와 피지배의 관계는 결코 변할 수 없는 윤리로 자리를 잡을 수밖에 없다. 조선왕조는 이러한 유교이념을 바탕으로 수세기 동안이나 그 체제를 유지할 수 있었다. 가정에서 족보를 만들고 조상제사를 끔찍이도 강조하는 것은 그러한 질서가 저 먼 시조로부터 계속 이어져 온 것이며, 앞으로도 그런 관계는 계속 이어질 것이라는 점을 당시의 사람들의 의식 속에 깊이 새겨두려는 행위였던 것이다.

그러나 천주교의 교리는 달랐다. 이 세상 만물은 한 분이신 천주가 창조하신 것이며, 그 천주는 스스로 완전하고 스스로 영원한 존재이기에 그 어떤 지상의 존재보다 우월하신 절대자였다. 마테오 리치와 정약종의 설명을 통해서도 이러한 천주교의 기본적인 가르침은 한결같이 강조되었던 것이다. 그 말 그대로를 당시의 현실에서 믿고 실천한다면 어떻게 될 것인가?

우선 가정에서 가부장의 권위는 여전히 소중하게 유지될 것이지만, 적어도 신성불가침한 것은 아닌 것으로 해석될 수밖에 없다. 조상 대대로 이어지는 가장의 권위라 해도 이것은 한갓 창조주이신 천주의 피조물일 뿐이며, 그런 의미에서 절대적 권위는 천주만이 누릴 수 있는 것이 될 수밖에 없다. 국가적 차원에서도 마찬가지이다. 정약종도 나라에는 임금이 하나밖에 없음을 인정하였다. 그러나 그는 나라의 임금도 천주의 피조물이며, 그런 의미에서 천주는 임금의 지위보다도 훨씬 우월한 절대적 권위를 지닌 존재임을 역설하였던 것이다. 평상시에 오직 한 분이신 천지의 창조주를 믿는 신앙과 일상적인 생활이 큰 마찰 없이 공존할 때는 이 문제가 심각하게 발전하지는 않는다. 그러나 유교적인 세속의 권위와 천주의 권위가 서로 대립하게 될 때는 문제가 심각하게 전개될 수밖에 없다.

조선후기 최고의 학자 중 한 사람이었던 안정복조차도 천지창조설의 근본 뜻과 아담과 이브에 관한 성서의 내용을 도저히 이해할 수 없었던 것이다. 그는 모든 사람이 혈통상 아담의 자손이라고 말한 것으로 성서의 가르침을 해석하였기 때문에, 이 말이 허무맹랑한 것으로 밖에는 생각되지가 않았다.[7] 그는 천주가 원인의 원인이며, 그 스스로 완전하고 영원한 존재라는 마테오 리치의 천지창조설을 이해할 수도 받아들일 수도 없었다. 유교에서는 부모가 있어야 자식이 태어난다고 믿었으며, 우주의 시초는 기(氣)의 조화로 자연스럽게 시작된 것임을 주장하고 있었다. 안정복 같은 대학자도 아무도 손대지 않은 흙더미에서 싹이 돋

---

[7] 안정복은 1780년대 초에 천주교 및 서학을 비판하는 『천학문답』이라는 글을 썼다. 이 『천학문답』은 강세구 씨가 번역하여, 자신의 저서 『순암 안정복의 학문과 사상』(도서출판 혜안, 1996)의 뒷부분에 실어두었는데, 필자는 이것을 인용한 것이다.

고, 그 흙더미 안에 개미들이 살게 된 데에는 여러 가지 원인이 있는 것임을 이해할 수가 없었던 것이다.

그러나 안정복이 천주교의 천지창조설을 비판했어도 이것은 학문적인 논쟁에 지나지 않았다. 왜냐하면 천지창조설에 근거해서 한 개인의 사적이거나 공적인 행동이 이루어지는 구체적이며 역사적인 현실을 가지고 이 논쟁이 발생하지는 않았기 때문이었다.

천지창조설은 한 분이시며, 스스로 완전하고, 시작도 끝도 없는 천주의 존재를 믿는 신앙과 일체가 되어 있다. 바로 이런 신앙에 의거해 자신의 일상적인 삶을 살아야겠다고 결심하면 전통적인 생활과 관습을 있는 그대로 다 유지하고 살 수는 없는 순간이 닥치게 될 것이다. 그리고 그런 결심을 하는 순간, 그 사람은 자신이 속해 있던 세상에서 어느 정도 소외되지 않을 수 없으며, 그런 소외는 흔히 전통적 가치를 지니고자 하는 사회에서 죄악시되는 경우가 많다. 조선후기의 천주교 박해도 그런 차원에서부터 문제가 심각하게 발전하였던 것이다.

4

조선시대에는 불교도 탄압을 받았으며, 심지어는 한 유교 내에서도 양명학과 같은 사상도 단죄되었다. 그러나 그 어느 경우에도 천주교처럼 철저하게 박해를 받은 종교나 사상은 없었다. 왜 천주교에 대해서만 조선왕조는 그처럼 박해하였던가? 그것은 천주교도의 세력이 무서워서가 아니었다. 당시 천주교의 교세는 왕조의 입장에서 볼 때 조금도 위협이 되지 않았다. 그런데도 그처럼 철저하고 잔혹하고 또 지속적으로 천주교를 박해한 것은 바로 그 교리 때문이었다. 천지창조설을 바탕으로

하는 천주교 신앙은 유교적 전통에 젖어 있는 당시의 사람들, 특히 당시의 지배층에게는 도저히 용납될 수 없는 반인륜적이요 반국가적인 것으로 이해되었기 때문이었다.

천주교 신앙이 받아들여지기 시작하던 18세기 후반의 조선왕조는 여러 가지 면에서 침체되어 있었으며, 새로운 변화를 모색해야만 하는 필요성이 절박하던 때였다. 그러나 수백 년을 이어온 조선왕조의 지배체제와 그것을 뒷받침했던 유교이념은 그 어떠한 변화도 용납할 수가 없었다. 그런 사회적 분위기 속에서 천지창조설은 실로 혁명적인 사상이었다. 천지창조설과 천주의 존재를 깊이 인식하고 믿게 되면 과거의 유교적 전통에서 빠져 나와야만 하였기 때문이다.

종교 신앙의 자유가 보장되는 오늘날의 천주교 신자들은 왜 자신의 신앙을 택했을까? 오늘날의 천지창조설은 마테오 리치나 정약종의 시대와는 달리 설명될 것이 분명하지만, 여전히 우리 신앙의 가장 중요한 핵심이라는 점에서는 다름이 있을 수 없다. 아직도 유교적 전통이 강하게 남아 있는 이 사회에서 천지창조설은 오늘날 어떤 의미를 지니고 있으며, 새로운 세속적 가치들이 과거의 유교적 윤리를 대신해서 이 사회를 지배하고 있는 이때, 천주교의 천지창조설을 믿는다는 것은 우리에게 어떤 삶의 태도를 요구하고 있을까?

「황사영 백서」(黃嗣永 帛書)를 어떻게 볼 것인가?

1. 머리말

　　황사영(1775-1801)은 남인 명문의 출신이었다. 그는 다산 정약용의 맏형인 정약현(丁若鉉)의 딸 명련(命連, 마리아)과 결혼하였는데 16세에 벌써 진사시에 급제할 정도로 재주가 뛰어나 당시의 왕이었던 정조의 특별한 관심을 끌 만큼 장래가 촉망되는 사람이었다. 그러나 천주교 신앙을 가지게 되면서부터 그는 주위의 기대와는 전혀 다른 삶을 살게 되었다. 결국 그는 1801년 음력 11월 5일, 서울의 서소문 밖에서 사지가 찢기는 능지처참 형을 당하였으니, 이때 그의 나이는 불과 27세였다.

　　그는 1791년 이승훈에게서 천주교 서적을 얻어 보게 되었으며, 정약종(丁若鍾, 정약용의 바로 위 형으로 1801년 신유박해 시에 순교함.) 등과 함께 천주교 신앙에 대하여 진지하게 토론한 후, 알렉산데르(Alexander)란 세례명으로 영세 입교하였다. 그러나 그가 신앙을 갖게 되었던 1791년부터 천주교에 대한 박해가 시작되었고, 이로 인하여 그의 많은 친척들과 친우들이 신앙을 버렸다. 그러나 그는 천주교를 "세상을 구제하는 좋은 약"이라 확신하고 끝까지 신앙을 지켰으며, 나아가 당시 한국교회의 중심인물로서 많은 활동을 하였던 것이다.

　　1801년 신유박해가 일어나자 정약종 등 교회의 지도자들이 대부분 체포되었으나, 황사영은 가까스로 몸을 피하여 충청도 배론(오늘날의 충청북도 제천군 봉양면 구학리)으로 피신하였다. 이때가 1801년 2월(음)이었다.

그는 같은 해 9월 29일(음)에 체포되었으니, 배론에서 약 7개월간을 숨어 지냈던 것이다. 그는 이 기간 중에 자신의 신앙뿐 아니라 천주교에 대한 대박해가 일어난 당시 조선왕조의 현실에 대하여 깊은 생각을 하였으며, 이러한 어려운 현실을 극복해 나갈 길을 찾기 위해 많은 노력을 하였다.

한국천주교회의 역사에서나 혹은 19세기 초 조선왕조의 역사를 이해하는 데서 황사영이 특별한 주목을 받게 된 것은 배론에 숨어 지내던 시절에 자신의 생각을 정리하여 쓴 한 편의 글 때문이다. 이 글은 몰래 중국의 북경 주교였던 구베아(Gouvea) 주교에게 보내기 위해 가로 62cm, 세로 38cm의 흰 명주에 작은 붓글씨로 쓰여진 것인데, 모두 122행 13,311자에 달하는 한문으로 되어 있으며, 이것이 종이가 아니라 명주 위에 쓰여진 것이라 해서 보통은 「황사영 백서」(黃嗣永 帛書)라 불리게 된 것이다.

그러나 이 황사영 백서는 그 안에 들어 있는 극단적인 반국가적인 내용과 또 외국군대의 개입을 요청하는 내용 때문에 반민족적인 요소를 지녔다는 평가를 받기도 하였다. 혹은 이러한 황사영의 행위를 호교론적인 입장에서 적극 옹호하는 경우도 있었다. 그러나 필자는 황사영 백서에 나타난 그의 신앙행위가 옳으냐, 혹은 그른 것이냐는 식으로 문제에 접근해서는 이 사료가 지니고 있는 가치를 제대로 인식하기는 어렵다고 생각한다. 더구나 황사영 백서는 황사영이 쓴 원본 그대로가 남아 있어서 그의 본뜻과 생각을 그대로 읽을 수 있다. 박해시대 한국천주교회의 역사 속에서 이처럼 작성자가 쓴 그대로 남아 있는 자료는 그다지 흔치가 않다. 바로 이 점 때문에 황사영 백서의 사료적 가치는 좀 더 새로운 안목으로 검토해 보아야 할 필요가 있다고 생각한다.

2. 「황사영 백서」의 내용

이 글을 쓰면서 황사영은 조선교회의 참혹한 현실이 북경 주교를 통해 온 세계에 알려지기를 간절히 원하였다. 때문에 그 「백서」의 첫머리에다 자신의 심정을 이렇게 적었다.

> … 아! 죽은 사람은 이미 목숨을 버려 성교(聖敎)를 증명하였거니와, 살아 있는 사람은 마땅히 죽음으로써 진리를 지켜야 할 것입니다. … 저희들은 마치 양떼가 흩어진 것처럼 산골짜기로 도망쳐 숨고, 혹은 몸 둘 곳이 없어 길에서 헤매면서 소리도 제대로 내지 못하고 웁니다. 마음이 쓰리고 뼈가 아파, 밤낮으로 바라는 것은 오직 주님의 전능하심과 각하(북경의 구베아 주교를 말함)의 넓으신 자애뿐입니다. … 이 나라의 백성들을 돌아보건대, 어느 누가 주님의 적자(赤子) 아닌 이가 있겠습니까마는, 지방이 멀고 궁벽하여 가장 늦게 성스런 가르침을 들었으며, (거기에 더하여) 기질마저도 잔약하기 그지없어 괴로움을 견뎌내기가 어렵습니다. (그래서) 지난 십년 동안도 항상 눈물과 근심 가운데 있었는데, 금년(1801)의 참혹한 박해는 꿈에도 생각할 수 없는 일이었습니다. 참으로 가엾습니다. 인간이 어찌 이처럼 극단에 이를 수 있습니까? 이번 박해가 있은 후에 아직 특별한 은총이 없어, 예수 그리스도의 성스러운 이름이 장차 이 나라에서 아주 끊어져 버리려 합니다. 말과 생각이 이에 미치니 간장이 갈기갈기 찢어집니다. … 저희들은 마음을 어루만지고 눈물을 뿌리면서 어려운

사정을 호소하고, 목을 늘이고 발돋움하여 오직 반가운 소식 있기만 기다립니다. …

그는 당시의 참혹한 박해 때문에 깊은 슬픔과 절망에 빠졌지만 자기의 신앙이 이 땅에서 완전히 사라지지 않도록 무엇인가는 해야 한다는 사명감을 강하게 느끼고 있었던 것이다. 그리고 이 「백서」를 받아보고 북경의 주교가 반가운 조치를 취해주기를 간절하게 바라고 있었다. 그래서 그는 당시 한국에서 활동하던 유일한 사제였던 중국인 주문모(周文謨) 신부의 활동과 순교를 위시하여, 최필공·강완숙·이가환·정약종·이존창·유항검 등 수십 명의 순교 사실을 상세하게 기록해 두었던 것이다. 이들 모두는 황사영 자신과 마찬가지로 초창기 한국천주교회를 이끌어 간 동지들이었다.

그는 일단 한양을 탈출하여 충청도의 깊은 산골에 피신해 있었지만, 이들은 모두 참형을 당했다. 그리고 그런 소문이 계속 그에게까지도 전해지고 있었다. 박해가 전국적으로 얼마나 철저하게 진행되었던지, 그 때의 형편을 그는 "길에는 나졸들이 널려서 이리 달리고 저리 뛰어 밤낮으로 끊이지 아니하고, 금부와 양 포도청과 형조의 감옥은 모두 빽빽이 차서 더 수용할 수가 없게 되었다고 합니다."라고 말할 정도였다. 그는 당시 순교자들에 대한 기록을 다 마치고 나서 이 박해에 대하여 다음과 같이 기록하고 있다.

서양의 옛날 박해가 오늘날 이 나라에서의 박해보다 더 참혹하였지마는, 성직자가 대를 이어 성가가 끊어지지 아니하였기 때문에 성스런 종교가 멸망하지 아니하여 인간의 영혼이 모두 구제받았는데, 이 나라에서는 세상 형편이 (서양과는) 너무나 달라 그러한 희망이 전연 없습니다. 양이 목자를 잃고도 오히려 풀을 먹고 자라고, 젖먹이가 어머니를 잃고도 오히려 온전히 살아 나가기를 바랄 수 있겠지만, 저희들은 백 번 생각해 보아도 실로 살 길이 없습니다.

깊은 산골에 숨어 전달될 가능성도 거의 없어 보이는 이 글을 쓰면서 황사영은 조선교회의 현실이 너무나 참담하다는 점을 더욱 뼈저리게 느꼈다. 정말 앞으로 이 땅에서 천주 신앙이 살아남을 길이 전혀 보이지 않기 때문이었다. 그래도 가만히 있을 수 없어「백서」를 쓰는 간절한 뜻을 이렇게 적어 두었다.

아, 참으로 통탄할 일입니다. 죽기 전에 어떻게 차마 천주 신앙이 끊어져 없어지는 것을 보겠습니까? 저희들은 금년에 화를 면하여 고마움과 두려움이 엇갈립니다. 인자하신 은혜의 보호로 특별히 생명을 보전하였음이 고맙고, 죄악이 특히 많아서 (순교자로서의) 선택을 입지 못하였음이 두렵습니다. 참으로 이 남은 목숨으로 주님을 위해 힘을 다하고자 하나, 지혜가 모자랄 뿐 아니라 힘도 또한 막혔으니, 장차 분을 지니고서 땅에 들어가야 하며, 한을 품고서 이 세상을 마쳐야 합니까? 슬프고 답답한 가운데 누가 저희를 불쌍히 여기며, 누가 저희를 위로해 주겠습니까? 인자하신 각하께 울며 호소하고 싶으나, 산과 물이 가로막혀 우러러보아도 미치지 못하니 더욱 속이 타고 답답합니다. 장차 어찌하오리까?

그는 위험한 고비를 넘기고 생명을 유지하고 있음에 대하여 고맙게 생각하기도 하였으나, 순교의 은총을 입지 못한 것을 부끄럽게 여기고 있었다. 또한 이대로 분과 한을 품은 채 죽을 수는 없다는 강한 의지를 잃지는 않았다. 그러나 어떻게 해야만 이 난국을 넘어설 수가 있을 것인가? 그 길이 보이지 않기에 "속이 타고 답답"하였던 것이다.

그는 국내에서 자체적으로 이 어려운 지경을 극복할 길이 보이지 않기에 북경에 있는 구베아 주교에게 도움을 요청하기로 마음먹고 「백서」를 썼던 것이다. 그러면서 조선의 실정을 잘 모르는 북경 주교에게 자신이 생각한 몇 가지의 대책을 건의하기로 작정하고 이 「백서」의 마지막 부분에 그것을 열거하였던 것이다.

그는 첫째로 재정적 도움을 호소하면서 다음과 같이 썼다.

현재의 형세가 이러하더라도 가만히 앉아서 죽기를 기다릴 것이 아니지마는, 그것도 다 재물이 있은 후에야 이야기할 수 있는 일입니다. 한 나라 교회의 존망과 신자들의 생사가 악한 맘몬(mammon)에 달려 있음을 미처 헤아리지 못하였습니다. 단지 재물이 없는 인연으로 하여 성교회가 멸망하고 신자들이 죽는다면, 그 원한이 또한 어떠하겠습니까? 이에 감히 몽매함을 무릅쓰고 말씀을 올려 청하오니, 이를 위해 서양 여러 나라에 애걸하여 주시기 바랍니다.

당시의 대박해로 인하여 신자들의 공동체가 다 흩어지고 그들의 재산을 모두 빼앗긴 상태에서 무엇인가 활동하기 위해서 재정적 도움이 필요하였기에 북경의 주교에게 이런 부탁을 한 것이었다.

둘째로, 북경의 주교와 지속적으로 연락이 닿아야만 했기 때문에 그는 아주 신중하고 조선어를 잘하는 중국인 신자를 가려, 조선 사람들이 많이 다니는 길목에 "가게를 차려서 지나가는 사람들을 접대하면, 오고가는 길에 서신을 보낼 때 별로 힘들지 않을 것"이라고 제안하였다. 그는 신유박해로 극도로 고립된 조선교회를 되살리기 위해서는 중국의 북경 교구와의 접촉이 꼭 필요하며, 이를 위해 비밀 접촉 장소가 있어야만 한다고 생각하였던 것이다.

재정적 지원 요청이나 비밀 접촉의 거점을 만들자는 제안은 모두 그럴 만한 것이었다. 그러나 그는 이 정도가 아니라 훨씬 적극적인 제안을 하였다. 그래서 세 번째로 그가 제안한 것은 청나라의 황제로 하여금 조선에 압력을 가해 천주교가 받아들여질 수 있도록 하자는 것이었다. "이 나라는 방금 불안하고 곤란한 지경에 놓여 있어서, 어떤 일이든지 (청나라) 황제의 명령만 있으면 감히 좇지 아니하지 못"하기 때문에 "이러한 때를 타서 교황께서 (청나라의) 황제에게 글을 보내" 부탁한다면 일이 성사될 가능성이 있다고 그는 제안하였다. 말하자면 청나라 황제로 하여금 조선의 왕에게 압력을 가하도록 하자는 것이다. 물론 그 자신도 "중국의 형세가 이 계획을 실행할 수 있는지 잘 몰랐지만" 그 당시 청과 조선의 관계로 볼 때 생각해 볼 수 있는 계책은 되리라고 믿었다. 그리고 불가능해 보이는 희망을 계속 지니고 살아가려는 그의 뜻을 이렇게 밝혔다.

이 나라에서의 주님의 은혜는 보통이 넘는다고 말할 수 있습니다. 처음에 일찍이 전교하는 이가 온 일도 없이 주님께서 특별히 이 진리를 친히 주셨고, 이어 또 성사를 수여하는 이를 주시는 등 가지가지 특별한 은혜를 주신 것이 이루 다 손가락을 꼽을 수 없을 지경입니다. 금년의 이 벌(1801년의 대박해를 말함)은 진실로 저희들이 은혜를 저버린 때문임을 잘 알고 있습니다. 그러나 주님의 인자하심이 오히려 아주 버리지 아니하시고 이처럼 잔혹하게 파괴된 가운데 특별히 한 줄기 나아갈 길을 남겨놓으셨음은, 이 나라를 분명히 보호하고 구원해 주시려는 표징입니다. 주님의 도움이 이러하니, 만약 중국과 서양 여러 나라의 주님을 섬기는 사람들이 마음을 합하여 전력을 다해 도모하면, 어찌 이 재앙을 상서로운 일로 만들어 이 손바닥만한 나라를 구원해 살리지 못하겠습니까?

이처럼 불가능해 보이는 일도 천주의 도우심으로 이루어질 수가 있으리라는 희망은 그로 하여금 이보다도 더욱 대담하고 극단적인 대책을 강구하도록 만들었다.

넷째로, 황사영은 조선을 청나라의 한 지방으로 만들자고 제안하였던 것이다. 그가 보기에 조선은 땅이 기름지고 물산도 풍부한 좋은 나라이지만, "이(李)씨가 미약하여 끊어지지 아니함이 겨우 실오라기 같고, 여군(女君)이 정치를 하여(정조가 죽은 후 영조의 계비繼妃 정순왕후가 섭정을 하게 된 것을 의미함: 필자주) 세력 있는 신하가 권력을 부리므로 정치가 뒤틀리고 문란하여 백성들은 탄식하고 원망"하는 상태가 되었다. 그러므로 조선이 청나라의 한 지역이 된다면 "간사한 신하들의" 권세는 위축될 것이며, "조선 왕실의 명성과 위세"는 더욱 커질 것이기 때문에 조선의 왕실에서도 이를 기꺼이 받아들일 것이라고 보았다. 그럴 정도로 현재 조선의 형편이 너무나 위급하여 오래 지탱하기 어려운 지경이라고 그는 판단하였던 것이다. 나아가 교황이나 북경의 주교는, 청나라도 언젠가는 중국 천하를 다스리지 못하게 되는 때가 올 터인데, 그때를 대비하여 조선을 청나라의 근거지로 확보해 두라고, 청나라 황제를 설득시키면 된다고 주장하였다. 더욱이 청나라 황실의 근거지인 만주는 조선과 맞닿은 곳이기 때문에 더욱 유리하리라는 것이었다. 여기에 더하여 청나라의 왕녀를 조선의 왕과 결혼시키면 "조선의 왕은 황제의 부마가 되고, 그 다음 왕은 외손자가 되므로 스스로 청나라에 충성을 다할 것"이라고 보았다.

끝으로, 그는 서양의 군함과 군대를 동원해서 조선왕조에 압력을 넣음으로써 이 난국을 풀어갈 것을 제안하였다.

이 나라의 병력은 너무나 약하여 모든 나라 가운데 맨 끝인데, 게다가 이제 태평한 세월이 2백 년을 계속해 왔으므로 백성들은 군대가 무엇인지도 모릅니다. 위에는 뛰어난 임금이 없고 아래로는 어진 신하가 없어서, 자칫 불행한 일이 있기만 하면 와르르 무너져 버릴 것이 틀림없습니다. 만약 배 수백 척과 정예한 군대 5,6만을 얻어, 대포 등 날카로운 무기를 많이 싣고, 겸하여 글 잘하고 사리에 밝은 중국사람 서너 명을 데리고 바로 이 나라 해변에 이르러 조선의 국왕에게 (다음과 같은) 글을 보내어 (말하십시오.)

'우리는 서양의 (천주교를) 전교하는 배요. 사람이나 재물을 약탈하러 온 것이 아니라 교황의 명령을 받고 이 지역의 백성을 구원하려는 것이오. 귀국에서 한 사람의 선교사를 용납하여 기꺼이 받아들인다면, 우리는 더 이상 많은 것을 요구하지 않을 것이오. 절대로 한 방의 탄환, 한 대의 화살도 쏘지 않고, 절대로 티끌 하나 풀 한 포기도 움직이지 않을 것이며, 영원한 우호의 조약만 맺고는 북 치고 춤추며 돌아갈 것이오. 그러나 만약 천주님의 사자를 받아들이지 아니하면, 마땅히 주님의 벌을 받들어 행하고, 죽어도 그냥 돌아가지는 않을 것이오. 왕은 한 사람을 받아들여 전국의 벌을 면하고자 하십니까, 아니면 전국을 다 잃더라도 한 사람을 받아들이지 아니하고자 하십니까? 왕은 어느 하나를 택하시기 바랍니다. 천주교는 충효와 자애를 가장 중요시하고 있으므로, 온 나라가 흠모하고 공경하면, 실로 이 왕국의 무한 복이 될 것이오. …'

서양의 군함과 수만의 병력을 동원하여 조선왕조에 압력을 넣어 신앙의 자유를 획득하려는 생각으로 이러한 제안을 한 것이지만, 그는 박해를 당하고 있는 조선의 천주교 신자들마저도 이러한 서양의 무력 개입이 지나친 것이라고 반대할지도 모른다는 것을 염두에 두었던 것이다. 그럼에도 황사영은 이 점에서 매우 단호하였다. 그러기에 그는 이러한 서양의 무력 개입을 요청하는 것이 잘못된 일이 아니라 아무런 죄도 없는 천주교도들을 무참하게 학살하는 일이 잘못된 것이라고 하면서 다음과 같이 말하였다.

서양은 곧 천주교의 근본이 되는 땅으로서, 2천 년 이래 모든 나라에 천주 신앙이 전해져서 귀화하지 아니한 곳이 없는데, 홀로 이 탄알만 한 이 나라만이 이에 순종하지 않을 뿐 아니라, 도리어 강경하게 버티어 성스런 신앙을 잔혹하게 해치고, 성직자를 마구 학살하였습니다. 이러한 짓은 동양에서 2백 년 이래 없었던 일이니, 군사를 일으켜 죄를 묻는 것이 무엇이 옳지 아니합니까?

그에게 있어서 무고한 교우들을 수백 명씩 학살하는 조선왕조는 이미 도덕적으로 정당화될 수가 없었던 것이다. 그의 이러한 태도는 조선왕조의 입장에서 볼 때 반역 무도한 것이 분명하였지만, 그는 그 점에 있어서조차 조금도 거리낌이 없었다. 그는 자신이 신봉하는 천주 신앙이 당시의 입장에서 볼 때에도 결코 반국가적인 것이 아님에도 불구하고 천주교도들을 무참하게 살육하는 정권을 인정할 수가 없었던 것이다. 이런 확신을 그는 「백서」의 마지막에 다음과 같이 밝히면서 긴 글을 끝맺음하였다.

예수의 거룩하신 가르치심에 의거하면 전교를 용납하지 아니하는 죄는 소돔과 고모라보다도 무겁다고 하였으니, 비록 이 나라를 섬멸시킨다 하더라도 성교회의 명분에 해로울 것이 없겠는데, 이 계획은 그 세력을 과시하여 (조선으로 하여금) 천주 신앙에 대한 선교를 허용하도록 하는 것에 지나지 않는 것입니다. 백성을 해치지 아니하고 재물을 빼앗지 아니하니, 또한 인의(仁義)에 어긋나는 일도 아닙니다. 어찌 명분에 아름답지 못할까를 근심하겠습니까? 다만 힘이 이에 미치지 못할까 두려워할 뿐입니다.

이러한 내용으로 작성된 「황사영 백서」는 이것을 품에 감추고 북경의 구베아 주교에게 전하기 위해 떠났던 황심(黃沁, 1756-1801)이 1801년 9월 26일(음)에 체포됨으로써 발각되었으며, 며칠 후인 9월 29일(음)에는 마침내 황사영도 체포되었다. 그해 초부터 시작된 박해가 어느 정도 가라앉는 것처럼 보이던 때, 이「백서」의 발각으로 사태는 더욱 악화되었다. 조선왕조의 입장에서 본다면, 천주교도가 국가의 근본 체제를 뒤엎으려는 집단이라는 점을 확인한 셈이었기 때문에, 박해는 더욱 가혹해질 수밖에 없었던 것이다. 그 결과 관련자 여러 명이 사형을 당하였으며, 그해 11월 5일(음) 황사영은 서소문 밖에서 사지가 찢기는 능지처참형을 받게 되었다.

3.「황사영 백서」의 가치

(1)「황사영 백서」에 나타난 국가와 신앙의 대립

18세기 말에서 19세기 말경까지 거의 100여 년간 지속된 박해 속에서 수많은 천주교도들이 죽임을 당하였으며, 그들에 관한 기록들도 결코 적은 것이 아니다. 그러나 그 어느 기록도「황사영 백서」와 같은 것은 없다. 대부분의 순교자들이 자신들의 신앙을 당당하게 증언하고 죽음을 받아들였지만, 그들 누구도 공개적으로 조선왕조의 국가 체제를 거부하고 어떤 수단을 통해서라도 신앙의 자유를 얻겠다고 주장한 사람은 없었다. 그러나 황사영은 달랐다. 그는 외국의 군대를 끌어들여 조선을 청나라의 한 지방으로 만드는 한이 있더라도 부당하고 참혹한 박해를 멈추게 하는 것이 옳다고 믿었으며, 그러한 만행을 일삼는 국가라면 그 같은 국가 체제에 승복할 필요가 없음을 확실히 하였다. 그러므로 황사영은, 국가 체제와 신앙이 정면으로 충돌하여 더 이상 공존할 수 없다고 판단될 때는 천주 신앙을 택하는 것이 옳다고 믿었을 뿐 아니라, 그러한 국가 체제를 공개적으로 부정하려는 의지를 지닌 사람이었다. 그 점에서 그는 동시대의 다른 순교자들과는 구별되는 존재였던 것이다.

오늘날 우리는 신앙의 자유가 보장되는 시대에 살고 있기 때문에 황사영의 고뇌를 이해하기가 쉽지 않다. 그리고 우리나라를 다른 나라에 복속시키거나 또는 외세의 군사력을 빌려서라도 종교의 자유를 얻어야 된다는 주장에 쉽게 동조할 수도 없다. 그렇기 때문에 황사영은 반민족적이며 광신적인 몽상가라고 비난을 받기도 하였다. 그러나 만약 국가적 권위가 우리의 신앙을 부정한다면 우리는 정말 어떻게 할 것인가? 국가의 체제 그 자체가 우리가 신봉하는 종교에 어긋나는 것이라면 또 어떻게 할 것인가?

(2) 유교적 전통과 천주교

우리는 나면서부터 국가를 벗어날 수가 없다. 한 인간이 살아가는 데 필요한 모든 사회적 여건은 국가 체제 속에서 마련될 수밖에 없다. 그런 국가체제는 힘을 지니고 있으며 개인이 그 힘에 맞서기는 거의 불가능한 일이다. 모든 시대의 순교자들은 대부분 그 체제의 힘에 의해 희생된 사람들이라 할 수 있다. 그들은 자신들을 억압하는 체제를 거부하지는 않았지만, 자신들이 추구하는 숭고한 가치를 선택했던 사람들이었다. 그러나 황사영의 경우처럼 자신의 종교적 가치를 지키기 위해 국가 체제를 정면으로 부정하고 나선 사람은 흔하지 않은 것 같다. 황사영은 조선의 대표적 양반가문 출신이며 어려서 과거에도 급제한 사람이었다. 그는 조선왕조의 체제 속에서 안주하기만 하면 입신출세가 보장된 사람이었다. 그러나 천주 신앙에 귀의하면서 그는 전혀 딴사람이 되었다. 그리고 박해가 다가오자 그는 수백 년 묵은 조선왕조의 그늘에서 과감하게 벗어났다. 이 한 사람의 반역(?)이 그 당장엔 아무것도 바꾸지 못하였지만 조선왕조의 종말을 예고하는 전조(前兆)라 할 수 있는 것이었다.

지금까지 조선후기 천주교의 가르침이 새로운 사회를 지향하는 이념이라는 관점에서 파악되지는 않았던 것 같다. 대부분의 순교자들이 자신의 신앙을 지키기 위해 죽음을 선택하기는 하였지만, 수백 년의 전통을 유지해 온 유교를 대체할 새로운 사유 체계로서 천주교의 가르침을 확대 해석하지는 않았기 때문이었다. 그러나 황사영은 달랐다. 그는 분명 조선왕조의 정통성을 부정하였던 것이다. 어떻게 그것이 가능하였을까? 정약종의 『주교요지』를 보면,

> 천지도 또한 집과 같아서, 하늘로 덮고, 땅으로 싣고, 해와 달로 밝히고, 비와 이슬로 초목을 기르고, 물로 축이고, 불로 덥히고, 나는 새는 공중에 날고, 기는 짐승은 땅에 기어, 만물을 다 배포하고 마련하였기에, 사람이 그 중에서 하늘을 이고 땅을 밟고, 만물을 쓰고, 평안히 살아, 마치 집을 짓고 평안히 있음과 같으니, 작은 집도 절로 되지 못하여, 반드시 건축한 목수들이 있어야 되거든, 이 천지 같은 큰 집이 어찌 절로 되었으리요? 분명히 지극히 신통하시고, 지극히 능하신 이가 계셔서 만들어야 될 것이니, 목수들을 보지 못해도 집을 보면 집 지은 목수들이 있는 줄을 알 것이요, 천주를 보지 못해도 천지를 보면, 천지를 만드신 임자가 계신 줄을 알 것이라. (『순교자와 증거자들』, p. 11)

라고 하여, 모든 인간을 비롯하여 세상만물은 천주의 피조물임을 너무나 생생하게 증언하고 있다. 『주교요지』에서는 조선왕조에 대하여 단 한 마디의 말도 하지 않고 있지만, 그는 이미 유교적인 세계를 떠났음을 분명히 알 수 있다. 유교적인 세계를 떠났다는 것은 조선왕조의 국가적 체제를 부정한 것이나 다름이 없었다.

사실 조선후기의 대표적 실학자였던 안정복은 그의 『천학문답』에서, 천주교의 천지창조설에 대하여 언급하였다. 그는 먼저 "서양의 옛 경전에 천주가 천지를 열고 곧 아담이라는 한 남자와, 이브라는 한 여자를 만들어 이들을 세상 사람의 조상으로 삼았다고 하니 과연 그런가?"라고 의문을 제기하고는, 천주교의 천지창조설에 대하여 맹렬한 비판을 가하였다.

그는 천지창조설의 근본 뜻과 아담과 이브에 관한 성서의 내용을 도저히 이해할 수가 없었던 것이다. 그는 모든 사람들이 혈통상 아담의 자손이라고 말한 것으로 성서의 가르침을 해석하였기 때문에, 이 말이 허무맹랑한 것으로 밖에는 생각되지가 않았던 것이다. 안정복은 당시의 가장 대표적인 학자였으며, 또 천주교도를 처형하자고 주장할 만큼 과격한 사람도 아니었다. 그러나 그런 안정복도 천주교의 천지창조설을 믿기는 어려웠던 것이다. 그러므로 이런 천주교적인 세계관을 믿는다는 것은 당시로서는 어려운 일이었다. 사실 이러한 새로운 세계관을 믿는 사람이라면 수백 년 동안 조선왕조를 지배해 온 유교적 전통의 틀에서 벗어나야만 했다. 그리고 유교적인 전통을 벗어나 새로운 세계를 찾게 되면 그 자신에 대해서는 물론이거니와 그가 살던 국가와 사회에 대한 생각도 변할 수 있을 것이다. 아마도 이 점이 같은 형제이면서도 정약종과 정약용이 확연히 다른 길을 갔던 이유일지도 모른다. 왜냐하면 정약용이 아무리 당시의 사회변화를 추구하였다 하더라도 정약종처럼 유교적 세계를 떠날 수는 없었기 때문이다.

그런 점에서 본다면 황사영이 적극적으로 조선왕조를 부정하였던 이유를 이해할 수 있을 것 같다. 그에게 있어서 조선왕조와 조선의 군주는 더 이상 하늘과 같은 존재는 아니었다. 거기에 더하여 그 군주가 천주의 가르침을 정면에서 어기고, 또 천주교인들을 그처럼 무참하게 학살하는 행위를 저지른다면, 이것은 천주의 큰 가르침에 대적하는 행위가 되기 때문에 황사영은 너무나 당당하게 조선의 왕실을 비난할 수 있었으며 그런 조선왕조가 응징을 받아 마땅하다고 생각한 것이었다. 필자는 황사영의 생각이 옳다 혹은 그르다는 입장에서 말하는 것이 아니라, 실로 기왕의 지배적인 이념을 벗어나지 않고서는 새로운 변화를─비록 그 변화가 개인에 국한된 것이라 하여도─이룩할 수 없음을 말하고자 하는 것이다. 그리고 새로운 이념은 과거의 지배적인 이념 이상으로 체계화되고 보편화된 가치체계를 갖춘 것이어야 하였다. 그러므로 황사영은 천주교의 가르침 안에서 유교를 넘어서는 길을 찾았기 때문에 과감한 반역의 길을 택할 수가 있었다고 생각한다. 그런 의미에서 「황사영 백서」는 천주교의 초기 역사를 이해하는 데서나, 조선왕조 해체기의 역사를 이해하는 데서 각별한 의미를 지니고 있는 것이라 생각한다.

(3) 천주교회사 자료를 읽는 태도

황사영 백서는 천주교회사를 연구할 때 어떠한 자세로 관련 사료를 보아야 할 것인지를 잘 말해주고 있다. 황사영 백서는 황사영이 직접 쓴 그대로 남아 있다. 그의 생생한 목소리가 그대로 남아 있는 것이다. 그러나 박해시대 순교자들에 대한 기록은 대부분 이들을 잡아 문초한 관리들에 의해 한문으로 기록된 것이다. 심문자의 질문에 대하여 잡혀 온 천주교인들은 여러 가지 말을 하였을 것이다. 그리고 그중에는 소위 당국의 입장에서 듣기 거북한 말도 많았을 것이다. 그러니 기록자는 그런 불경스런 말을 모두 빼버리거나 완곡하게 다른 뜻으로 변형하여 기록하였을 것이 분명하다. 따라서 순교자들이 문초 받는 과정에서 너무나 고분고분하고 자신의 처지를 숙명처럼 받아들이는 그런 기록들을 해석할 때 역사가들은 보다 각별한 주의를 기울여야 할 것이다. 그런 의미에서 황사영 백서는 교회사가들만이 아니라 역사가들에게 텍스트(사료)를 해석하는 데 있어서 신중하고 사려 깊어야 한다는 교훈을 주고 있다고 하겠다.

황사영의 백서가 조정에 알려졌을 때 당시의 조정은 그 내용의 불경함에 경악을 금치 못하였다. 당시 포도대장 이한풍(李漢豐)이 이를 보고할 때 "제가 (백서를) 뜯어보았더니, 이것이 흉서였습니다. 놀라고 또 두려움을 금치 못하여 감히 이렇게 뵙고 옷소매에서 꺼내어 바칩니다."라고 하였는데, 여기서 "놀라고 또 두려움을 금치 못했다"라는 말은 조금도 과장이 아닐 것이며, 또 포도대장 이한풍이 왕과 대신들 앞에서 그 내용을 차마 입에 담지도 못했을 것이라는 점도 충분히 이해할 수 있다.[1]

황사영이 조선을 청나라의 한 지방으로 만들자고 제안하면서, "이

---

1) 이상의 내용은 『순조실록』 권3, 원년 5월 을미조에서 인용함.

씨(왕실을 의미함.)가 미약하여 끊어지지 아니함이 겨우 실오라기 같고, 여군(女君)이 정치를 하여 세력 있는 신하가 권력을 부리므로 정치가 뒤틀리고 문란하여 백성들은 탄식하고 원망"하는 상태가 되었다고 말하였는데, 이것을 포도대장이 왕과 조정대신이 함께 한 자리에서 그대로 옮기기는 어려웠을 것이 분명하다.

황사영이 체포되자 곧 그에 대한 국문(鞠問)이 이루어졌다. 그리고 제천에서 그를 체포할 때 황사영이 지니고 있던 문서에서 백서를 찾아냈다. 이때의 사료를 보면 다음과 같다.

(포도청에서 황사영을 체포하고 그 문서를 수색하니) 백서가 있었으며, 이는 북경의 천주당과 통하려는 것이었다. 흉악하기 짝이 없는 말로 가득찬 이 백서는 주문모(周文謨) 신부 이하의 여러 사학(邪學) 죄인들이 사형 당하였음을 서양인에게 알리려는 것인데, 그 안에는 세 가지의 흉악한 계책이 들어 있었다. 첫째는 청나라 황제로 하여금 조선에 압력을 넣어 서양인을 가까이하도록 권유하고, 둘째는 안주(安州)에 무안사(撫按司)를 열어 친왕(親王)으로 하여금 우리나라 사람들을 감시토록 하여 만일의 사태에 대비토록 하자는 것이며, 셋째로는 서양의 나라에 통하여 큰 선박 수백 척으로 정병 5,6만 명을 파견하고, 대포와 같은 무기를 많이 싣고 와서 우리나라를 깜짝 놀라게 하여 사교가 행해지도록 함이었다.[2]

---

2) 『순조실록』 권3, 원년 10월 무신조.

위의 사료를 보면 황사영 백서 가운데서 조선왕조로서 도저히 용납할 수 없는 내용을 세 가지로 요약하고 있음을 알 수 있다. 그러나 어디에서도 황사영이 조선의 왕실과 당시의 대비의 섭정에 대하여 노골적으로 비난한 내용 같은 것은 들어 있지 않다. 만약 황사영 백서의 원본이 없었다면 이러한 사료들을 가지고 황사영 백서의 내용을 짐작해 볼 도리밖에 없었을 것이다. 그러므로 박해시대의 한국천주교회사에 대한 연구를 진행할 때 우리는 사료의 이용과 해석에 각별한 주의를 기울여야 할 것이다. 당시의 천주교도들은 국사범으로 취급되었기 때문에 이들의 생생한 증언을 담은 문서를 발견하기는 쉽지 않다. 황사영 백서는 현재 남아 있는 사료 가운데, 그 작성자가 쓴 그대로 남아 있는 몇 안 되는 자료라 할 수 있으며, 이것을 통해 당시의 천주교회사를 보다 더 큰 틀 속에서 이해할 수 있으리라고 생각한다.

이순이 루갈다의 순교와 남긴 편지들

　이순이 루갈다(1782-1801)는 독실한 천주교 가정에서 출생하였는데 어릴 적부터 신앙심이 돈독했다. 그녀는 열네 살 되던 해인 1795년에 첫영성체를 받은 후부터, '마음을 다하여 하느님을 믿고, 바라고, 사랑하고, 공경하며 자기의 영혼과 육신' 일체를 예수께 드리는 일보다 더 중요한 일은 없다고 가르친 주문모 신부의 말씀대로 살기로 마음먹고, 천상배필이신 예수께 자신의 동정을 바치기로 결심하였다. 그리고 이로부터 약 2개월 후 주문모 신부는 초기 한국천주교회의 중심적 역할을 하였던 전주의 유항검의 집을 방문하여 그의 큰아들 유중철(요한)에게도 첫영성체를 베풀었는데, 유요한도 루갈다와 같은 마음으로 동정을 지키기로 결심하고 그 뜻을 주 신부에게 밝혔다. 그 후 루갈다는 자신의 마음속으로만 간직했던 이 뜻을 주 신부에 고하고 조력을 청했으며, 그녀의 사람됨을 잘 아는 주 신부는 이를 흔쾌히 승낙하였다.
　이 두 남녀의 깊은 뜻을 다 알고 있던 주 신부는 당시 조선의 상황에서 이들의 뜻을 이루는 길은 이 둘이 결혼은 하되 서로 오누이처럼 지낼 수 있도록 하는 것이 최선이라 생각하고 중매에 나섰다. 1797년 주 신부의 중매로 이 루갈다와 유요한의 결혼은 성사되었다. 그 후 루갈다는 1798년 9월 시댁인 전주의 초남리로 와서 살았다. 이 두 사람은 순교할 때까지 4년을 동거하면서 오라비와 누이로 지냈다. 그러나 이들이 결혼을 하고 전주에서 살기 시작하던 직후부터 대대적인 천주교도 박해가 시작되었으며, 마침내 1801년 신유년의 대박해 때에는 이들 부부의 온 집안이 쑥밭이 되기에 이르렀다.

1801년 3월, 루갈다의 시아버지인 유항검은 체포되어 그해 9월 사지가 찢겨 여섯 토막이 되는 참혹한 죽음을 당하였다. 그리고 루갈다의 남편 유중철은 아버지가 체포된 직후에 체포되어 전주 감옥에 갇혔으며, 그해 9월에는 시어머니와 두 시동생과 사촌 시동생도 체포되었다. 그리고 루갈다 자신도 이때에 같이 체포되어 같은 해 12월 28일에 형장에서 순교하였다.

이처럼 루갈다는 당시의 수많은 순교자 가운데 하나였지만, 한국천주교회사에서 매우 특별한 위치를 차지하고 있다. 루갈다는 체포되어 사형되기 전 약 3개월 동안 감옥에 있으면서 두 통의 편지를 남겼다. 한 통은 그녀의 어머니에게 보낸 것이며, 또 한 통은 친언니와 올케에게 남긴 것이었는데, 이 두 편지 속에 순교를 기다리고 있던 루갈다의 슬프고 안타까운 심정과 아름답고도 굳건한 신앙이 생생하게 표현되어 있다.

자신의 사랑하는 남편과 시부모, 시동생들, 그리고 친오빠도 모두 잡혀 죽을 날만 기다리고 있는 실정이었고, 잡히지는 않았다 하더라도 언제 어떻게 될지 모르는 친어머니와 친언니와 남편을 잃게 될 올케를 두고 있는 루갈다는 기막힌 처지에 놓여 있었다. 그러기에 어머니께 보낸 편지에서 그녀는,

모녀가 서로 헤어진 지 4년이 되었으니 … 망극한 정이야 오죽하리요마는, 모두가 천주의 명입니다. 우리를 주심도 (천주의) 명이요,

앗으심도 명이니, (이것저것) 생각하는 것이 도리어 우스운 일입니다. 만 번 엎드려 바라옵나니 슬픔을 억제하시고, 영세에 모녀의 정을 다시 이어 온전케 하옵소서.

라고 어머니를 위로하였던 것이다. 루갈다는 아버지를 어릴 때 여의었는데 이제 자신도, 오빠도 다 죽게 되면 홀로 남을 어머니가 너무나 걱정스러웠던 것이다. 그러나 그녀는 어머니 육신의 안부만을 걱정한 것은 아니었다. 행여나 홀로 남은 어머니가 고통을 이기지 못하고 배교할까 더욱 걱정이었다. 그래서 루갈다는,

비록 제가 죽게 되더라도 과도하게 상심하다가, (순교의 큰 은혜를 내려주시는) 천주의 명을 배반치 마시고, 그 명에 기꺼이 순명하소서. … (천주께서 저에게 순교를 허락하심은) 보잘것없는 이 자식을 진실되고 보배로운 자식으로 만드시려는 것이니, 천만 번 바라옵건대 너무 상심치 마시고 부질없는 생각을 억제하소서.

라고 써서, 너무 슬픔에 겨워하다가 신앙을 버리게 되는 일이 없도록 신신당부를 하였던 것이다. 그리고 나서 그녀는 천상에서 영복을 누리며 살 날을 기다리며 먼저 천국에 가서 어머니를 맞이하겠다는 간절한 뜻을 이렇게 적었다.

이 세상을 꿈같이 여기시고, 영원한 세상을 본향으로 알아 조심조심하여 순명순명하시다가 이 세상을 떠나시게 되면 이 못난 자식이 영

복의 면류관을 받잡고 즐거운 영복을 띠고 손을 붙들어 영접하리이다.

자신의 슬픔도 억제하지 못할 이 상황에서 그녀는 어머니를 이처럼 위로하고, 또 실망하지 않도록 당부하면서, 저 세상에서 영원한 복락을 누릴 날을 기다리겠다고 하직 인사를 하였던 것이다.

루갈다가 어머니께 보내는 편지는 비교적 짧으며, 감옥에서 갇혀 죽을 날만을 기다리는 자신의 처참한 심정은 거의 비치지 않고 가족들을 걱정하는 안타까운 심정만 절절하게 표현되어 있다.

불쌍하신 오라버님, 죽으셨나 살으셨나? 9월 삼오일(15일)에 바람결에 들은 후, 내 몸이 잡히여 감감히 들어앉아, 소식 들을 길이 전혀 없어 매양 답답한 마음뿐이며, 만약 다시 관가의 판결을 받았다면 그 사이에 판결(오빠의 사형)이 났을 듯하옵니다. 돌아가신 이야 복을 누리고 계실 것이니, 설마 저를 어쩔 것이 아니로되, 집안의 참혹한 형편과, 어머님, 형님 차마 어찌 견디시며, 일맥이 부지하여 계시지 않으실 듯하니(넋이 나가 이미 죽은 것 같다는 의미), 중도에 어지러운 생각이야 형용할 말이 어이 있사오리까? (오빠가 죽었다면) 초상 지낼 절차는 어찌하였는고? 오히려 이제껏 결단이 나지 않았다면 그 차가운 감옥에서 어찌 견디시고 있을까? (오빠가) 죽었으나 살았으나 어머님 간장은 한량으로 녹으실 것이나이다.

오빠 이경도도 체포되었다는 소문을 듣긴 하였지만, 현재 어떤 상태에 있는지를 몰라 애타하면서 루갈다는 두 자녀를 다 잃고 실의에 빠져 있을 어머니에 대해서도 애틋한 염려를 토로하고 있다. 그러면서 루갈다는 머지않아 남편을 잃게 될 올케를 위로하는 중에도 홀로 된 어머님을 당부하고 있다.

> 저는 태어나 20년에 병 없는 날이 없고 부모께도 불효만 끼치다가 종내 자식된 보람도 없이 돌아가니, 형님네는 제 몫까지 대신하여 착실히 효도를 하시옵소서. … 형세 곤궁하여 뜻대로 봉양치 못하나, 마음을 잘 받들고, 위로 보호하면 혼미한 정신을 잘 깨우치며, 혹 어머니가 늙어 올바른 정신을 잃으시어 그르치는 일이 있더라도 (그래서는 안 된다는 식으로) 의리로 말하지 말고, 화한 얼굴로 간절히 충고 하시며, 아무리 서러운 일이 있더라도 어머님을 생각하시어 슬픈 기색을 감추고, 혹 어리광도 하고, 혹 억지로라도 우스운 말도 하여 어머님을 보호하십시오. … 어머님을 너그럽게 도와 여생을 잘 맞고 이 세상을 잘 마칠 수 있는 은혜를 얻어, 모자 형제 즐거이 만나게 하옵소서. 부탁부탁하노니, 어련하시옵마는 저의 부탁을 생각하여, 두 배로 더욱 잘 하시옵소서. 부모 있는 사람은 서럽다고 너무 과히 서러운 대로 하지 못하오니 그것을 생각하시옵소서. 내 형님도 소홀하게 생각하시는 것은 아닐 것이지만, 형님도 하도 서러우신 사람이시기로 이렇게 (당부)하옵나이다.

루갈다는 머지않아 남편을 잃게 될 올케를 위로하면서도 그 큰 슬픔 때문에 어머님 잘 모시기가 어려울까 걱정스럽기도 하였던 것이다. 그래서 "아무리 서러운 일이 있더라도 어머님을 생각하시어 슬픈 기색을 감추고, 혹 어리광도 하고, 혹 억지로라도 우스운 말도 하여 어머님을 보호"하라고 "부탁부탁"하였던 것이다. 이런 부탁을 할 필요조차 없을 것이지만, "형님도 하도 서러우신 사람"이기 때문에 그 슬픔에 못 이겨 지나친 상심에 빠질까 걱정되기 때문에 신신당부하는 말을 잊지 않았던 것이다.

언니와 올케에게 보낸 편지에서 그녀는 남편 유중철(요한)과의 애틋한 사랑과 정결한 부부생활을 세세하게 고백하였다. 루갈다는 먼저,

우리의 만남은 두 사람의 소원을 천주께서 윤허하신 특별한 은총이라 생각하기에, (그 은혜에) 감사하여 죽기로써 보답고자 마음먹었습니다. 둘이서 언약하기를, (언젠가) 가업을 상속받는 날이 되면, (모든 재산을) 서너 쪽으로 나누어서 가난한 이를 구제하고, 동생들에게 후히 나누어 주어 양친을 부탁하고, 세상이 퍼이거든 각각 떠나 살자 하고, 피차 이 약속을 버리지 말자.

고 다짐했음을 밝혔다. 루갈다의 시아버지 유항검은 전라도 일대의 첫 손꼽는 부자였으며, 그의 남편은 장남이었다. 그러므로 언젠가 가산을 다 받게 되면 일부는 가난한 이들에게 주고, 일부는 동생들에게 주어 부모를 봉양케 하고 나서, 서로 헤어져 평생을 동정으로 지내며 천주를 섬기자고 맹세하였던 것이다.

그러나 결혼생활 4년 동안 젊은 부부가 동정을 지킨다는 것이 결코 쉬운 일이 아니었음은 다음과 같은 솔직한 그녀의 고백 가운데 잘 나타나 있다.

작년(1800년) 12월이라. 유혹이 너무나 심하여 마음의 두려움이 얇은 얼음을 밟는 듯 깊은 물에 빠질 듯 위태로웠습니다. 우러러 이길 바를 간구하옵더니, 주의 특별한 도우심으로 겨우겨우 면하여 동정을 보존하여 피차 약속한 바를 금석처럼 단단하게 지켰으며, 서로 믿고 사랑하는 정이 태양처럼 크고 따뜻하였습니다.

루갈다는 옥에 갇히기 1년 전 겨울 밤, 남편을 원하는 마음이 치솟았음을 이렇게 밝히고, 그때에 자칫했으면 동정을 지키자던 맹세를 깨트릴 뻔했다고 고백하고 있다. 루갈다가 어머니께 보낸 편지를 보면 "(우리 부부가 지난 4년을 지내면서) 사실상 남매와 같더니, 중간에 유혹을 근 10차례나 당하여 어찌 할 도리가 없을 뻔하였습니다."라고 실토하고 있어 그 두 부부가 동정을 지킨다는 것이 얼마나 어려웠던가를 잘 알 수 있다. 이제 죽음에 이르러 루갈다는 그들만의 순결한 약속을 지킬 수 있게 된 것에 대하여 더할 나위 없이 안도하였다. 그래서 루갈다는 자기의 결혼생활을 눈여겨본 어머니와 언니와 올케에게 이처럼 솔직하게 내밀한 부부생활의 비밀까지 다 밝혀 말할 수가 있었던 것이다. 루갈다에게는 이제 더 두려울 것이 없었다. 그래서 그녀는 오직 "누우며 앉으며 원하는 바 치명(致命)의 은혜"뿐이었던 것이다.

루갈다가 이처럼 오로지 치명의 은혜를 갈구하며 자신을 지킬 수 있었던 것은 그녀의 사랑하는 남편 유중철의 격려가 컸기 때문이기도 하다. 남편 유중철과 시동생 유문철은 1801년 10월 9일 전주 옥에서 교수형을 당하였다. 그리고 이 두 형제가 순교했다는 소식이 전해졌는데, 유중철의 시신을 거두었더니 그 옷에서 "누이에게 부치는 글," 곧 이 루갈다에게 쓴 편지가 발견되었다. 그 편지에는 "권면하고 위로하여 천국에 가 다시 보자."는 당부가 있었다고 한다.

유중철과 루갈다는 서로 다른 날에 체포되어 서로 다른 감옥에 수감되었지만, 시동생 유문철은 루갈다와 같이 수감되었다. 그러다 그 두 형제에게 사형이 집행된 10월 9일, 간수들이 시동생 문철을 불러가니 그녀는 왜 그러는지 까닭을 알 수 없었다. 이때의 걱정스럽고 안타까운 마음을 언니와 올케에게 보낸 편지에 이렇게 적어놓고 있다.

시동생은 요한이라, 10월 9일에 요한을 불러가니 뜻을 몰랐어라. 어디로 가심이냐? 관가의 명령이라. 큰 옥으로 데려다가 형제(유중철과 유문철) 한데 두라신다. (칼로) 베일 듯이 데려가니 오냐 저를 어찌하리? 한데 가 계시소서. 피차에 잊지 마사이다, 신신이 부탁하되 동일동사(同日同死) 하라더라 요한에게 전하소서. 재삼 부탁하고 손을 나눠 돌아서니, 남은 바 네 사람이 처져 의지하여 주의 도우심만 바라더니 일각이 겨우 되어 부음이 들려오니, 인정의 참혹함은 오히려 둘째 되고, 요한이 (순교의) 복을 받음은 기뻐기뻐 하오나, 오호, 통제라, 요한(남편 유중철 요한을 말함.)은 어찌 되었는고!

시동생이 잡혀갈 때 형제를 같이 죽이려 한다는 내용을 어렴풋이 듣기는 했다. 그래서 시동생을 보내면서 남편에게 같은 날 같은 시간에 죽기로 하자는 자신의 뜻을 전해 달라고 부탁하였던 것이다. 그렇게 시동생을 보내고 얼마 있지 않아 그가 사형당했다는 소식을 들었다. 루갈다는 그의 죽음을 애통해하면서도 그가 무사히(?) 순교하게 된 것을 또한 깊이 감사드렸다. 그러나 그 전에 루갈다는 심각한 걱정에 싸여 있었다. 남편이 혹시 살게 되지 않을까 하는 가능성 때문에 마음을 쓴 것이 아니라 혹시 남편이 배교하고 순교의 기회를 버렸을까 봐 그처럼 걱정스러워했던 것이다. 이때의 정황을 편지에 이렇게 적어놓고 있다.

> 집에서 기별하되 (남편 유중철의) 시체를 내어다가 입었던 옷을 보니 "누이에게 부치는 글"이란 편지가 있었는데, (그 편지에는) "권면하고 위로하여 천국에 가 다시 보자." 했다더라. (우리 부부가) 뜻을 정한 지 4년이라 염려를 부렸사오며, 저의 평생 행위를 살필진대, 구태여 애련할 일이 없고, 속태를 벗어나 족히 노성(老成)하다 할 만하고, 흔근(欣謹) 열애(熱愛) 성실함은 항복(恒福)함이 되는지라. 서로가 오래 원하던 바, 뜻과 같이 이루오니, (이는) 저도 또한 원한 바라.

남편 유중철이 감옥에 갇혀 죽을 때까지 무슨 생각을 하며 어떻게 지냈는지는 알 길이 없다. 그러나 위의 대목을 보면, 그도 또한 부인 루갈다를 깊이 사랑하고 신뢰하고 있었음을 알 수 있다. 그러기에 그는 죽음을 앞두고 그녀에게 당부하는 말을 남기고 싶었던 것이다. 아마 그도 루갈다가 당할 온갖 고통 때문에 말할 수 없이 안타까워했으며, 나아가 혹시라도 그 아픔을 견디지 못하여 순교의 기회를 잃게 될 것을 걱정하였던 것이다. 그러기에 "권면하고 위로하여 천국에 가 다시 보자."고 당부하였던 것이다. 루갈다는 이 편지를 받고 깊은 감명을 받았음에 틀림없다. 아마도 죽음을 향해 나가는 길에서 아무 미련도, 걱정도 없었을 것이다. 그녀로서는 사랑하는 남편이 끝까지 뜻을 지키고 천주를 위해 순교까지 하였으니 이제 죽기만을 바랄 뿐이었다.

그러나 그렇게 갈구하던 치명의 은혜도 쉽사리 찾아오진 않았다. 루갈다의 시아버지 유항검과 그 동료들이 처형된 후, 1801년 10월 6일, 전주 판관 정지용은 그 남은 가족들을 어떻게 처벌할 것인지에 대하여 중앙 정부의 조처를 구했다. 그는 "유항검의 아들 중철(이 루갈다의 남편, 23세)과 문석(18세)이 지금 전주 옥에 수감중이오니 곧 금부도사를 보내어 지방관과 함께 모두 형법에 따라 교수형에 처하고, (유항검의) 처 신희는 함경도 경원부의 노비로 삼고, (어린 아들) 일석(6세)과 일문(3세)은 모두 나이가 차지 않았으므로 형법의 조문에 의하여 교수형은 면제하여, 일석은 전라도 나주목 흑산도에, 일문은 전라도 강진현 신지도에 보내어 노비로 삼고, 며느리 순이(이 루갈다를 말함.)는 평안도 벽동군으로 보내어 노비로 삼고, 조카 중성은 함경도 회령부로 멀리 유배를 보내고, (유항검의 동생) 유관검의 처 육희는 평안도 위원군의 노비로 삼되, 이들 죄인들이 전주부의 옥에 수감되어 있으니 형조에 명령을 내려 각각 유배지로 압송하는 것"이 좋겠다고 보고하였던 것이다. 그러자 중앙 정부에서는 전주 판관 정지용의 요청대로 시행하도록 명령을 내렸다. 이런 명령에 따라 루갈다의 남편 유중철 형제는 10월 9일에 교수형에 처해졌으며, 10월 13일 남은 가족들은 처분대로 유배지로 떠나야만 하였다. 루갈다가 그처럼 원했던 '치명의 은혜'는 입을 길이 없이 모진 목숨을 먼 변방에서 치욕스럽게 유지해야만 하였다. 루갈다로서는 결코 받아들일 수 없는 상황이었다.

유배를 떠나게 되었다는 처분을 듣자 루갈다는 맹렬하게 항의하였다. 그러한 사정은 그녀가 언니와 올케에게 보낸 편지에 잘 나타나 있다.

우리들은 천주를 공경하노니 국법대로 죽겠노라 하니, (관리들이) 바삐 쫓아 나가더라. 다시 더욱 들어앉아 성주(전주 판관을 말함.)에게 소리 높여 다시 하되, "국록을 먹으면서 나라의 명령을 순종치 아니 하신다."고 여러 가지로 말을 하되 들은 체도 아니 하고 끌어내므로, 하릴없이 길을 떠나 도중에서 구하는 바 더욱 간절했더니 백 리를 겨우 지나 다시 잡혀 오니, 이는 극진하여 다시 더할 것 없는 은총이다. 어떻게 (천주께) 감사해야 마땅할꼬?

루갈다는 한사코 죽겠노라고 버텼지만 강제로 유배지를 향하여 떠날 수밖에 없었다. 그러나 전주 감영을 떠나 100여 리를 왔을 때 유배지로 떠나던 사람들 가운데 어른 다섯 명은 유배가 취소되어 다시 전주로 압송되어 왔다. 전주 판관은 감영에 보고하여 이들을 다시 심문하기로 하고 곤장을 치니 루갈다는 "살이 터지고 피가 흐르더니, 한참이 지난 후에 아픔이 그치니 갈수록 은총이라."고 기뻐하였다. 그녀는 유배가 아니라 순교하게 되었다는 사실에 너무나 기뻤다. 그러나 고문 때문에 입은 상처도 사오 일 만에 다 나았으며, 고문을 당한 지 20여 일이 지나도록 아무런 고난도 입지 않았다. "고난을 받는 자란 말이 아까울 뿐 아니라 진실로 상반하니, 남은 이르되 고난을 받는 자라 하나 나는 이르되 평안한 사람이라 하노니, 누가 집에 앉아 마음이 이같이 평안하리요?"라고까지 말할 정도였다. 그녀는 살아 치욕을 입게 되는 것을 죽는 것보다 더 두려워하였으니 그런 자신의 심정을 언니와 올케에게 보낸 편지에 이렇게 적어놓았다.

관가 노비의 형이라 함과 치명자의 형이라는 말이 피차에 어떠하겠나이까? 어머님도 치명자의 모친이라 하오면 이 이름이 어디로 가고 싶으옵니까? 내 감히 치명을 하면 그 기이함은 어느 치명에 비하겠습니까? 다른 성인들은 응당 할 일이어니와, 감히 우러러볼 일을 이 미천한 저에게도 허락하시면, 그런 황송할 일이 있겠나이까?

루갈다는 이처럼 당당하게 순교하기를 원하였지만, "행여 내 이 소원을 못 이루고 살면 어쩔꼬? 이렇게 두렵사오나 죽어도 서러워들 말으소서."라고 말할 정도로 자신의 의지가 꺾일까 봐 항상 두려워하였던 것이다. 이렇게 해서 루갈다는 잡혀갔던 그해 12월 28일, 전주 숲정이의 형장에서 참수형을 받고 순교하였다. 이때에 그녀의 나이 20세였다. 루갈다가 순교하기 며칠 전, 형조에서는 이들을 사형에 처해야 할 이유에 대하여 왕에게, "죄인 신희, 이육희, 이순이(루갈다), 유중성 등은 사교(邪敎)에 혹독하게 빠져 형벌에 따라 죽는 것을 마음 달갑게 여긴다고 하였으므로 민심을 현혹시키는 내용의 요사스러운 책을 선전한다는 죄목으로 사형 판결문을 내렸습니다."라고 보고하였던 것이다. 그러므로 루갈다의 죽음은 당당하고 분명한 신앙 고백으로 선택한 죽음이었던 것이다.

어린 나이에 천주를 위하여 정결하게 살기를 맹세하고, 박해에 임해서는 당당한 순교를 택하였던 루갈다는 나이 어린 부녀가 빠지기 쉬운 맹신적 상태에 있었던 것이 결코 아니었다. 나이는 어리고 몸은 병약하였지만 루갈다는 천주의 사랑을 깊이 느끼고 생활하면서 그 누구도 이르지 못할 경지에 올랐던 것이다. 이 같은 사실은 그녀가 언니와 올케에게 보낸 다음의 편지에서도 잘 나타나 있다.

깊이깊이 살펴서 매사에 (천주께) 순명순명하는 것으로 마음을 다스리는 근본을 삼고, 지은 죄를 뉘우치며 선을 행하사 비록 적은 허물이라도 큰 허물처럼 살펴 큰 죄를 지은 것처럼 통회하고, 선을 행할 기회가 오면 비록 적은 선일지라도 버리지 말고, 항상 힘써 열렬한 사랑을 실천하고, 통회의 열렬한 사랑이 없을지라도 힘써 발하며 간절히 구하면 주시리니, 한시도 방심하였거든 놀라고 깨우쳐 열심히 천주께 드리면 점점 주께 가까워지오니 소원을 윤허하사 천주를 뵈오면 형제 모녀 이러구러 쉽게 만나면 아니 좋겠습니까? 남을 용서하며 자기를 성찰하고 화목을 힘써, 어머님은 주님의 뜻에 합당한 늙은이 되시고, 형님네는 사랑하는 딸이 되시면 아니 좋겠습니까?

루갈다는 어머니, 언니와 올케에게 주를 위하여 어떻게 살아야 할지를 이처럼 간곡하게 당부하였던 것이다. 그녀는 정신적으로 이미 성숙한 사람이었으며, 진리를 깊이 깨달은 사람이었다. 참으로 루갈다는 천주의 가르침을 입으로 전하는 사람이 아니라, 스스로가 천주의 말씀대로 살면서 변모한 사람이었던 것이다.

배교자 최해두(崔海斗)의 참회와 고백

최해두라는 인물과 그의 생애에 대해서는 알려진 바가 거의 없다. 그는 자신의 처사촌인 윤유일의 권고로 천주교에 입교하여 초기 한국천주교회의 지도급 인사들과도 함께 교회의 일을 많이 했던 사람이다. 그러나 그는 1801년 대박해가 시작되었을 때 자신의 부친 최상은이 체포되었다는 소식을 듣고 관청에 자수하였다. 그는 심문 과정에서 천주교를 다시는 믿지 않겠다고 배교하였으며, 그로써 사형을 면하고 저 멀리 경상도의 흥해 땅으로 유배되어 그곳에서 한 많은 생을 마쳤다고 한다.

순교자가 아니라 배교자였다. 사실상 영광스러운 순교의 역사를 강조하는 한국천주교회사에서 그가 차지할 자리는 거의 없는 것이나 다름없는 존재였다. 어쩌면 나 역시 그 박해의 시대에 태어나 천주학쟁이가 되었다가 잡혔다면 최해두처럼 배교하였을 것이 틀림없을 것이다. 그런 의미에서 최해두의 불행했던 생애는 그대로 나의 것이 됨직도 하지 않나 생각해 본다. 최해두에 대해 새삼 생각이 머무르는 것은 그의 지극히 평범하고 결코 드러날 수 없는 생애를 통하여 미소한 나의 존재 의미를 그나마 찾고 싶기 때문이기도 하다.

그가 썼다고 전해지는 「자책」(『순교자와 증거자들』, 한국교회사연구소 편, 1982)이라는 글은 제목이 말하여 주듯이 스스로를 꾸짖는 내용으로 되어 있다. 그는 배교하여 목숨은 건졌지만 고향에서 멀리 떨어진 궁벽한 곳에서 유배생활을 하면서, 자신의 행위를 되돌아보며 무한한 슬픔과 회한에 젖어 지냈던 것이다. 그의 이러한 심정이 책 첫머리에 잘 나타나 있다.

두루 심란하고 답답하여 두어 줄 기록하노니, 슬프고 슬프도다. … 나는 (천주교에) 입교하여 근 20년이나 죽기로써 봉사하노라 하였다. (그러나) 시절이 불행하여 성교회에 대한 박해가 크게 일어나니, 평일에 열심 봉사하여 그 믿음을 크게 이룬 이는 모두 우리 주 예수의 가르침을 위하여 목숨을 버리는 순교의 큰 은혜를 받았지만, 나같이 아무런 공도 믿음도 없이 죄에 가득찬 인생은 지난 신유년(1801년: 최초의 대규모 박해가 있었던 해)에 천주께서 내리신 순교치명의 큰 은혜에 참례치도 못하고, 나 혼자 빠져 나와 이 (경상도 구석지인) 홍해의 옥중에서 욕된 목숨이 붙어있으니 이 어찌 절박하고 원통한 일이 아닌고 …!

많은 동료 신자들이 목숨을 다하여 신앙을 지켰지만, 자신은 그러지 못했던 것을 크게 뉘우치고 상심하며 지냈던 것이다. 그는 슬프고 기막힌 자신의 인생을 더듬으며 너무나 "심란하고 답답하여" 이런 글이라도 쓰지 않고는 배길 수가 없었던 것이다. 때문에 그는 "살아서는 이 세상의 복도 다 잃고 죽어서는 천상의 복도 또한 잃을 것이니 …. 이 세상의 시련과 저 지옥의 벌을 어이 다 견디자는 말인고! 나 죽을 날이 날로 가까이 오고 그에 따라 지옥이 내 앞에 가까이 오니, 뉘를 원망하며 뉘를 탓하리까?"라고 탄식하였다.

이 책을 보면 그가 회한에 젖어 유배생활을 하는 동안에도 항상 성서를 읽고 그 뜻을 묵상하며 살았던 것을 알 수 있다. 그러다 어느 날은 산상설교를 읽으면서 또다시 자신의 가슴을 후려치기도 하였다. 다 아는 바와 같이 산상설교에서 예수는 어렵고 가난하고 고통받는 이들을 위해 축복하고 자신이 선포하는 하느님의 나라가 곧 그 고통받는 사람들의 것임을 천명하였다. 이 대목은 미천한 사람들에게 진정 위로가 되는 것이지만, 이 대목에서 최해두는 더욱 깊은 회한에 빠져 다음과 같이 썼다.

진복팔단에 가로되, 고난자가 진복이라 하였으나 … 이 세상 괴로움을 나 홀로 다 받은들 무슨 진복의 사람이 되리요. 내 행위를 생각건대 믿는 이로서의 도리를 행했다 할 수 있느뇨? (나는 지금) 육신의 복을 취하여 이 옥중에 앉았느냐? 육신의 안일을 위하여 이 옥중에 와 앉았느냐?

그는 현재 말할 수 없는 고통 속에 살아가고 있지만, 그 고통이 천주를 위해 살다가 얻은 고통이 아니요, 자신의 목숨을 얻기 위해 살다가 얻은 고통임을 깊이 생각하게 된 것이다. 그러기에 그는 고통받는 사람들을 위로하신 예수의 복음을 읽으면서도 위안만을 받을 수는 없었다. 만약 천주를 증거하다가 고문을 당하고 죽임을 당하는 고통 중에 있었더라면 이 말씀이 얼마나 커다란 위안이 되었겠는가? 그 어려운 중에도 자신은 얼마나 떳떳하다고 느꼈겠는가? 이렇듯 인간적인 고뇌와 후회가 한시도 그의 마음에서 사라지지 않았던 것이다. 그는 늘 부끄러웠다. 순교했던 동료들을 생각하면 더욱 부끄러웠고, 아직도 살아서 그래도 천주교의 신앙을 지키며 산다고 하는 자신을 주변의 사람들이 비웃는 것 같아 부끄러웠다. 그는 이 수치심을 이고 지고 살며, 끝내는 이를 이겨내야만 하는 처지에 있었다. 부끄러워 숨기만 하며 살 수는 없었기에 때로는 그도 자신을 분발시키고자 노력하였다. 때문에 항상 안으로만 움츠러드는 자신을 크게 책망하기도 하였다. 그러기에 그는 "우리 주 예수는 지극히 높고 지극히 귀하며 허물이 없으시되, 남의 나무람과 비웃음과 업신여김과 욕함을 감수하셨거늘, 나는 지극히 작고 지극히 천하며 죄악과 과실이 켭켭이 쌓인 사람이니, 남의 나무람과 비방을 받음이 마땅하다 할 것인데, 무엇을 참기 어려워하느뇨?"라고 스스로를 꾸짖었던 것이다.

그러나 과거의 잘못을 뉘우치고 이제라도 새로운 삶을 살아야겠다고 다짐하던 그였지만, 그러한 결심조차도 한결같이 유지되는 것이 아니었다. 시간이 지나면서 그의 마음은 다시 해이해지고 세속의 쾌락과 나쁜 버릇에서 온전히 빠져나오지 못하는 자기 자신이 더욱 가련해 보였다. 그런 자신의 딱한 모습을 대하면서 그는 더욱 견딜 수가 없었다. 그러기에 그는 "이곳에 오던 초년에는 그래도 양심이 조금은 남아 있었으나, 이제는 몹시 그릇되어 음담패설은 도리어 기뻐하다가 점점 물들어 입으로 그런 말하기를 믿지 않는 속인에게 지지 아니하니, 이 무슨 일이뇨? 나의 행실을 생각건대, 믿지 않는 속인도 지각이 있는 자는 잘하지 않는 버릇을, 천주를 믿는다 하는 자가 버리지 못하니 가이 한심하고 서럽지 아니하랴?"고 탄식하였다.

그는 새로운 삶을 희망하며 열심히 기도하고 진정으로 영적인 생활을 하고 싶어했지만 나날의 일상적 생활 속에서 자신의 기도가 형식화 되어 가고 있음을 발견하였다. 그래서 그는 "쓸데없는 말과 죄되는 생각 은 부러 일삼아 부지런히 맛있게 하고, 유익하고 공되며 덕되는 기도문 을 외울 때는 어서 바삐 하고, 무슨 큰일이나 있는 듯이 입만 놀려 맛없 이 지나치니, 이렇게 하고도 때를 잃지 아니하랴?"고 자신의 게으름을 탓하였다. 이렇게 산다면 자신의 영혼이 어떻게 구원을 받을 수 있겠는 가? 천주를 증거할 수 있는 결정적인 순간에 목숨이 아까워 배교한 자신 의 행실을 깊이 뉘우치지 못하는 자신이 너무나 한심하게 여겨졌다. "육 신의 때는 물로 씻고 영혼의 죄는 깊이 뉘우침으로 씻는다 하였으니, 죄 를 짓고도 통회의 눈물이" 없는 자신의 삶을 어디다 내어놓을 수 있을 것인가?

그는 진정한 뉘우침(통회)을 통하여 새로운 삶이 시작됨을 잘 알고 있었기 때문에 무엇을 어떻게 뉘우쳐야 하는가라는 문제를 심각하게 성 찰하였다. 자신이 죽음으로써 신앙을 지키지 못하고 만리타향에 유배되 어 있으면서 깊이 뉘우치는 생활을 하고자 하였으나, 실은 그 뉘우침의 삶이란 것이 너무나 안일하고 본질에서 멀어진 것임을 발견하고 무척 안타까워하였다.

그래서 그는 다음과 같이 뼈저린 고백을 하였던 것이다.

통회(깊이 뉘우침)에는 두 가지가 있으니, 천당에서의 영원한 복락을 잃고, 지옥에서의 영원한 고통을 면치 못할까 두려워, 죄를 범한 것 이 서러워 눈물을 흘리고 뼈를 아파하면 이른바 하등통회(下等痛悔: 지 극히 평범한 뉘우침)니, 이는 자기 신세를 위한 통회이기 때문이다. …

(우리의 창조주요 우리의 큰 부모이시며) 지극히 높고 귀하신 우리 주 예수가 우리 죄에 빠짐을 불쌍히 여기사 십자가 위에서 극심한 고통을 받으시고, 머리에는 가시 테를 메우시고, 수족에는 쇠못이 박히시고, 늑방을 철창에 찔리사 만신에 피를 흘리시고, 입에는 초담을 맛보시니 이는 다 우리를 위하여 천신만고를 받으신 것이다. 자식이 되어 제 부모를 저 지경에 이르게 하고, 이제 또다시 죄를 지어 부모의 성심을 상하게 하였으니, 자식의 도리로 이럴 데가 어디 있으리까? 범죄한 것이 서러워 눈물을 흘리며, 뼈가 아파하면 이른바 상등 통회(上等痛悔: 진정한 뉘우침)니, 이는 주의 깊으신 정리를 위하여 나는 통회라. 그러므로 가장 크고 가장 귀한 통회니라.

배교 이후 지금까지 살아왔던 자신의 뉘우침의 생활이라는 것이 결국은 자기 행위에 대한 깊은 성찰에서 비롯된 것이 아니라, 남 보기에 아니 스스로 생각하기에 부끄럽다는 지극히 인간적인 차원에서 비롯된 것임을 깊이 깨우쳤던 것이다. 결국 그는 지난 과거에 천주를 배반하였지만, 지금에 와서 다시 천주를 저버린 것이라고 생각하였다. 그의 이런 뼈아픈 심정은 다음과 같은 말 속에 잘 나타나 있다.

이곳 사람들이 매양 이르되, 우리들을 "천주학 죄인, 천주학 죄인" 하니, 어찌 천지만물을 다스리는 우리 주 천주를 위하여 죄인 될 일을 내가 했으리요마는, 헛된 이름만 가지고 내용은 없이 성교회만 욕되게 하였으니 진실로 나는 천주학의 죄인이 되리로다. 어찌 슬프지 아니하리요?

자신을 두고 믿지 않는 사람들이 "천주학 죄인"이라고 하지만, 그런 사람들의 입에 오를 만큼 자신이 천주를 위하여 이 세상의 죄인 될 일을 과연 하였던가? 그는 그런 사람들에게서 "천주학 죄인"이라고 말 듣는 것조차도 자신에게는 과분하다고 여겼다. 결국 자신의 내면을 들여다보면 모르는 사람들에게만 "천주학 죄인"으로 보일 뿐 진정한 의미에서 통회의 삶을 살지 않았으니, 실은 천주의 가르침만을 욕되게 하였을 뿐이라고 여겼다. 그런 자신은 진실로 천주께 씻을 수 없는 죄를 지었으니, 그런 뜻에서는 자신이 진정 "천주학 죄인"이었던 것이다. 이것을 두고 그는 가슴을 치며 슬퍼하였으며, 그런 심정을 이렇게 적어놓고 있다.

한 날을 살면 하루 죄과요, 이틀을 살면 이틀 죄과요, 한 달을 살면 한 달 죄과요, 한 해를 살면 한 해가 죄과라, 나날이 다달이 해해년년, 죄는 첩첩 산과 바다처럼 쌓이는데, 성사를 받고 죄를 면할 길은 아주 없도다. 애고애고 나 죽으리로다. 이를 어이할꼬? 나 죽으리로다. 죽을 가슴이 터지는 듯, 미칠 듯, 취한 듯, 생각하면 할수록 그저 원통하고 애닯기만 하도다. 앞으로 잘하면 지옥의 영원한 고통을 면한다고는 하나 연옥을 어이할꼬? 그러나 우리네가 실망치 말고 부지런히 힘써보세.

이보다 더 절실한 참회를 어디서 찾을 수가 있을까? 그러나 그는 자신의 잘못을 꾸짖고 가슴만 치면서 살지는 않았다. 그 자신에 대한 환멸과 실망에 빠져 삶을 포기하고 그 모든 죄인을 다 용서하신다는 천주의 사랑을 외면하지는 않았다. 그러기에 그는 "그러나 우리네가 실망치 말고 부지런히 힘써보세."라고 자신을 다시금 격려하고 채찍질하였던 것이다. 그런 속에서도 그는 천주의 존재를 다시금 성찰하고, 천주를 지향하려는 자신의 마음을 다지고 다졌던 것이다. 그러므로 그는 "한 천주를 만유 위에 흠숭하라."는 십계명의 제1계를 깊이 묵상하면서 천주의 실재와 자신의 신앙을 다음과 같이 고백할 수 있었던 것이다.

… 사람은 아무리 재주 있어도 무엇을 만들려고 하면 다 죽은 것이로되, 천주가 만드신 것은 … 다 살아 생동하느니 그 능하심이 어떠하시며, 사람의 드러난 선과 숨겨진 악, 숨겨진 선과 드러난 악을 모르실 것이 없으시고, 사람의 털끝만한 마음먹는 것까지 다 아시고 과거와 현재와 미래를 모르시는 것이 없으시니 그 아심이 어떠하시며, 천주, 사람처럼 죄를 짓고 통회하여 착하게 되신 것이 아니고 본디 털끝만한 흠도 없으사 순전히 착하여 만 가지 선을 다 갖추시니, 그 선하심이 어떠하뇨? 못하신 것이 없으신 고로 가로되 전능(全能)이시요, 모르시는 것이 없으신 고로 전지(全知)시요, 착하지 아니하심이 없으신 고로 가로되 전선(全善)이시라. … 천주는 지극히 높으사 비할 데 없으시고, 또 없는 가운데서 나를 내셨으니 이는 나의 큰 부모이사 마땅히 흠숭할 것이요, 하늘로 덮고 땅으로 싣고 해와 달과 별빛으로 비추시고 오곡백과로 먹여 살리시니 은혜 크신지라 마땅히 흠숭할 것이요, 세상 사람을 두고 말하더라도 하인된 이는 주인을 섬기거든 하물며 천주는 위 없는 위이시니 어찌 흠숭치 아니하리요?

이처럼 끊임없이 자신을 성찰하고 통회하는 삶을 통하여 그의 신앙은 이제는 하늘로도 덮을 수 없고 바닷물로도 끌 수 없는 상태로 성장하여 갔다. 그는 대박해 때에 치명하여 순교의 삶을 살지는 못했지만, 그 이후 한평생을 오로지 순교의 삶을 살았던 것이다. 그는 끝까지 자신을 놓지 않았으며, 최후의 절망적인 순간에 진정으로 하느님을 흠숭해야 할 자신만의 이유를 찾을 수가 있었던 것이다. 그는 마치 내 모습처럼 연약하고 일상적이고 보잘것없는 사람이었지만, 끊임없이 천주의 사랑을 갈망하고 자신에게 절망하면서도 최후의 희망을 버리지 않았던 사람이었다. 그는 자신을 끊임없이 부정하였지만, 천주의 사랑 안에서 자신의 존재를 다시금 찾음으로써 진정한 구원에 도달하지 않았을까 생각된다.

　나는 한국천주교회사의 숲속을 거닐며 큰길을 내기 위해 양 옆의 덤불 속으로 버려진 무수한 작은 돌들 위로 걷고 싶어질 때가 많다. 배교자 최해두는 「자책」이라는 글이라도 남겨 자신의 존재를 알려주고 있지만, 무수히 많은 다른 배교자들, 세상에서 버려진 채로 천주의 사랑만을 갈망하며 살았던 이름 없고 보잘것없는 무수한 사람들이 남겼을 고귀한 삶의 의미는 어디서 찾아야 할 것인가? 그래서 나는 소리 없는 소리를 듣고, 보이지 않는 것을 볼 줄 아는 삶을 살아야겠다고 다짐하곤 한다. 그러나 커지고만 싶은 자신의 존재를 무한히 자제하는 삶을 살지 않는다면 소리 없는 소리가 들리고 보이지 않는 것이 보일 수 있을까? 그런 뜻에서 최해두는 자신을 무한히 작다고 여겼지만 나에게는 그가 너무나 커 보였으며, 그의 「자책」은 내가 늘 마음에 품고 싶은 글이 되었다.

기해박해(1839년)의 순교자들과 당시 교회의 모습

1. 머리말

　1801년의 신유박해 이후 한동안 잠잠했던 천주교에 대한 박해는 1839년(헌종 5년)에 이르러 다시 시작되었다. 1839년이 기해년이었기에, 이때의 박해를 흔히 기해박해라 한다. 이 기해박해 때에는 조선에 들어와 활약하던 앵베르(Imbert) 주교와 모방(Maubant) 신부, 샤스탕(Chastan) 신부 등 3명의 프랑스 선교사와 더불어 모두 114명 이상의 신자가 순교를 하였다.

　기해년의 박해가 일어나자 앵베르 주교는 순교자들의 사적을 기록하기 시작하였으며, 자신도 곧 체포될 것을 예감하고 정하상과 현석문에게 순교자의 사적을 면밀히 조사하여 기록하는 일을 계속하도록 명하였다. 이 일을 부탁받았던 정하상은 곧 체포되어 처형되었지만, 현석문은 숨어 다니며 교우들로부터 모아들인 기해박해 순교자들의 자료를 정리하고 기록하여 『기해일기』란 책을 완성하였다.[1]

　이 『기해일기』는 한동안 실전되었다가, 1904년경 당시 제8대 조선교구장으로 임명된 뮈텔(Mutel) 주교에 의해 한글본이 발견되어 이듬해인 1905년에 그대로 출판되었다. 그러나 이 한글본이 현석문이 지은 원본인지는 아직 밝혀지지 않았다. 현석문의 『기해일기』에 의하면 당시에 순교한 사람이 모두 114명이 넘었다고 되어 있으나, 이 한글본에는 78

---

1) 여기에서 읽은 『기해일기』는 1984년 가톨릭출판사에서 간행된 것이다.

명의 순교사기만이 기록되어 있다. 이 『기해일기』는 그 사료적인 정확성이 입증되어 여기에 기록된 78명 가운데 69명이 1925년 7월 5일에 복자품에 올라 1984년에 성인품에 오르게 되었다.

이 글에서는 기해박해의 진행과정이라든가 『기해일기』의 사료적 가치를 새삼스럽게 논의하려는 것이 아니다. 나는 이 『기해일기』를 읽으면서, 순교자들이 체포되어 심문을 받는 과정이 생생한 대화체로 기록된 것이 비교적 많음을 알게 되어, 이 심문 기록을 새롭게 정리해 볼 만하다고 생각하게 되었다.

사실 천주교도를 잡아가 심문했던 기록이 없는 것은 아니다. 그러니 이런 기록들은 심문을 받는 사람들의 발언 중 기록으로 남겨두기 곤란하다고 생각되는 점들은 빼거나 표현을 완곡하게 바꾸었을 가능성이 크다. 그리고 이 당시의 심문에는 혹독한 고문이 뒤따르기 마련인데, 그러한 혹형에도 불구하고 끝까지 자신의 신앙을 굽히지 않았다면 그들이 심문관의 회유나 위협에 대하여도 자신들의 생각을 명백하게 드러냈을 가능성이 크다. 그럼에도 불구하고 이들의 발언은 기록으로 남겨지기가 무척 어려웠다.

그러나 『기해일기』는 심문 당시의 속기록은 아니지만 천주교도의 입장에서 정리한 것이기 때문에 심문관의 질문에 대한 순교자들의 답변이 명백하게 드러나 있다. 다만 『기해일기』는 당시의 심문 과정을 가까이서 목격한 사람들의 증언을 기록한 것이기 때문에 이 또한 심문 과정을 직접 기록한 것은 아니라는 한계가 있다. 그럼에도 불구하고 이 심문 기록은 매우 중요한 의미를 지니고 있다. 그 속에는 자신의 믿음 때문에 죽음을 앞두고 있던 사람들이 자신의 신앙을 증거한 실상이 잘 드러나 있기 때문이다. 그리고 이 기록에는 당시의 조선왕조가 천주교를 그처럼 혹독하고 잔인하게 탄압했던 까닭이 잘 나타나 있기도 하다.

2. 『기해일기』에 나타난 심문 기록의 재구성

『기해일기』에는 78명의 순교 사실이 기록되어 있으며, 각 순교자의 기록 가운데는 종종 대화체로 된 기록이 포함되어 있다. 이 심문 기록은 여기저기 흩어져 있으며, 그 내용 중에는 중복되는 것도 많다. 따라서 나는 이 기록들만을 별도로 모아 다음과 같이 재구성하였다.

당시의 조선 당국에서는 천주교도를 체포하고 나면 이들을 심문하는 절차가 있었을 것이다. 우선 성명과 출신을 물었을 것이며, 이어서 왜 천주교를 믿는가를 물었을 것이고, 그 다음 배교할 것을 요구하는 등 일정한 절차가 있었을 것이다. 그리고 그 질문에 대한 답변에 따라서 추가로 여러 가지 질문이 이어졌을 것이며, 이 과정에서 심문관의 뜻에 맞지 않는 답변이 나오면 혹독한 고문을 가하였을 것이다. 그러나『기해일기』의 각 순교자 사적에 모든 내용이 다 들어 있는 것은 아니므로 이것을 한자리에 모아놓으면 당시의 사정을 더 깊이 이해할 수 있을 것이라 판단되었다. 다음에 제시하는 심문 기록은 이러한 과정을 통해 재구성된 것일 뿐 그 내용을 필자의 임의로 변경한 것은 결코 아니다.

3. 『기해일기』를 통해 재구성된 순교자 심문 기록

형판: 너는 천주학을 어찌하여 하느냐?
권득인 베드로: 천주는 신인만물(神人萬物)의 대주이시라 사람이 세상에 거하여 만물을 쓰고 허다한 은혜를 입었사오니 이 은혜 무한한지라

어찌 갚기를 도모치 아니하리요. 사람된 자는 부득불 천주를 받들어 섬기리이다.

형판: 궁녀는 여염 여자와 크게 다른지라, 너는 어찌하여 사학을 하느냐?

궁녀 박 루치아: 사학하는 일은 없삽고 천주를 공경함은 사람마다 할 바이로소이다.

궁녀 진 아가타: 천주는 신과 인간, 천지만물의 대주이시라, 우리를 기르시고 보존하시며, 선한 사람을 상주고 악한 사람을 벌하시는 대군 대부이시므로 공경하는 것이지, 사학을 행하는 것이 아닙니다.

형판: (경성의 중인인 최여칠 베드로에게) 네가 사학을 하느냐?

최여칠 베드로: 성교 도리에 사특한 일은 없삽고 천주 성교를 행하나이다.

형판: 배교하고, 일당을 대라, 관과 제의는 누구의 것이며, 어디서 났느냐?

남문화 다미아노: (성교 도리를 명백히 강론하며) 사람을 해치고 성물을 훼손하는 것은 십계에 엄금한 바이오니 아뢸 말씀이 없나이다.

궁녀 박 루치아: 천주 십계에 살인을 엄금하였사온즉 입으로 사람 상해할 말을 못하나이다.

과부 김 로사: 죽을지언정 천주는 배반치 못하고 천주 십계에 사람을 상해하지 말라 하신 고로 사람들 해칠 말은 못하나이다.

마부 조신철 가롤로: 천주 계명이 사람을 해하지 말라 하시니 일당을 대지 못하나이다.

권득인 베드로: 성교회에서 엄금하기를 사람을 살해하지 말라 하였사오

니 어찌 감히 입으로 사람을 죽이리이까.

형관: (이호영 베드로에게) 네가 말로 배교하기 어렵거든 크게 글자 하나를 줄 것이니 점을 찍거나 거기에 침을 뱉으면 배교하는 줄로 알고 석방하리라.

이호영 베드로: 만만코 못하나이다

형관: (이호영 베드로에게 모진 고문을 가하며) 네가 만일 아프다는 소리를 하면 배교하는 줄로 알리라.

이호영 베드로: (그 혹형이 오죽하리요마는 참고 견디어 희미한 소리도 내지 아니하고 … 배교 못할 의리와 일당을 못 대는 연유를 명백히 말하며 종래 굴복하지 않음.)

형관: (최양업 신부의 아버지 최경환 프란치스코에게) 배교하라.

최경환 프란치스코: 이 세상의 주인도 섬기다가 배반치 못하거든 하물며 천지만물의 대주인이신 천주를 어찌 배반하오리까? 못하나이다.

형관: (명문의 후예인 민환부 스테파노에게) 이제라도 (배교하겠다는) 말만 하면 놓아주리라.

민환부 스테파노: 만만코 못하나이다.

형관: (다시 민환부 스테파노에게) 배교하면 좋으리라.

민환부 스테파노: 만일 놓아주면 나가 저만 천주교를 믿고 행할 뿐 아니라, 다른 사람까지도 권하겠나이다.

형관: (과부 김 로사에게) 혹독하게 주리를 틀고 모진 매질을 하기 전에 천주를 배반하고 일당을 대라.

김 로사: 매맞아 죽사와도 배반도 못하옵고 일당도 못 대리다.

형관: 못하는 연고를 아뢰어라.

김 로사: 우리들이 공경하는 천주는 신인만물(神人萬物)의 대주이시라 사람의 선악을 상벌하시어 선한 자를 상주시고 악한 자를 벌하시나니 천주 십계를 지키면 천당 영복을 누리고 범하면 지옥 영고에 내리는 연고로 배반치 못하옵고 다른 사람을 해치 못하나이다. 다시 묻지 마옵소서. 죽을 따름이로소이다.

형관: (시골 출신의 궁녀 김 율리타에게) 배교하고 일당과 (천주교 관계) 책을 대라. 그렇지 않으면 중형하리라.

김 율리타: 매맞아 죽사와도 배교도 못하고, 일당을 대면 (그 사람들을) 잡아다 죽일 것이요, 책을 대면 갖다가 불사를 것이니 댈 수 없으며, 다만 죽기를 원하나이다.

형관: (이경천 요한에게) 너 위인이 저만치나 준수하고 나이 소년이라 문무간에 입신양명하는 것이 세상에 광영이거늘 부디 사악한 교를 숭상하여 국명을 배반하고 몹시 죽으려 하는 것이 무슨 의리뇨? 이제라도 말만 하면 대신께 건의하여 살릴 것이니 너 생각하여 보라. 저 어리석은 사람들과 같이 덧없이 죽으려 하느냐?

이경천 요한: 살기를 좋아하고 죽기를 두려워하는 것은 사람의 떳떳한 정이오니 어찌 부디 죽으려 하오리까. 그러나 국명을 듣자오면 천지 신인 만물을 내신 대군 대부를 배반하오니 죽사와도 그는 못하옵고, 또 관가에서 이르시는 모든 사정을 이왕에 다 생각하여 정한 바이오니 다시 묻지 마옵소서.

형관: (강촌 여자인 박 안나에게) 네 지아비와 자식이 다 놓여 나갔으니 너도 (배교한다는) 한 말만 하고 나가 한가지로 살면 세상 복이 아니냐?

박 안나: 각각 주장이오니 주를 위하여 죽을 따름이로소이다. (중형을 가
하였으나 끝내 뜻을 굽히지 않음.)

형관: (이 막달레나 등 6명의 여인들을 네 차례나 주리를 틀고) 너희들이 감
옥에서 고생을 하여보니 깨달았느냐?

이 막달레나 등: 배주하려 하오면 어찌 자수하여 오며, 또 관청에서 말
씀을 이리저리 아뢰오리까. 국법대로 죽이시면 죽을 따름이로소이다.

형관: (다시 주리를 틀고 고문하며) 네가 천주학을 하는 것이 옳으냐?

이 막달레나 등: 과연 천주를 공경하나이다.

형관: (강촌 여자인 김 루치아에게) 너 저만큼 나은 계집이 천주학을 한단
말이냐?

김 루치아: 과연 하나이다.

형관: 이제라도 말만 하면 살리리라.

김 루치아: 그리 못하나이다.

형관: 형벌을 중히 하여도 그리 하겠느냐?

김 루치아: 매맞아 죽사와도 우리 공경하는 천주는 배반치 못하나이다.

형관: 너 배반치 못하는 연유를 아뢰라.

김 루치아: 천주는 천지신인 만물을 화성(化成)하시고 재제(宰制)하시고
상선벌악하시는 대군 대부이시라. 만 번 죽어도 배반하지 못하나이
다.

형관: 누구에게 (천주학을) 배웠으며 몇 살부터 행하였으며 일당은 얼마
나 되며 시집은 어찌하여 아니 갔으며, 영혼은 무엇이며 죽기가 무섭
지 아니하냐?

김 루치아: 아홉 살부터 어미에게 배웠사오며 성교 도리에 엄금살인이

라 죽사와도 당을 못 대옵고 나이 이십여 세가 많지 아니하옵고 또한 혼인 말씀은 처자(처녀)의 대답할 바가 아니 오니 다시 묻지 마시옵고, 영혼은 눈으로 보지 못하는 신체요, 죽기는 무섭건만 살려 하면 천주를 배반하라 하는 고로 무서워도 죽으려 하나이다.

형관: 영혼이 어디 있느냐?

김 루치아: 육신에 가득하나이다.

형관: 네가 천주를 보았느냐?

김 루치아: 어찌 원방 백성이 임금을 보고야 믿사오리까? 천지만물을 보고 조성하신 대군 대부를 믿나이다.

형관: (달래고 위협하고 고문하였으나)

김 루치아: (문답한 말을 기록하여 내어 보내었으니 성교 요긴한 도리를 밝히 대답하여 변백[辨白]한 말이 많더라.)

형관: (강촌 여자인 김 아녜스와 언니 김 골룸바에게) 네가 천주학을 한다는 말이 옳으냐?

김 아녜스: 과연 천주를 공경하나이다.

형관: 시집은 어찌하여 아니 갔느냐?

김 아녜스: 몸과 마음을 조촐히 하여 천지신인 만물을 조성하신 대군 대부를 공경하고 자기 영혼을 구하기 위함이니이다.

형관: 인륜을 폐하고 나라가 금하시는 일을 한단 말이냐? 천주를 배반하고 일당과 책과 네 오라비 간 곳을 대라.

김 아녜스: 배주는 만만코 못하옵고 오라비 간 곳은 모르옵고 일당과 책을 못 대나이다.

형관: (고문을 심하게 하며) 더욱 무섭게 매질하라.

김 아녜스: 매맞아 죽사와도 아뢸 말씀이 없삽나이다.

형관: (포졸에게 분부하여) 옷을 벗기고 겁욕하라.

김 골룸바: (이때를 당하여 김 골룸바는 첩첩 약한 여자의 힘으로 욕을 면치 못하겠더니 천주의 보호하심을 입어 용맹한 힘이 나서 강포한 자가 감히 범치 못하더라.) 우리 도가 무슨 그른 일이 있어 이렇듯이 혹형을 하나이까?

형관: 제사를 아니한다 하니 옳으냐?

김 골룸바: 제사는 허사라 세상 옥에 갇힌 자라도 자손들이 생일이나 명일이나 온 상에 가득히 제수를 차려놓고 청하여도 자기 임의로 출입지 못하거든 하물며 지옥에 갇힌 자가 어찌 나와 제사를 흠향한다 하리요. 허망하기에 아니 하나이다.

형관: (고문을 가한 다음) 천주교를 믿지 않고 착하게 살면 어떠냐?

김 골룸바: 그럴 길이 없나이다.

형관: 공자(孔子)와 맹자(孟子)는 성인이 아니냐?

김 골룸바: 그는 세속 성인이로소이다. (이런 말로 문답이 많으나 알 길이 없고 대답이 민첩하매 대찬하더라. 형관이 문초를 마치자) 관장은 백성의 부모이시라, 소녀의 원통함을 아뢰나이다. (이때에는 문초하는 형관이 바뀌었음.)

형관: 아뢰어라.

김 골룸바: 포졸의 행실이 여자의 옷을 벗기고 적신으로 동여매어 달고, 능욕하며 때리며 조롱하고 불로 살을 무수히 태우니 사대부가의 여자나 상민의 여자는 한가지옵고, 나라 법대로 죽이는 것은 감수하려니와 국법 외에 형벌을 하오니 원통하오이다.

형관: (대로하여) 저 옥 같은 색시를 누가 감히 핍박하리요. (하고 즉시 포졸 두 놈을 매질하고 멀리 유배하니 그 후로는 모든 여자들의 옷 벗기는 욕과 불로 살을 지지는 형벌은 없으니라.)

형관: (첫째 고문은 참고 굴치 아니했으나, 제2차 고문시에 마음이 약하여 두려운 생각이 나며 견딜 길이 없어 배교한 경성 사람 최 필립보가 차마 견딜 수가 없어 다시 자수해 오자) 네가 전과 같으냐?

최 필립보: 전에 배교함을 원통하여 하나이다.

형관: 너 배교하였다가 다시 하려 함이 무슨 뜻인가?

최 필립보: 아무리 생각해도 옳은 도리옵기로 죽어도 행하려 하나이다.

형관: (정약종의 아들인 정하상 바오로에게) 네가 조선 풍속을 따르지 아니하고 외국의 도를 행하여 사람을 가르쳐 혼탁하게 함이 옳으냐?

정하상 바오로: 외국의 좋은 물건은 취하여 쓰고 천주 성교는 외국의 도라고 옳은 일을 배반하오리까?

형관: 너, 외국의 도는 기리고 나라의 관장이 금하는 것은 그르구나?

정하상 바오로: 죽어도 여한이 없소이다.

형관: (그 원정의 뜻을 자세히 묻고) 말은 옳으나 나라가 금하시는 것을 당을 모아 가르치느냐? (하고 고문을 심하게 함.)

형관: (대대로 벼슬하는 역관 중인인 유진길 아우구스티노를 체포하여 … 한 말만 하라 하되 듣지 아니하고 관전에 이르니 포장이 불러 만단으로 회유하되 종래 듣지 아니하는지라 할 수 없이 잡아내려) 네가 국록을 받는 신하의 몸으로 나라가 금하는 일을 하니 뉘에게 배웠으며 가르치기는 얼마나 하였으며, 당과 책을 대라.

유진길 아우구스티노: 전라도 가서 치명한 이경언 바오로(1827년 순교)

에게 배우고 가르치기는 남은 고사하고 집안 가속도 못하였삽고 책도 없나이다.

형관: 네 집처럼 책이 많은 데가 없는데 모른다 하느냐? (하며 다섯 차례 나 혹형을 가함. 그리고 이어서 서양의 신부가 온 까닭을 힐문함.)

유진길 아우구스티노: 서양 선비가 우리나라에 오기는 천주의 광영을 현양하고 사람을 가르쳐 천주 십계를 지켜 천주를 공경하고 영혼을 구할 이런 도리를 전하여 죽은 후에 지옥의 영원한 고통을 면하고 천당에 올라 무궁한 진복을 누리게 함을 위함이니, 이런 착한 도리를 가르치려 하매 어찌 자기는 선한 일을 하지 않으면서 남은 선하라 하리요. 그런 연고로 먼저 정결히 수신하여 덕을 가진 후에 외국에 전교하나니 높은 지위와 재물과 색을 탐하려 하면 어찌 서양의 번화 부요한 본고장을 버리고 구 만 리 외국에 구사일생하여 나오며, 또 주교위가 높으시니 무슨 지위를 탐하시며, 본국 은전을 내어다가 쓰니 무슨 재물을 탐함이 있으며, 천주께 허원하고 종신토록 동정을 맹세하고 몸을 정결히 하사 신부가 되어 계시니 무슨 색을 탐함이 있으리요.

형관: 누가 데려왔느냐?

유진길 아우구스티노: 소인이 데려왔나이다.

형관: (고문하며 두 신부 사정을 묻다.)

유진길 아우구스티노: (대답지 아니함.)

형관: 또 주장한 사람이 있을 것이니 다 대라. (하고 육차 수형에 주리를 틀며 고문)

유진길 아우구스티노: (한결같음.)

4. '기해박해'시 심문 기록에 나타난 천주교 신자들의 세계관

앞에서 제시한 기해박해 때의 천주교도 심문 기록을 보면 해설이 필요가 없을 만치 생생한 느낌을 주고 있다. 그리고 당시에 체포되어 심문을 받았던 천주교도들은 매우 다양한 배경을 지닌 사람들이었지만 그들의 증언은 공통된 것이었다.

이들은 배교하기를 거부하였다는 점에서 공통될 뿐 아니라, 죽어도 신앙을 버릴 수 없는 이유를 너무나 명백하게 밝혔다는 점에서 비슷하였다. 이들은 모두 천주가 이 세상만물의 주인이시기에 "사람된 자는 부득불 천주를 받들어 섬겨야 된다."고 주장하였다. 이에 대하여 심문하던 형관은 "인륜을 폐하고 나라가 금하시는 일을" 어찌 할 수 있느냐고 추궁하면서 배교할 것을 명하였으나, 이들은 모두 배교하기를 거부하였다. 이들은 "이 세상의 주인도 섬기다가 배반치 못하거든 하물며 천지만물의 대주이신 천주를 어찌 배반하오리까?"라고 하며 자신의 주장을 굽히지 않았다. 당시의 천주교도들은 조선왕조의 체제를 뒤엎기 위한 행동을 취한 적은 없었다. 소극적인 의미에서 그들은 국가에 전혀 해를 끼칠 수 있는 입장에 있지도 않았으며, 그럴 생각도 없었다. 그러나 이들은 조선왕조가 요구하는 내용과 천주 신앙이 상충될 때는 자신의 신앙이 요구하는 것을 더 중요시하였다. 이런 점에서 본다면 이들은 이미 정신적으로 더 이상 조선왕조에 속한 사람들이 아니었다.

그러기에 이들은 제사를 기본으로 하는 유교적인 윤리를 거부한 사람으로 취급되었다. 김 골룸바를 심문할 때 형관은 "(너희 천주교도들이) 제사를 아니한다 하니 옳으냐?"고 물었다. 이때 김 골룸바는 "제사는 허사라. 세상의 감옥에 갇힌 자라도 자손들이 생일이나 명일이나 온 상에 가득 제수를 차려놓고 청하여도 자기 임의로 출입지 못하거든 하물며 지옥에 갇힌 자가 어찌 나와 제사를 흠향하리요. 허망하기에 아니 하나이다."라고 분명하게 답변하였다. 이에 형관은 무수한 고문을 가하고서 공자와 맹자는 어떤 사람인지를 물었다.

여기에 대하여도 김 골룸바는 단지 "그들은 세속의 성인이로소이다."라고만 답하였다. 말하자면 자신의 영혼을 구할 수 있는 그런 성인은 아니라는 뜻을 밝힌 것이었다. 유교 국가였으며, 유교적 이념에 따라 국가체제를 유지하였던 조선왕조에서 김 골룸바의 생각과 답변은 기이하기 짝이 없는 것이었다. 그녀는 더 이상 유교적 이념의 지배를 받아들일 뜻이 전혀 없었던 것이다.

이처럼 위의 심문 기록을 보면 누가 보더라도 심문하는 사람보다도 심문을 당하는 사람들이 펴는 논리가 더욱 당당하고 정연한 것을 알 수가 있다. 그러기에 말이 먹히지 않으면 형관은 가차 없는 고문을 가하였던 것이지만, 더 이상 고문으로 이들의 생각을 돌려놓을 수는 없었던 것이다. 사실 위의 심문 기록에 나타나는 사람들의 신분을 일일이 다 알기는 어렵지만, 이들 가운데는 정하상처럼 과거 유명한 양반가문의 후예인 사람도 있고, 유진길처럼 대대로 역관이었던 사람도 있다. 그러나 궁녀라든가 또 신분을 알 수 없는 하층계급에 속했던 사람도 적지 않았다. 그럼에도 불구하고 이들이 모두 말할 수 없는 고난을 겪으면서도 하나의 신앙을 공유하고 있다는 것은 실로 놀라운 일이 아닐 수 없다. 당시는 양반 중심의 신분체제가 강력하게 남아 있던 때이기에 더욱 그러하다. 그리고 이들 기해박해 때의 순교자들의 생각은 정하상의 「상재상서」라는 글을 통해 더 체계적으로 알 수가 있다.

5. 정하상(丁夏祥)의 「상재상서(上宰相書)」

정하상은 1780년 후반에 최초의 교리서를 썼으며, 그 당시 유명했던 남인 가문 출신이요 대표적인 실학자로 알려진 정약용의 형이었던 정약종의 둘째 아들이었다. 그리고 기해박해가 일어나던 때 그는 교회의 핵심적 인물로 활약하였다. 심문 과정에서 형관은 정하상에게, "네가 조선 풍속을 따르지 아니하고 외국의 도를 행하여 사람을 가르쳐 혼탁하게 함이 옳으냐?"고 물었다. 이에 대하여 정하상은 "외국의 좋은 물건은 취하여 쓰고 천주 성교는 외국의 도라고 (하여) 옳은 일을 배반하오리까?"라고 반문하였던 것이다. 당시 교회 내의 가장 중요한 인물이었던 정하상에 대한 심문 기록은 너무나 짧지만, 사실 정하상은 체포될 것을 예감하고 1839년 박해 직전에, 미리 "상재상서(재상 우의정인 이지연에게 올리는 글)"라는 글을 써서 남겨두었다. 그러므로 이 글은 박해에 대한 정하상의 답변이며, 그런 의미에서 위의 심문 기록에 단편적으로 나타난 순교자들의 생각을 체계적으로 정리해 둔 것이라고 할 수 있다.

「상재상서」에서 정하상은 천주교도들에 대한 참혹한 박해가 부당한 것임을 지적하면서 다음과 같이 말하였다.

우리나라에서 천주 성교를 금하는 까닭은 그 뜻이 어찌 된 것이오이까? 처음부터 그 도리가 어떠한가 애당초 묻지도 아니하고, 오히려 지극히 원통한 말로 애매하게 사도(邪道)로 만들어 버리었나이다. 그리하여 신유년(1801) 전후에도 원통하게 죽은 사람이 적지 아니하건만, 하나도 그 뿌리와 줄기를 알고 밝히고자 한 일도 없이, 무고한 인명을 헛되이 죽이오니, 이 어찌 슬프고 한심한 일이 아니겠나이까?

응당 이 나라에도 성현군자들이 많으련만, 이 일에 대하여서는 왜 이렇게 적막하고 박절하오이까?

사람의 죽고 삶이란 세상에서 가장 큰 일이라, 늙고 병든 이와 어리고 철모르는 아이들이라도 죽는다고 하면 무서워하고 놀라워하나이다. 불쌍하도다, 이 천주교를 믿는 사람들이여! 이들도 다 같이 죽기를 싫어하는 목숨이라 어찌 살기를 원하지 아니하리요만, 알고서는 아니하지 못할 천주 성교를 봉행하다가 나라의 명을 거스른다 하여, 원통한 말을 아뢸 곳도 없이 원통하게 죽어가나이다. 백성은 다 일반이라, 어느 백성이 국명을 범하고자 하오리까?"[2]

그는 박해의 이유도 명백하게 밝히지 않고, 또 천주교가 어떠한 종교인지 알아보지도 않고 무고한 사람을 죽이는 것이 과연 합당하며, 성현군자로 자처하는 당시의 유교적 지식인들이 이 문제에 대하여 침묵을 지키는 것이 도리에 맞는 일인지를 날카롭게 지적하고 나섰다. 그리고 원통하게 죽어가는 천주교도들에 대한 한없는 동정을 표현하였던 것이다.

그는 이어서 자신들이 믿는 천주는 "천지 위에 스스로 계신 대주재신(大主宰神)"이며,[3] 천주를 볼 수도 없어 모른다고 말하는 것은 "마치 아비 죽은 유복자가 제 눈으로 그 아비를 보지 못하였으니, 나에게 아비가 있었다는 말을 믿지 못하겠노라고 하는 말과 무엇이 다르리요."라고 반

---

[2] 한국교회사연구소 편, 『순교자와 증거자들』(한국교회사연구소 출판부, 1982), p. 119.
[3] 위의 책, p. 120.

문하였다. 그러므로 "만물을 내신 천주를 내 눈으로 보지 못하였다고 하여도, 이 만물을 보면, 그것을 만들어 내신 천주가 계신 것을 어찌 믿지 못하겠나이까? 한심하고 가련한 일이나이다."라고 하며 천주의 존재를 밝혔다.4) 그리고 그는 십계명을 열거하면서 "천주를 만유 위에 사랑함과 사람 사랑하기를 제 몸같이"5) 하라는 것이라고 천주교 가르침의 핵심을 요약해 제시하였다. 그리고 천주교가 진실로 참된 것이라 함을 다음과 같이 주장하였다.

··· 살기를 좋아하고 죽기를 싫어하는 것은 인지상정인데 ··· 죽어도 결코 천주 성교는 배반치 아니하고, 천주를 위하여 의연히 굴하지 아니하는 일이 그 증거이옵나이다. ··· 이것으로 보아도 족히 천주 성교가 참된 도리임의 바른 증거가 되지 아니하오리까? ··· 우리 천주 성교를 믿는 사람들은 죽일수록 그 수가 없어지지 아니하옵고, 점점 더 성하여 가오니, 이 도가 바르지 아니하오면 어찌 이러하오리까? 일언이폐지하고, 천주 성교는 지극히 거룩하고, 지극히 공번되고, 지극히 바르고, 지극히 참되고, 지극히 온전하고, 지극히 하나이요 둘이 없는 도리이옵니다.6)

그는 천주교도도 다른 사람과 마찬가지로 살기를 좋아하는 사람이지만, 그러나 죽인다 하더라도 천주 신앙을 포기할 수는 없으며, 또 아

---

4) 이상은 위의 책, p. 121.
5) 위의 책, p. 126.
6) 위의 책, pp. 130-131.

무리 죽여도 천주교는 더욱 번성할 것이라고 확언하였던 것이다. 그는 이 글을 관대한 처분을 바라는 뜻에서 쓴 것이 아니라, 어떠한 어려운 처지에서도 자신들의 믿음이 꺾이지 않을 것이며, 목숨을 이처럼 버릴 수 있을 정도로 천주교는 거룩하고 참된 종교임을 천명한 것이었다.

그리고 박해자들이 천주교는 나라의 금령을 범했다고 하는 주장에 대하여는 이렇게 답변하였다.

> 세상의 도리에 높고 낮음과 일의 가볍고 무거운 사정이 있사옵나이다. 한 집안에서 중한 이는 아비만한 이가 없사오나, 아비보다 더 높은 이는 나라 임금이시고, 임금보다 더 중한 이는 천지대군이신 천주이시나이다. 아비 말을 듣고 임금의 명령을 듣지 아니하오면 그 죄가 무거울 것이요, 따라서 임금의 명을 듣고 천지 대부모의 명을 듣지 아니하오면, 그 죄가 더욱 중대할 것이옵나이다. 그러므로 우리가 천주를 받들어 공경하는 것은 임금의 명을 짐짓 거스르고자 하는 것이 아니오라, 마지못하여 하는 일이거늘, 어찌 이것으로써 임금도 부모도 몰라본다고 하나이까?[7]

결국 정하상의 말은 임금이나 나라의 명이 옳으면 모르거니와 그 명이 천주의 가르침에 비추어 그른 것이라 할 때는 따르지 못하겠다는 뜻을 밝힌 것이다. 이 점에서 정하상은 추상과 같았으며, 심문 기록에 나타난 다른 순교자들의 뜻도 이와 같은 것이었다.

---

7) 위의 책, pp. 132-133.

앞서 언급한 바와 같이 정하상의 심문 기록에는 단지 천주교가 외국에서 온 것임을 들어 죄를 추궁하는 내용이 있다. 이 점에 대하여도 정하상은 「상재상서」에서 다음과 같이 말하고 있다.

외국의 도라 하여 금한다는 말이 있사온데, 다시 비유로써 말씀드리리이다. 금이라 하는 것이 아무리 훌륭한 보배라도 그것이 있는 땅을 가리지 아니하고 아무 곳에서 났든지 금이면 보배로 치나이다. 도라고 하는 것도 지방을 가리지 아니하고, 아무 도이든지 도만 바르면 참 도가 되는 것이옵나이다. 어찌 참된 도가 나라와 지방을 가리겠나이까?8)

이처럼 박해에 대한 자신의 입장을 밝힌 다음 정하상은 「상재상서」의 마지막에 박해를 중지할 것을 다음과 같이 요청하였다.

어떤 사람이든지 그 행동과 심성을 살펴보오면, 그 사람의 어떠함과 그 행하는 도의 어떠함을 능히 알 것이오이다. 우리 천주 성교를 믿는 사람들이 일찍이 모반에 걸린 이가 없으며, 간음이나 도둑질하는 죄를 범한 일이 없으며, 사람을 다치거나 물건을 해치는 일을 멋대로 한 일이 없나이다. 그런데도 오히려 법 외의 형벌을 많이 받고, 천지 대부모를 욕하고 배반하라 하오니, 어찌 자식이 아비를 욕하고, 백성이 임금을 배반하오리까? 사람으로서는 천만 못할 일이오이다. 어찌

---

8) 위의 책, p. 133.

영혼을 결합한 사람이 차마 할 일이오이까? … 슬프도다! … 옥중에서 스러지고 문 앞에서 목벰을 당하는 일이 뒤를 이어 끊임이 없사오며, 눈물과 피가 도랑을 이루고 울음소리가 하늘에 넘쳐, 아비는 그 자식을 부르고, 형은 그 아우를 부르며, 어찌할 줄을 모르옵니다. 맑고 밝은 세상에 이것이 무슨 광경이옵나이까?

대저 목숨을 바쳐 순교함으로써 천주 성교가 진실된 가르침임을 증명하여, 천주의 영광을 드러내는 것이 우리들의 본분으로 삼는 일이옵니다. 죽음에 임하여 용감히 말해야 할 때에 한번 고개를 들고 크게 외쳐보지도 못하고, 말없이 불쌍히 죽으면, 쌓이고 쌓인 회포를 백년 뒤에까지 스스로 밝힐 길이 없사오니, 엎디어 빌건대, 밝히 굽어살피사, 도리의 참되고 거짓됨과 그르고 바름을 가리시옵소서.

그러한 뒤에 위로는 조정으로부터 아래로는 백성에 이르기까지 지극한 도리를 일변하시옵기를 바라나이다. 그리하여, 나라의 금령을 늦추시고 잡아들이는 일을 그만두시는 동시에, 옥에 갇힌 억울한 죄인들을 놓아주시어, 온 나라의 백성이 평안히 생을 즐기고, 함께 태평을 누리게 하시옵기를 천만 바라나이다.[9]

이상에서 정하상이 순교 직전에 쓴 「상재상서」의 중요한 내용을 정리하여 보았다. 그는 자신의 죽음을 앞두고 무고한 많은 천주교우들이 무참하게 죽어가는 모습을 보면서 무한한 슬픔과 연민을 지녔던 것이다. 그러나 그는 이러한 죽음을 당하면서도 자신들이 믿는 신앙이 옳은

---

9) 위의 책, pp. 134-135.

것이기에 결코 포기하지 않는 의연한 이들에 대해서 말하고 있다. 이 글은 제목 그대로 박해를 추진하는 정부의 고위 관료에게 천주교도들의 입장을 이해시키는 것이기도 하지만, 잡혀가 순교를 앞둔 교우이거나, 뒤에 살아남은 교우들에게 어려운 시절에 신앙을 지켜야 할 명백한 이유를 다시 한 번 강조해 두려는 것이라 할 수 있겠다. 한편 정하상이 「상재상서」에서 체계적이고 논리 정연하게 전개시키고 있는 생각들은 온갖 배경을 지닌 순교자들이 심문관 앞에서 펼친 증언과 그대로 일치하는 것임은 간과할 수 없는 일이다.

6. 『기해일기』에 나타난 19세기 천주교회의 구성과 모습

1801년 신유 대박해 이후 천주교는 끊임없이 모진 박해를 받아왔으나 신자들이 줄어들지는 않았다. 그 이유를 어디에서 찾아야 할 것인가? 당시 조선사회에서 철저하게 배척되어 숨어사는 이들이 자신들의 신앙을 이처럼 계속 이어갈 수 있었던 힘은 어디에서 비롯되는 것일까? 그리고 위에서 제시한 심문기록에 나타난 대로 남녀노소, 빈부귀천을 가리지 않고 그 많은 사람들이 목숨을 버리며 자신의 신앙을 증거한 내용이 그처럼 일치하는 것은 무엇 때문일까? 이런 문제들은 쉽게 해답을 찾을 수 있는 것들은 아니다. 그러나 당시의 천주교회의 구성을 잘 살펴보면 그 답의 실마리를 풀 수 있지 않을까 생각한다.

우선 『기해일기』에는 순교자들의 이름과 나이, 혹은 그 출신에 대하여도 간단하게 언급한 내용들이 있는데, 일단 이것을 정리해서 다음과 같은 표를 만들었다.[10]

이름	나이	출신에 대한 기록	비고
이광헌 아우구스티노	53	명가의 후예	
권희 바르바라	46		이광헌 아우구스티노의 아내
이 아가타	17		이광헌 아우구스티노의 딸
남명혁 다미아노	모름	명문 가족의 후예	
이 마리아	36		남명혁 다미아노의 아내
권득인 베드로	35	밝혀 있지 않음	"집이 가난하매 미천한 업으로"
이 아가타	56	과부	
김 막달레나	66	과부	
한 바르바라	48	과부	
박 안나	57	강촌 여자	
김 아가타	50	과부	
박 루치아	39	궁녀	
박 마리아	54		궁녀 박 루치아의 언니
이 막달레나	31	한미한 가문의 여자	
이광렬 요한	45	명가의 후예	
허 막달레나	67		이 막달레나의 어머니
이 바르바라	41		이 막달레나의 언니
이 데레사	52		이 막달레나의 고모
이 바르바라	15		이 막달레나의 질녀
김장금 안나	51	과부, 경성 여자	"중년에 과부가 되어 노모와"
김성임 마르타	50	부평 사람(부평집)	
김 로사	56	과부	"전의 감골집"
원귀임 마리아	22	시골 사람	"부모가 일찍 죽고 경성 친척집에"
김 루치아	22	강촌 여자	
박 요한	41		친척이 없어 고독한 자

---

10) 「출신에 대한 기록」은 『기해일기』에 나오는 대로 적었으며, 「비고」란에는 참고사항을 적되, "…"로 표시한 것은 원문에 나오는 대로 기록한 것이다.

기해박해(1839년)의 순교자들과 당시 교회의 모습 137

이름	나이	출신에 대한 기록	비고
정하상 바오로	45	대대로 벼슬하던 집	정약종의 둘째 아들
유진길 아우구스티노	49	경성에서 벼슬하던 중인	역관 중인 집안 출신
조신철 가롤로	45	강원도 회양 출신	유진길의 마부
남이관 세바스티아노	60	거가의 후예라	
김재준 이냐시오	44		김대건 신부의 아버지
김 율리에타	56	시골 사람, 궁녀	
전 아가타	50	궁녀	
박 막달레나	44	과부	
홍 페르페투아	36	문밖 여자	
김 골롬바	26	강촌 여자	
김 아녜스	25		위 김 골롬바의 동생
최 베드로	53	경성의 중인	
조 바르바라	58	명가의 후예	"정하상의 외척"
한영이 막달레나	56	진사 권영좌의 아내	정하상 바오로의 친척
권 아가타	21		한영이 막달레나의 딸
이 아가타	모름	중인의 딸	
현경연 베네딕타	모름	경성 중인의 후예	기해일기 저자 현석문 누이
정정혜 엘리사벳	43	(명가의 후예)	정하상 바오로의 여동생
고 바르바라	42	명가의 후예	
이 막달레나	28		
이 마리아	22		이 막달레나의 동생
조 바르바라	모름		이 막달레나의 어머니
박종원 아우구스티노	48	경성 사람	이 막달레나의 남편
홍병주 베드로	42	명문 가족	조부 홍낙민, 신유박해시 순교
홍영주 바오로	39		홍병주 베드로의 동생

이름	나이	출신에 대한 기록	비고
손 막달레나	39		중인 최여칠 베드로의 아내
최 바르바라	20		손 막달레나의 딸
이 마리아	39		최양업 신부의 어머니
이요한	31	시골 사람	모방 신부의 복사
이호영 베드로	36		
장성진 요셉	54	경성 사람	
정국보 프로타시오	41	명가의 후예	
정 아가타	79	과부, 강촌 여자	
김 바르바라	35	과부, 강촌 여자	
루치아	모름	곱추 할멈	
한 안나	55	과부, 문밖 여자	
김 바르바라	49	과부, 문밖 여자	
이 가타리나	모름	과부, 시골 사람	
조 막달레나	모름		이 가타리나의 딸
최경환 프란치스코	35	충청도 홍주 사람	최양업 신부의 아버지
최 필립보	33	경성 사람	
유대철 베드로	14	(중인)	중인 유진길의 아들
유 체칠리아	79		정하상 바오로의 어머니
정 안드레아	33	충청도 정산 사람	
허 바오로	45	도감의 군병	
김 데레사	44	과부	김대건 신부의 당고모
이 막달레나	모름	과부, 향중 여자	
민 스테파노	53	명가의 후예	
김 데레사	37	(중인)	기해일기 저자 현석문의 아내
손 안드레아	모름	벌열한 집이라	

위의 표는 『기해일기』에 기록된 78명의 순교자 중 3명의 프랑스인 신부를 제외한 75명을 간략하게 정리한 것이다. 이 표 가운데서 출신에 대한 기록을 보면, "명가의 후예"에서부터, 중인·시골 여자·과부·강촌 여자·도감의 군인·마부·곱추 할멈에 이르기까지 그 출신배경이 무척 다양함을 알 수 있다. 이러한 출신에 대한 분석은 당시 조선사회가 철저한 신분제 사회로서 반상의 차별이 컸었지만, 천주교 신자들의 사회에서는 이것이 큰 문제가 되지 않았음을 드러내는 것이라 하겠다.

조선사회의 기준으로 본다면, 정하상과 같은 최고 명문 자손이 저 이름 없는 가련한 곱추 할멈과 자리를 함께 할 이유도 기회도 없을 것이지만, 이들이 일단 천주교를 믿으면서부터는 같은 신자로서 함께 하였다. 위 표에 나오는 많은 과부들, 아낙네들, 마부나 군인, 혹은 곱추 할멈 등은 조선사회에서 제대로 교육을 받을 수 없는 사람들이었다. 그러나 이들이 천주교 신자가 되자 이들은 수시로 한자리에 모여 정하상과 같은 유식한 교우의 지도를 받으며 천주교리에 대하여 많은 것을 배울 수 있었다. 더욱이 신유박해 이후 신자들이 먼 시골이나 산골로 피신해 들어가면서 신자들은 신분에 상관없이 모여 살게 되었으며, 그에 따라 함께 모여 미사를 드리거나 성서와 교리공부를 할 수 있는 기회는 상대적으로 더 많아지게 되었다. 그러므로 이런 모임에서는 신분의 귀천이 전혀 문제될 것이 없었다. 아마도 조선시대에 신분적 천대를 받던 사람들의 입장에서 본다면 이것은 천국과 같은 모임이었을 것이다.

이들은 그냥 모임만 함께 한 것이 아니었다. 정하상의 「상재상서」에 나오는 바와 같이 "천주를 만유 위에 사랑함과 같이 이웃 사람을 사랑하라."는 새로운 가르침을 받고 실천하였던 것이다. 한편 이들은 양반을 중심으로 한 사회적 위계를 지키기 위해 강조되었던 유교적 제사행위는 자기 자신을 구원에 이르게 하는 과정에서 필요하지 않다는 새로운 가르침에도 눈을 뜨게 되었다. 정하상 바오로는 「상재상서」를 다 쓰고 난 다음, 다시 이 제사 문제에 대한 견해를 덧붙여 놓았는데, 그 내용은 다음과 같은 것이었다.

죽은 사람 앞에 술과 음식을 바치고 제사 지내는 일을 천주교에서는 금하고 있나이다. 살아생전의 영혼도 술이나 밥을 받아먹지 못하거늘, 하물며 죽은 뒤에 어찌 그 영혼을 먹이리요? 음식이라 하는 것은 육신을 먹이는 것이요, 영혼의 양식은 도덕이라, 아무리 지극한 효자라도 좋은 음식은 잠든 부모에게는 드리지 못하나이다. 잠자는 때는 음식을 먹을 때가 아니오이다. 세상에서 잠자는 때도 이러하거든 하물며 죽어서 크게 자는 때에 무엇을 먹사오리까? 채소와 죽과 같은 것을 죽은 부모에게 드리는 것은 헛일이 아니면 거짓 일이니, 어찌 사람의 자식이 되어, 헛되고 거짓된 예로써 아무리 죽은 이에게일지라도 가히 할 일이오니까?[11]

이러한 가르침을 받으면서 당시의 가난하고 버림받았던 미천한 사람들의 마음은 어떠했을까? 제사를 드리고 싶어도 제물을 차릴 재물이 없었을 이들, 자기의 먼 조상을 기억하려 해도 할 수 없던 사람들의 입장에서 본다면, 정하상의 제사에 대한 이러한 가르침은 정말 복음처럼

---

11) 위의 책, p. 135.

들렸을 것이 분명하다. 더욱이 천주는 이 세상을 만들었으며, 모든 사람, 양반이나 상놈, 주인이나 노비, 왕이나 보잘것없는 백성은 모두가 같은 자녀라는 것이 아닌가? 이러한 가르침은 사회에서 버림받은 이들에게는 정말 가뭄의 단비와 같은 복음이었던 것이다. 당시 신자들의 모임은 그들의 출신 성분도 다양하였지만, 한자리에서 이러한 새로운 가르침을 배울 수 있는 기회를 공유하고 있었던 것이다.

그리고 신자들 가운데 "명가의 후예"거나 "대대로 벼슬한 사람의 후손"이라 하더라도 이미 1839년 기해박해 당시에는 미천한 사람들과 그 사는 형편이 거의 같았다. 『기해일기』의 정하상에 관한 기록을 보면 그의 사는 형편이 다음과 같이 묘사되어 있다.

(신유박해 때에) 가산을 다 적몰하였기 때문에 몸을 부칠 곳이 없어 시골로 내려가 숙부에게 의지하니 그 사이 고초는 무어라 말할 수 없더라. … 나이 장성하매 남보다 힘이 세고, 성품이 강직하여 누구에게도 굴치 아니하나, 패가한 사람이 되어 친척과 노예라도 박대가 자심하니 울분을 이기지 못하여 어찌할 길이 없더니, 또 크게 불편한 사정이 있는 고로 할 수 없이 그 모친과 누이를 이별하고 두어 교우를 따라 나오니 이때 나이가 이십 세라. 가난한 교우의 집에 와 숨어 있으매 그 사이 벗고 주리고 어려운 형상은 다 기록할 길이 없으며 ….[12]

그의 아버지 정약종이 1801년 신유박해 때에 순교하자 집안은 패망

---

12) 『기해일기』(가톨릭출판사, 1984), p. 47.

하였다. 그때 그의 형 정철상도 순교하였으나, 정하상은 나이가 어리다 하여 죽이지는 않았던 것이다. 그러나 그 어머니와 누이 정정혜, 그리고 정하상은 어디에도 의지할 곳이 없었던 것이다. 그리고 수많은 멸시와 천대를 받고 자라났음을 위의 기록을 통해 알 수 있다. 정하상은 본래 양반의 자손이었지만 이제 조선사회에서는 버림받은 최하층의 사람이 된 것이다. 그리고 이런 실정은 위의 표에서 소위 "명가의 후예"라고 되어 있는 모든 사람들에게도 마찬가지였다. 천주교가 박해를 받고 천주교도들이 숨어 사는 이상 그 처지가 크게 달라질 수는 없었다. 그러므로 1839년 당시의 천주교도들은 사회적으로나 경제적으로 비슷한 처지에 있었다. 그러기에 이들은 서로 돕고 살았다. 정하상과 같은 이들은 신자들을 이끌고 교리를 가르치는 역할을 하면서 이들과 함께 하였고, 곱추 할멈 루치아도 남을 도우며 살았다.

　　루치아는 미미한 집 여자라, 어려서부터 등 곱은 병신이요, 또 사람이 명백지 못하여 어린아이 모양 같더라. 신유 풍파 전부터 천주교를 알았으나, 남편과 집안이 다 외인이요 신유(1801) 이후로 교우를 만날 길이 없어 수계를 타당히 못함을 한탄하더니, 근래에 차차 교우와 상접하여 다니다가 장부가 있으나 집을 떠나 두루 교우의 집으로 다니며 복사함이 흔근하여 좋고 궂음을 구애치 아니하고 항상 기뻐하며 병들거나 어렵거나 가난하고 병든 사람의 일이라면 더욱 즐겨 돌보더라.13)

---

13) 위의 책, p. 99.

위의 기록에서처럼 곱추인 루치아는 신체적으로도 열등하며 가난하게 살았지만, 천주교우들과 살면서부터 그 몸으로 어려운 사람들을 제 몸같이 돌보는 생애를 살았던 것이다. 그리고 자신을 새로운 삶으로 이끈 그 신앙을 지키며 순교하였던 것이다. 이러한 사정이 이들을 더욱 같은 동지로서 굳게 맺어주는 계기가 되었으리라 생각된다. 또한 이러한 새로운 삶은 이들에게 인간적인 존엄성을 일깨웠으므로 자신들이 소중한 사람이라는 것을 깊이 깨달은 이들에게서 그 믿음을 빼앗기는 어려웠을 것이다. 그렇기 때문에 그처럼 혹독한 박해를 겪으면서도 천주교도는 줄어들지 않았던 것이다.

7. 맺는 말

이 글을 쓰면서 나는 당시 순교자들의 어려웠던 삶과 그들이 모여 일궜던 교회의 모습을 오늘날의 우리와 우리 교회 공동체에 비추어 생각해 보았다. 그들은 사회적으로 버림받고 경제적으로 비참한 생활을 했으나, 사랑으로 하나 된 교회를 이루며 살았다. 그에 비하면 오늘날의 우리는 얼마나 다른 처지에 있는가? 오늘날 우리의 교회도 사회적으로나 경제적으로 무척 다양한 배경을 지닌 사람들로 이루어져 있다. 그러나 우리는 그들처럼 천주를 사랑하고 이웃을 사랑하며 살고 있는가? 오늘날 우리의 교회는 빈부귀천을 떠나 천주의 사랑 속에서 일체가 된 이웃이라고 말할 수 있는가? 우리가 박해시대의 순교자들에 대하여 특별한 관심을 가지고 알려고 한다면, 그를 통해 그들이 이루었던 참된 교회의 모습을 이 시대에 되살리겠다는 다짐이 함께 할 때에만 그 의미가 있는 것이라고 생각한다.

김대건신부

한국천주교회의 초석

1. 머리말

　김대건 신부는 1821년 8월 21일 충청도 솔뫼에서 태어나, 1846년 9월 16일 한강변의 새남터 형장에서 목이 잘리는 형을 받고 순교하였다. 이처럼 짧은 생애를 살았지만 그가 최초의 한국인 사제로서 한국천주교회의 초석이 되었다는 것을 모르는 사람은 없다. 그러나 그의 생애를 가만히 살펴보면 사제로서 국내에서 활동한 기간은 너무도 짧았다. 그가 천신만고 끝에 국내에 몰래 들어와 서울에 도착한 때는 1845년 1월 15일이었다. 그가 신학생으로 선발되어 고국을 떠났을 때가 1836년 12월 3일이었으니, 만 9년 만의 귀국이었다. 그러나 목숨을 건 귀국길의 여독이 채 풀리지도 않았을 때인 1845년 4월 30일, 그는 현석문 등 11명의 조선인 교우들과 함께 제물포를 출발하였으며, 다음 달인 6월 4일 중국의 상해에 도착하였다. 그리고 그해 8월 17일 상해 연안에 있는 금가항 성당에서 페레올 주교로부터 사제서품을 받았다. 그리고 다시 귀국길에 올라 충청도 강경 부근의 황산포 나바위에 도착한 것이 10월 12일이었다. 이때부터 김대건 신부의 본격적인 국내 활동이 시작되었던 것이다.

　그러나 1846년 5월 14일 페레올 주교의 지시에 따라 선교사의 입국로를 개척하기 위해 마포를 출발하여 서해로 나갔다가 6월 5일에 체포되었으며, 그로부터 약 3개월 후 새남터의 형장에서 사형을 받고 순교하였던 것이다. 그러므로 그가 실제로 국내에 머물렀던 기간은 약 14개월 정도에 지나지 않았으며, 사제로서 활동한 기간은 1845년 10월부터 순교하던 1846년 9월까지 약 11개월에 지나지 않았다. 그리고 1846년 6월부터 사형을 받던 9월까지의 3개월간은 체포되어 감옥에 있었던 것이다. 한국인 최초의 신부로서 마음껏 활동한 기간은 이처럼 짧았지만, 그는 200년이 넘는 한국천주교회의 역사에서 뚜렷한 흔적을 남긴 역사적 인물로 기억되고 있다.

김대건 신부의 생애와 활동은 너무도 잘 알려져 있어서 이를 말한다는 것조차 새삼스럽게 여겨질 정도이다. 더욱이 1983년에는 이원순과 허인 두 학자에 의해 『김대건의 편지』(정음사)라는 책이 출판되어 그가 썼던 편지가 읽기 쉽게 번역 정리되어 나왔다. 그리고 1996년에는 한국교회사연구소에서 『성 김대건 신부 순교 150주년 기념 전기자료집』 세 권이 완간되어 그에 관한 자료가 총정리되기에 이르렀다. 이런 노력으로 이제 누구나 마음만 먹으면 쉽게 김대건 신부의 생애와 활동에 대하여 많은 것을 알게 되었다.

그러나 이처럼 김대건 신부에 대해 많은 것을 알고 있는 것과는 달리 그의 신앙과 어렵고 고통에 가득찼던 그의 일생을 깊이 생각하는 사람은 그리 많지 않을 것이다. 특히 그가 체포되어 순교하기까지의 3개월은 그의 생애에서 어쩌면 가장 극적이면서도 가장 힘든 시기였을 것이다. 이때의 사정에 대해서는 21통에 달하는 그의 편지 중 마지막 세 통에도 잘 나타나 있지만, 김대건을 취조하고 문초했던 당시 조선왕조의 공식문서에도 잘 기록되어 있다. 그런 의미에서 감옥에 갇혀 있던 이 시기는 김대건 신부의 생애와 활동을 이해하는 데서 매우 중요한 때라고 생각한다.

조선왕조의 공식문서 중 김대건 신부의 처형에 관계된 자료를 모아 놓은 『성 김대건 신부의 체포와 순교』(성 김대건 신부 순교 150주년 기념 전기 자료집, 제3집)에는 40차례에 달하는 심문자의 문초에 대한 김대건 신부의 답변이 기록되어 있다. 한편 김대건 신부는 감옥에 있는 동안 세 통의 편지를 썼는데 그 가운데 스무 번째의 편지에서 그는 체포되어 심문받던 상황을 페레올 주교에게 상세하게 보고하였다. 만약 김대건 신부의 편지 내용과 조정의 기록이 다르다면 어떤 문제가 생길 것인가? 이러한 차이점으로 인하여 김대건 신부의 편지에 나타난 증언의 진실성에 다만 조금이라도 의문이 제기된다면 어떻게 될 것인가? 그런 점에서 나는 김대건 신부에 관한 조정의 문서를 그의 편지와 함께 검토한다는 것은 그의 전 생애를 이해하는 데서나 한국천주교회 초기의 역사를 이해하는 데서 매우 중요한 일이라고 생각한다.

2. 조선왕조 공식문서에 나타난 문초 기록

김대건 신부가 서해의 등산진에서 체포된 것은 1846년 6월 5일이었다. 그해 6월 10일에 그는 해주에 있는 황해 감영으로 이송되었으며, 6월 13일에 그곳에서 문초를 받았다. 그리고 황해 감사 김정집은 그 결과를 다음과 같이 중앙에 보고하였다.[1]

---

[1] 이 글에서 날짜의 표기는 모두 양력에 의거하였다. 음력으로 밝혀야 할 경우에는 그 앞에 (음)이라는 표시를 달았다.

5월 12일에 포구 주변으로 나가 배를 압류하려 할 때, 문득 한 명이 배 위로 뛰어올라와 서울 양반이라고 하며 진장을 공갈하는데, "말하는 것을 듣고 얼굴 모양을 보니 아주 수상한 것이 우리나라 사람과는 현저히 달랐습니다." (여러 번 힐문하니) "성명은 김대건이요 나이는 이제 25세로, 본래 중국 광동(廣東) 사람이고, 평소에 천주교(洋敎)를 봉행하였으며, 갑진년(1844) 11월에 강을 건너 이리저리 서울에 도착하였고, 금년 4월 18일에 한강 마포에서 임성룡(林成龍 베드로)의 배를 함께 타고 이곳에 이르렀다."고 하였습니다.[2]

즉 황해 감사 김정집(金鼎執)은 김대건의 간단한 체포 경위와 그가 천주교 신자임을 지적하고, 그가 중국 광동 사람인 것 같다고 보고하였던 것이다. 그리고 천주교 책자 및 성모와 아기 예수상 등 김대건으로부터 압류한 물품을 동봉한다고 밝히고 있다.

이런 보고에 접한 당시의 국왕 헌종은 이는 국가의 중대사이니 이를 엄중히 조사하라는 명을 내리게 되었으며, 그에 따라 다음날인 1846년 6월 14일 비변사에서는 이 죄인들을 잡아 올리도록 건의하였다. 이에 당일 포도청에서는 군관과 군사를 황해도의 해주로 파견하였으며, 6월 18일 황해 감사는 김대건 일행을 이들에게 넘겨주었다. 그리고 6월 21일 이들은 서울의 포도청에 도착하였다. 이후 포도청에서는 김대건에 대하여 40차례의 심문을 하였으며, 그에 대한 답변이 주로 『일성록』에

---

[2] 이 자료는 『일성록』 병오 (음)5월 20일조에 기록되어 있으나, 한국교회사연 구소 편, 『성 김대건 신부의 체포와 순교』(성 검대건 신부 순교 150주년 기념 전기 자료집, 제3집, 1996), pp. 22-23에도 원문과 번역문이 아울러 실려 있다.

실리게 되었다. 그러나 『해서문첩록』이라는 자료에는 김대건이 체포되어 한양으로 압송되기 이전 황해 감영에서의 문초 기록이 남아 있어서 많은 도움이 된다.

(1) 황해 감영에서의 문초

6월 13일 해주 감영에서의 첫 문초에서 김대건은 자신이 중국의 광동성(廣東省) 오문현(吳門縣, 마카오) 사람이며, 실제의 성과 이름은 우대건(于大建)이며, 15-6세에 천주를 배우고, 1844년 11월 압록강을 건너, 1845년 8월에 서울에 도착했다고 진술하였다. 체포 당시 자신이 지니고 있던 책자는 천주교회의 중요한 책자이며, 인물상은 아기 예수와 성모상임을 밝혔다.[3]

제2차 문초에서 관련자를 모두 대라는 심문을 받았다. 이에 대하여 김대건은,

… 의복과 음식을 맞바꾸는 사이에 비록 친하게 알게 된 사람이 없었던 것은 아니지만, 만일 누구라고 말하면 그 사람은 반드시 앞으로 저와 연관되어 해를 받을 것이므로, 비록 갖가지로 악형을 가하고 즉시 머리를 벤다 해도 제가 계율로 삼는 바로는 결코 지목하여 말할 리가 없습니다.[4]

라고 답변하면서 진술을 거부하였다.

---

3) 『성 김대건 신부의 체포와 순교』, pp. 33-35.
4) 위의 책, pp. 37-39.

3차 심문에 앞서 선주인 임성룡에 대한 심문이 있었는데, 이때 임성룡은 이렇게 진술했다.

김대건은 한강에서 내려오는 길에 산과 물길들을 가는 곳마다 그렸는데, 강화 앞 바다에 이르러서는 그린 것을 펴놓고 살피다가 회오리바람 때문에 잃어버렸습니다. 강화에서부터는 그림을 그리기 시작하였는데 말과 행동이 많이 수상했습니다. 하루는 저에게 말하기를 "천주학은 아주 좋은 것이니 당신도 이를 배우시오."라고 했으므로 비로소 천주교의 무리인지 알았지만, 무식한 소치로 따라 배우기를 원하지는 않았습니다.5)

김대건이 가는 곳마다 지도를 그렸음을 밝히면서 불리한 증언을 하였다. 그러자 김대건에 대한 3차 심문에서는 그의 입국 목적과 지도를 그린 이유를 집중적으로 추궁하였다. 물론 김대건은 "다만 유람하면서 천주교를 봉행하였을 뿐"이며, 그림(지도)을 그린 이유는 "책을 읽는 사람이 널리 서책을 구해 읽는 것과 다름이 없"는 행위였다고 진술하였다.6) 이어서 황해 감영에서는 선주 임성룡과 사공 엄수에 대한 추가 심문을 통해 의심스러운 점을 더욱 캐고 들었으며, 그 결과를 가지고 김대건에 대한 4차 심문을 폈다. 즉 선주와 사공에 대한 심문 결과와 김대건의 진술에 차이점이 있는 것을 가지고 추궁하였던 것이다. 그러나 김대건은 처음과 마찬가지의 진술을 계속하면서, 이 사건이 조용히 마무리

---

5) 위의 책, p. 43.
6) 위의 책, p. 49.

될 수 없다는 점을 깨달았던 것 같다. 그러기에 그는 4차 심문에 대한 마지막 진술에서 다음과 같이 말했던 것이다.

> 한 번 나고 한 번 죽는 것은 인간이면 면할 수 없는 것인데, 이제 천주를 위해 죽게 되었으니 도리어 이것은 제가 원하는 것입니다. 오늘 묻고 내일 묻는다 해도 오직 마땅히 이와 같이 대답할 뿐이요, 때리든 죽이든 또한 마땅히 이와 같을 뿐입니다. 빨리 때려 빨리 죽이십시오.[7]

김대건은 대질 심문자들의 엇갈리는 진술 때문에 자신이 면하기는 어려울 것을 짐작하고 이때에 죽음을 각오하였던 것이다.

이러한 김대건의 완강한 태도에 대하여 황해 감사는 당황하였다. 그는 김대건이 거짓말을 하고 있다는 것을 알았으며, 중국 배를 통해 편지를 전하려는 것임을 간파하였으나, 김대건이 사실대로 자백하지 않으리라는 것도 파악할 수 있었다. 김대건에 대한 4차례의 심문 결과를 토대로 중앙에 최종 보고서를 쓰면서, 황해 감사는, "여러 가지 형구를 늘어놓고 반복하여 힐문하였으나 끝내 말하기를 '천주를 위하여 한 번 죽겠다.'고 하면서 마음을 잃으면서도 변명하고 끝까지 자백하지 않으니, 마땅히 중한 형벌을 가하여 기어이 사실을 알아내야 할 것인데, 외국 사람과 관련되었으니 갑자기 처단하기가 어렵습니다."[8]라고 실토하였던 것이다. 그는 이 문제의 처리를 중앙에 위임할 수밖에 없었던 것이다. 그

---

7) 위의 책, p. 63.
8) 위의 책, p. 65.

리하여 김대건이 일련의 절차를 걸쳐 한양으로 압송된 것은 1846년 6월 21일이었다.9)

김대건이 압송된 그 다음 날 황해 감영에서는 김대건이 중국 배에 맡겼다는 지도 1장과 편지 6장을 발견했다는 보고를 해왔다. 이런 일련의 사건은 김대건의 처리 문제에 대한 조정의 태도를 경직시켰으며, 마침내 당시의 영의정 권돈인(權敦仁)은,

> 비록 황해도에서 조사한 것만 보더라도 김대건은 완고하고 방자함을 믿고 독하게도 한결같이 복종하여 자백하지 않았습니다. 찾아온 시찰은 모두 서양 편지로 어떤 말인지 알지 못하겠으나, 애초부터 집안 식구에게 소식을 전한 것이 아니라 모두 도당들과 왕복한 것입니다. 하물며 편지 안에 있는 지도를 언문으로 해석하였으니, 그가 우리나라의 습속에 익숙하다는 것을 알겠습니다. 만일 근저까지 조사하여 근본 소굴을 타파하지 않는다면 또 얼마나 되는 대건 같은 자가 어느 땅에 숨어들지 알 수 없으니, 어찌 두렵지 않겠습니까?10)

라고 하면서 김대건을 엄하게 심문할 것을 요구하였으며, 당시의 국왕인 헌종은 이러한 요청을 수락하였다. 그리하여 포도청에서의 긴 심문이 시작되었던 것이다.

---

9) 이 사실은 「우포도청등록」 병오 (음)5월 29일조에 기록되어 있으며, 이런 기록은 『김대건 신부의 체포와 순교』, p. 73에도 나온다.
10) 위의 책, p. 81.

(2) 포도청에서의 문초

포도청에서의 제1차 문초는 1846년 6월 23일에 있었으며, 이에 대한 김대건의 진술은 11회에 걸쳐서 이루어졌다. 이때에 포도청에서는 김대건과 관련된 사람들과 그가 중국인으로서 왜 조선에 입국하였는지를 알고자 하였다. 이에 대하여 김대건은 여섯 번째 진술에서 자신이 중국인이 아니라 용인에서 태어난 김재복임을 밝혔으며, 모방 신부로부터 신학생으로 선발되어 다른 두 명과 함께 중국에 간 사연, 그 중에서도 최방제가 병사한 일 등에 대하여도 진술하였다. 그러나 관련자에 대해서는 시종일관 사실을 대지 않았다. 다섯 번째 진술에서 "제 일에 혹 연루된 자가 있다고 해도 체포하지 말도록 하고 또한 목숨을 해치지 말도록 한다는 뜻으로 글을 써주신다면 마땅히 낱낱이 직고하겠습니다."[11] 라고 말한 그는, 아홉 번째 진술에서 다음과 같이 이러한 뜻을 더욱 분명하게 표명하였다.

저의 (천주)학에서는 다른 사람을 밀고하지 않는 것을 법계로 삼고 있으니, 비록 교우가 있다 하더라도 차마 털어놓을 수 없습니다. 하물며 (천주)학을 전한 곳이 없는데, 어찌 다른 교우가 있겠습니까? 특별히 아뢸 것이 없습니다.[12]

이로써 포도청에서는 김대건의 아버지 김제준(金濟俊, 이냐시오)이 참수되었다는 사실을 확인하였으며, 이에 따라 중국인 김대건에 대한 심

---

11) 위의 책, p. 85.
12) 위의 책, p. 91.

문은 천주교 신자 중에서도 가장 중요한 지도급 인사로 밝혀진 국내인에 대한 심문으로 바뀌게 되었다. 이에 대하여 헌종은 "김대건이 중국 배에 편지와 지도를 부쳐 보낸" 의도를 철저하게 밝히라고 거듭 명령하였던 것이다.13)

포도청에서는 김대건의 신원이 밝혀지면서 그와 관련된 사람들을 색출하고자 노력하였다. 이미 기해박해(1839년) 때에 세 명의 프랑스 신부와 함께 정하상, 조진길 등 국내 인사들이 함께 연루되었음을 잘 알고 있기에 정부에서는 김대건이 중국에서 입국하여 활동하는 데도 반드시 협력한 사람이 있을 것이라고 판단하였다. 그리하여 1846년 6월 26일 포도청에서는 제2차 문초가 시작되었다.

그러나 김대건은 조선에서는 천주교를 나라에서 철저하게 금하고 있기 때문에 다른 사람들에게 천주교를 권할 수 없었으므로 "특별히 다른 교우는 없으며, 또한 달리 왕래한 곳도 없다."고 답변하였다.14) 그러므로 자신과 연루된 다른 역관은 없으며, 중국으로 보낸 편지도 단순한 문안 편지에 지나지 않는 것이라고 답변하였다. 그는 이미 자신과의 관련설로 추적을 당하고 있는 이재용 이외의 누구의 이름도 밝히지 않으려고 작정하였다. 그러기에 2차 문초의 마지막에서는 "저의 사정은 앞서 말씀드린 것과 같을 따름이니, 오직 빨리 죽기를 원합니다."15)라고 진술을 거부하였다. 이와 같은 김대건의 완강한 태도는 2차 문초를 끝

---

13) 포도청에서의 제1차 문초에 대하여는 「일성록 병오」 (음)5월 30일조에 기록 되어 있는데, 이 자료는 『성 김대건 신부의 체포와 순교』, pp. 83-95에 실려 있다.
14) 『성 김대건 신부의 체포와 순교』, p. 101.
15) 위의 책, p. 103.

내고 올린 포도청의 다음과 같은 보고서에도 잘 나타나 있다.

> 산천을 그린 간교한 정상과 중국 배에 편지를 전한 은밀한 사정은 여러 번 두루 힐문하였으나 끝내 바른 대로 말하지 아니하였고 … 다만 한 번 죽기를 원할 뿐 형장(刑杖)을 겁내지 않는다고 하니, 잠시 가두어 두고 이재용, 구순오 등이 체포되어 오기를 기다려 깊이 추궁할 것입니다.16)

김대건을 심문한 포도청의 관리들은 그가 죽음도 두려워하지 않고 바른말을 대지 않으므로 더 이상 자세한 내용을 알아낼 수 없었던 것이다. 그러므로 김대건과의 관련은 드러났으나 현재 피신중인 이재용과 구순오를 체포한 다음에 더 깊이 추궁할 것이라고 보고하였다. 그러나 국왕인 헌종은 "기찰 정탐의 절차는 기한을 정하여 엄하고 급히 하되, 감히 조금이라도 장난처럼 쉬는 양으로 하지 말라."17)고 하면서 더욱 관련자의 체포에 조금이라도 소홀함이 있어서는 안 된다고 엄명하였던 것이다.

이러한 왕명에 따라 제3차 문초가 행해진 것은 1846년 6월 30일이었다. 이때에 14차례에 걸친 심문과 답변이 있었다. 심문관은 우선 서양어로 된 편지를 김대건이 직접 쓴 것인지를 확인하기 위해 필적을 조사하려 하였다. 서양의 선교사가 국내에 있는지 여부를 판단하려 한 이러한 의도를 잘 알고 있는 김대건은 심문관 앞에서 쓴 글씨가 편지의 그

---

16) 위의 책, p. 103.
17) 위와 같음.

것과 다른 점이 있다면 편지는 철필로 쓴 반면에 지금 쓴 것은 붓으로 쓴 것이기에 그런 차이가 난다고 답변하였다.18) 그리고 국내에서 천주교를 아무리 금해도 결코 막을 수 없는 사유를 다음과 같이 말하였다.

서양 나라의 법은 반드시 천주교를 천하에 널리 펴고자 하므로 신부를 다른 나라에 보내고 아무쪼록 도와줍니다. 이전에 조선에 나온 사람들이 차례로 죽임을 당했는데, 이제 또 저를 보내고 비용을 아까워하지 아니하니, 제가 죽으면 또 당연히 신부·주교 등의 사람들이 나올 것입니다. 이와 같은 경우는 아마도 영영 금할 수 없을 것이니, 장차 어떻게 하시겠습니까? 일본 역시 신부가 몰래 들어가 비밀리에 전교합니다.19)

김대건 신부는 이미 여러 명의 서양인 신부를 죽이고 또 이번에 자신을 죽인다 해도 서양에서 계속 신부나 주교가 파견될 것이므로, 영원히 천주교를 금할 수 없을 것임을 천명하였다. 그는 조금도 굴하지 않았던 것이다. 그리고 관련자를 대라는 심문에 대해서는, "천주교인이 체포되는 것은 모두 교우들이 고발하는 데서 나오기 때문에 내력과 거주를 서로 묻거나 듣지" 않으므로 알 수 없다고 답변을 거부하였다.20) 그러자 포도청에서는 제3차 문초 결과를 보고하면서, "여러 차례 엄히 추궁하였는데도 갈수록 입을 다무니 엄히 가두어" 두었다21)고 하였던 것이

---

18) 『성 김대건 신부의 체포와 순교』, p. 111.
19) 위의 책, p. 115.
20) 위의 책, p. 117.

다.22)

이런 식으로 김대건은 6차례에 걸친 문초에서 40차례 진술을 계속하였다. 그러나 그의 태도는 시종일관하였으며, 어떠한 경우에도 겁을 먹고 관련자를 대거나 또는 신부로서 자신에게 부여된 소명을 회피하려고 하지 않았다. 그러므로 그에게는 1846년 9월 15일 군문효수(軍門梟首)의 형이 확정되었으며, 그 다음 날인 9월 16일에 새남터의 형장에서 형이 집행되었던 것이다.

3. 김대건 신부의 열아홉 번째 편지

김대건이 체포되어 포도청에 압송되고, 거기에서 6차례에 걸친 문초를 마친 것은 1846년 7월 19일이었다. 이후 그는 처형 될 때까지 감옥에 수감되어 있었는데, 이때에 그는 모두 세 통의 편지를 썼다. 김대건 신부가 남긴 편지는 모두 21통인데, 이 가운데 열아홉 번째 편지는 그해 7월 30일에 쓰여진 것이다.23)

이 편지는 제4대 조선 대목구장을 지낸 베르뇌 신부를 비롯하여 메스트르 신부, 리부아 신부 및 르그레주아 신부 등 4명 앞으로 된 것이었다. 이 편지에서 그는 페레올 주교의 명에 따라 백령도로 항해하였으며, 서해상에서 중국 어선들을 만나 신부님들에게 보내는 여러 통의 편지를

---

21) 위와 같음.
22) 포도청에서의 제3차 문초에 대하여는 『일성록』 병오 (음)윤5월 7일조에 기록되어 있으며, 이것은 『성 김대건 신부의 체포와 순교』, pp. 105-117에 실려 있다.
23) 이 열아홉 번째 편지는 한국교회사연구소 편, 『성 김대건 안드레아 신부의 서한』(성 김대건 신부 순교 150주년 기념 전기자료집, 제1집, 1996), pp. 353-359에 번역되어 있다.

보내게 된 경위와 그 편지를 빼앗기고 자신도 체포된 사실들을 간략하게 서술하였다. 그리고 자신들이 포승에 묶여 한양으로 압송될 때, "모든 무리들이 우리를 구경하기 위해 달려들 왔습니다."24)라고 당시의 광경도 묘사해 두었다. 그리고 자신이 문초를 받고 감옥에 있던 사정을 다음과 같이 썼다.

저는 편지들 때문에 많은 문초를 받았습니다. 함께 갇혀 있는 교우들에게 저는 고해성사로 힘을 북돋우고 있습니다.25)

그는 거듭되는 문초 때문에 상당한 시달림을 받았지만, 감옥에서는 교우들에게 고해성사를 베푸는 등 사제로서의 자세를 잃지 않고 있었던 것이다. 그러나 이 간단한 편지는 체포와 심문의 경위를 밝히려는 것이기보다는 위에서 열거한 신부들에게 이승에서의 마지막 작별 인사를 하는 것이 목표였다. 그러므로 이 편지의 끝부분에서 그는 "공경하올 신부님들께 마지막 인사드립니다."라고 썼다. 그리고 자신을 가르치고 이끌어 주었던 신부들의 이름을 하나하나 거명하면서 "안녕히 계십시오."라고 일일이 마지막 인사를 드리고 "미구에 천당에서 영원하신 성부 대전에서 다시 만나 뵙기를 바랍니다."라고 하였던 것이다. 그러면서 그는 특별히 최양업 신부에게 마지막 인사와 함께 자신의 어머니를 당부하는 말을 이렇게 남겼다.

---

24) 『성 김대건 안드레아 신부의 서한』, p. 355.
25) 위의 책, p. 357.

지극히 사랑하는 나의 형제 토마스. 잘 있게. 천당에서 다시 만나세. 나의 어머니 우르술라를 특별히 돌보아 주도록 부탁하네.

그는 지극히 담담한 어조로 표현하였지만, 여기에는 최양업 신부에 대한 깊은 우정과 신뢰, 그리고 불쌍한 어머니의 운명에 대한 큰 슬픔이 그대로 담겨 있었던 것이다. 사실 그가 압록강을 건너 입국하지 못하고 요동 일원에서 머물고 있을 때였던 1843년 1월에 보낸 여섯 번째의 편지에 풍문에 들은 부모님들에 대한 소식을 이렇게 적어두었다.

저의 형제 토마스(최양업)의 부모도 살해되었는데, 부친(최경환 프란치스코)은 곤장으로, 모친(이성례 마리아)은 칼을 받아 순교의 화관을 받았다고 합니다. 저의 부모 역시 많은 고난을 당하여 부친(김제준 이냐시오)은 참수되셨고, 모친(고 우르술라)은 의탁할 곳이 없는 비참한 몸으로 이곳저곳의 신자들의 집들을 떠돌아다니고 있다고 합니다.26)

최양업과 김대건은 동시에 신학생으로 뽑혀 중국에 갔는데, 그 부모님들 모두가 이처럼 처참하게 목숨을 잃었던 것이다. 김대건은 그의 불쌍한 어머니를 최양업에게 특별히 당부함으로써 그의 깊은 우정을 표함과 동시에 최양업 신부가 언젠가는 고국에 돌아와 자신의 뒤를 이어 신자들을 돌볼 목자가 되리라는 기대와 희망을 표현한 것이었다.

---

26) 위의 책, p. 89.

4. 김대건 신부의 스무 번째 편지

　김대건 신부는 1846년 8월 26일 페레올 주교에게 편지를 썼는데, 이것은 그의 스무 번째 편지였다. 그리고 이로부터 20여일 후 처형되었다. 이 스무 번째 편지는 열아홉 번째 편지와는 달리 자신이 체포되어 심문을 받던 전 과정에 대하여 상세하게 기록한 것이다. 그는 자신이 붙잡히고 심문받고 하던 내용을 상세하게 자신의 주교에게 보고해야 할 필요성을 느꼈던 것 같다. 이 편지를 보면 그가 서해에서 체포된 것은 실로 우연한 일 때문이었음을 알 수 있다. 당시 등산진(登山鎭)의 첨사(僉使)는 그곳에 불법적으로 와 있던 중국 배를 물리치기 위해 여러 배를 징발하였는데, 김대건이 탄 배도 그 대상이 되었던 것이다. 그러나 김대건 자신은 그곳 사람들에게 서울 양반으로 통하고 있었으며, 또 양반의 배는 징발할 수 없게 되어 있으므로 그 청을 거절하였다. 그러나 그곳의 포졸들이 자신의 사공을 체포해 가면서 예측할 수 없었던 일이 발생한 것이었다. 말하자면 체포된 사공들이 자신들의 위험을 모면하기 위해 김대건에게 불리한 증언을 한 것이며, 이로 인하여 포졸들은 김대건의 "머리털을 잡아 한 움큼 뽑아내고" "줄로 묶고, 발로 차고, 주먹으로 때리고, 매질을" 하였다. 이에 사공들은 다 도망가고 말았다.[27]

　그리고 나서 그는 그곳의 관장인 등산진 첨사 앞으로 끌려갔으며, 많은 사람들이 보는 앞에서 천주교인으로서 문초를 받게 되었던 것이다. 생각지도 않던 우연한 사건으로 천주교도임이 탄로났지만 김대건은 이것을 모면하기 위해 애쓰지 않았다. 그는 오히려 그의 천주 신앙을 열

---

27) 위의 책, p. 365.

렬하게 증언하였던 것이다. 당시 등산진의 관장 앞에서 신앙을 증거하던 자신의 모습을 그는 이렇게 적어두었다.

"왜 왕명을 거슬러 그 종교를 믿는 거요? 그 교를 버리시오."
"나는 그 교가 참되기 때문에 믿는 거요. 그 교는 천주를 공경하도록 나를 가르치고 나를 영원한 행복으로 인도해 주오. 배교하기를 거부하오."
"(고문을 가하면서) 배교를 하지 않으면 곤장으로 쳐죽이게 하겠소."
"좋을 대로 하시오. 그러나 나는 절대로 내 천주를 배신하지 않을 것입니다. 내 교의 진리를 듣고 싶으면 들어보시오. 내가 공경하는 천주는 천지신인 만물의 조물주이시고 상선벌악하시는 분이오. 그러므로 사람이라면 누구나 그에게 공경을 드려야 하오. 관장님, 천주님의 사랑을 위해 고문을 받게 해준 데 감사하오. 그리고 내 천주께서 당신을 더 높은 벼슬에 오르게 하여 그 은혜를 갚아 주시기를 기원하오."

이 말에 관장은 모인 모든 사람들과 함께 웃어댔습니다. 그러자 여덟 자 길이의 칼을 제게 갖고 왔습니다. 저는 즉시 그것을 들어 직접 제 목에 씌웠습니다. 좌중의 곳곳에서 웃음이 터져 나왔습니다. … 저의 손과 발, 목과 허리는 단단히 묶여 있어서 걸을 수도 앉을 수도 누울 수도 없었습니다. 저는 또 저를 구경하러 모여든 군중들로부터도 괴롭힘을 당하였습니다.[28]

---

28) 위의 책, p. 367.

그는 황해 감사 앞에 끌려나갔을 때의 사정도 상세하게 기록하였다. 거기서도 온갖 형구를 꺼내놓고 바른말을 하지 않으면 고문하겠다는 위협을 받았지만, 그는 조금도 동요하지 않았다. 이것은 황해 감사가 김대건을 문초하고 난 다음 중앙에 보고한 내용과 완벽하게 일치하는 것이었다. 그 보고서에서 황해 감사는 "여러 가지 형구를 늘어놓고 반복하여 힐문하였으나 끝내 말하기를 '천주를 위하여 한 번 죽겠다.'고 하면서 마음을 잃으면서도 변명하고 끝까지 자백하지 않았다."고 썼는데,[29] 이것은 김대건의 스무 번째 편지에 묘사된 것과 완벽하게 일치하고 있다.

포도청에서 제1차 문초를 받았을 때 그 여섯 번째 진술에서 김대건은 자신은 중국인이 아니라 용인에서 태어난 조선인이며, 모방 신부에게 선발된 세 명의 신학생 중 하나임을 밝혔지만, 왜 이런 사실을 다 털어놓았는지에 대해서는 아무런 기록이 없었다. 그러나 이 스무 번째의 편지를 보면, 이미 1839년 배교자 김여상의 밀고로 조선 소년 세 명이 신학생으로 선발되어 중국에 보내졌다는 사실을 조정에서 알고 있었을 뿐 아니라, 이번에 붙잡힌 교우 중 한 사람이, 김대건은 이 나라 사람이라고 고해바쳤던 까닭에 결국 자신의 신분을 다 말하게 되었다고 밝히고 있다.[30]

김대건을 심문한 포도청에서도 배교를 명하였지만 김대건은,

임금 위에 천주님이 계신데 그분이 자신을 공경하도록 명하시므로 그분을 배반하는 것은 임금의 명령이 정당화시킬 수 없는 범죄[31]

---

29) 『성 김대건 신부의 체포와 순교』, p. 65.
30) 『성 김대건 안드레아 신부의 서한』, p. 373.

라고 대답하였음을 알 수 있다.

　이렇게 서해에서 체포된 이래 등산진과 해주 감영을 거쳐 서울의 포도청에서 심문을 받고 옥중에서 처분을 기다리던 사정을 그는 페레올 주교에게 긴 편지로 남겨두었던 것이다. 그는 작별 인사 겸 그간의 보고서를 자신의 주교에게 제출하였던 것이다. 그러면서도 그 편지의 마지막에서 그는 다시 한 번 그의 어머니를 부탁하면서 이 편지를 끝냈다.

　저의 어머니 우르술라를 주교님께 부탁드립니다. 10년이 지나 며칠 동안 아들을 볼 수 있었으나 다시 곧 아들과 헤어져야 하였습니다. 부디 슬퍼하실 어머니를 위로하여 주십시오. 정신적으로 주교님의 발아래 엎드려 지극히 사랑하올 저의 아버지이시며 지극히 공경하올 저의 주교님께 마지막 인사를 드립니다.32)

　천주의 신앙을 그처럼 당당하게 증거하던 김대건도 남편과 아들이 연이어 처형되는 것을 보고 살아남을 어머니를 생각하면 슬픔을 금할 수가 없었던 것이다. 그는 늘 자신의 의지가 꺾일까 불안하였다. 그래서 그는 기도하였으며, 최양업 신부와 페레올 주교에게 거듭 어머니를 당부하였던 것이다. 그러나 그는 개인적인 감회와 슬픔에만 젖어 있을 수도 없었다. 이끌어 줄 목자가 없이 방황하던 신자들이 다시금 버려진다고 생각할 때 그는 심각한 책임감을 느끼지 않을 수가 없었다. 그는 죽음을 목전에 두고서 어떠한 경우가 닥치더라도 신앙을 잃지 않도록 신

---

31) 『성 김대건 신부의 체포와 순교』, pp. 375-377.
32) 『성 김대건 안드레아 신부의 서한』, p. 381.

자들에게 당부하는 말을 이렇게 남겨두었다.

이런 황황한 시절을 당하여, 마음을 늦추지 말고 도리어 힘을 다하고 역량을 더하여, 마치 용맹한 군사가 병기를 갖추고 전장에 있음 같이 하여 싸워 이길지어다. 부디 서로 우애를 잊지 말고 돕고 아울러 주 우리를 불쌍히 여기사 환난을 걷기까지 기다리라. 혹 무슨 일이 있을지라도 부디 삼가고 극진히 조심하여 위주광영(爲主光榮)하고 조심을 배로 더하고 더하여라. …

우리는 미구에 전장에 나아갈 터이니 부디 착실히 닦아, 천국에서 만나자. 마음으로 사랑하여 잊지 못하는 신자들에게, 너희 이런 난시를 당하여 부디 마음을 허실히 먹지 말고 주야로 주우를 빌려, 삼구를 대적하고 군난을 참아 받아 위주광영하고 너희들의 영혼 대사를 경영하라. … 할 말이 무수하되 거처가 타당치 못하여 못한다. 모든 신자들은 천국에서 만나 영원히 누리기를 간절히 바란다. 내 입으로 너희 입에 대어 사랑을 친구(親口)하노라. … 내 죽는 것이 너희 육정과 영혼 대사에 어찌 거리낌이 없으랴. 그러나 천주 오래지 아니하여 너희에게 내게 비겨 더 착실한 목자를 상주실 것이니, 부디 설워 말고 큰 사랑을 이뤄, 한몸같이 주를 섬기다가 사후에 한가지로 영원히 천주대전에 만나, 길이 누리기를 천만천만 바란다. (1846. 음력 7. 30. 제25신. 감옥에서 조선의 교우들에게)[33]

---

[33] 이원순·허인 편, 『김대건 신부의 편지』(정음사, 1983), pp, 274-275. 이 편지는 『성 김대건 안드레아 신부의 서한』에서는 스물 번째 편지로 되어 있으나 『김대건 신부의 편지』에서는 스물다섯 번째 편지로 되어 있다. 이원순·허인은 교회 창설과 순교와 박해에 대한 보고서를 모두 별도의 편지로 본 반면, 『성 김

5. 김대건 신부의 순교

김대건 신부가 순교한 지 50여 일이 지난 후인 1846년 11월 3일, 페레올 주교는 파리 외방전교회의 바랑(Jean Barran, 1798-1855) 신부에게 김대건에 관한 장문의 편지를 썼다. 이 편지의 원문과 번역문이 「성 김대건 신부의 체포와 순교」에 실려 있어서 누구나 쉽게 읽을 수 있게 되었다. 그리고 이 편지를 통해 김대건 신부가 순교하던 때의 상황에 대해서 비교적 상세하게 알게 되었던 것이다.

김대건 신부는 감옥에서 처형을 기다리던 때 그의 스무 번째 편지를 페레올 주교에게 보낸 적이 있을 뿐 아니라, 바로 그로부터 사제서품을 받았던 것이므로, 이 두 사람의 인연은 보통이 아니었다. 페레올 주교가 이 편지를 쓸 때 그는 충청도 지역의 산곡 수리치골에 있었다.34) 그러므로 그는 김대건 신부의 마지막 모습에 대해서 아직도 생생한 기억을 지닌 사람들이 많았을 때, 이것을 수집할 수 있는 좋은 위치에 있었다. 그런 의미에서 페레올 주교의 이 편지는 김대건 신부의 생애를 이해하는 데서 특별한 가치를 지니고 있다.

페레올 주교의 편지에는 새남터 형장에 끌려가 처참하게 처형되는 김대건 신부의 모습이 이렇게 묘사되어 있다. 이 편지의 기록은 너무나 생생해서 부족한 나의 말을 덧붙이기보다는 길더라도 그 전부를 인용하는 것이 좋을 듯하다.

『대건 안드레아 신부의 서한』에서는 이것을 별도의 보고서로 보고 편지로 분류하지는 않았기에 이런 차이가 난다.
34) 이에 대해서는 『성 김대건 신부의 체포와 순교』, p. 151을 참조할 것.

(1846년) 9월 16일 군사 한 중대가 어깨에 총을 메고 서울에서 10리 떨어진 강가(즉 새남터)에 있는 처형 장소로 갔다. 조금 후에 일제 사격과 나팔소리가 높은 군관의 도착을 알렸다. 그 동안 죄수는 옥에서 끌려나왔다. 길다란 나무채 두 개로 투박하게 가마가 만들어지고 나무채 가운데에 짚으로 자리를 짜매었다. 거기에다가 손을 등 뒤로 결박한 (김대건) 안드레아를 앉히고 많은 군중 사이로 승리의 전장으로 그를 이끌고 갔다.

군사들은 모래에 창을 하나 박았는데 그 꼭대기에는 깃발이 펄럭이고 있고 군사들은 그 둘레로 죽 둘러서 있었다. 그들은 원의 한쪽을 터서 그 안으로 죄수를 받아들였다. 관장은 그에게 선고문을 읽어주었다. 선고문은 그가 외국인과 교섭을 가졌기 때문에 사형선고를 내린다고 적혀 있었다. 김(대건) 안드레아는 크게 소리쳤다. "나는 이제 마지막 시간을 맞이하였으니 여러분은 내 말을 똑똑히 들으십시오. 내가 외국인들과 교섭을 한 것은 내 종교를 위해서였고 내 천주를 위해서였습니다. 나는 천주를 위하여 죽는 것입니다. 영원한 생명이 내게 시작되려고 합니다. 여러분이 죽은 뒤에 행복하기를 원하면 천주교를 믿으십시오. 천주께서는 당신을 무시한 자들에게는 영원한 벌을 주시는 까닭입니다."

이 말을 하고 나자 옷을 반쯤 벗기었다. 관례에 따라 그의 양쪽 귀를 화살로 뚫고 화살을 그대로 매달아 두고 얼굴에 물을 뿌리고 그 위에다 회를 한줌 뿌렸다. 그런 다음 두 사람이 그의 겨드랑이에 몽둥이들을 꿰고 그를 어깨에 멘 채 그 원 둘레로 빨리 세 번을 돌았다. 그런 다음 그의 무릎을 꿇리고 머리채를 새끼로 매어 말뚝 대신

꽂아 놓은 창자루에 뚫린 구멍에 꿰어 반대쪽에서 그 끝을 잡아당겨 머리를 쳐들게 하였다. 이런 준비를 하는 동안 순교자는 냉정을 조금도 잃지 않았었다. 그는 망나니들에게 말하였다. "이렇게 하면 제대로 되었소? 마음대로 칠 수가 있겠소?" "아니오. 몸을 조금 돌리시오. 이제 됐소." "자, 치시오. 나는 준비가 되었소."

칼을 든 군사 12명이 싸움하는 흉내를 내면서 (김대건) 안드레아의 주위를 빙빙 돌며 제각기 순교자의 목을 쳤다. 머리가 여덟 번째 칼을 맞고야 떨어졌다. 포졸 하나가 머리를 조그만 소반에 올려놓아 가지고 관장에게 보여주니, 그는 형 집행을 조정에 보고하려고 즉시 떠나갔다.

1821년 8월에 충청도에서 태어난 (김대건) 안드레아는 만 25세였다.[35]

김대건 신부의 처형 장면을 이처럼 생생하고 냉정하게 기록한 다음, 자신의 심정을 이렇게 적어두었다.

이 젊은 방인 신부를 잃은 것이 내게 얼마나 가혹한 것이었는지를 신부님은 쉽사리 생각하실 수 있을 것입니다. 나는 그를 아버지가 아들을 사랑하듯 사랑하였으므로 그의 행복만이 그를 잃는 데 대한 위로가 될 수 있습니다. 그는 그의 나라에서 사제품에 오른 사람으로는 처음이고 또 지금까지는 유일한 사람이었습니다. 성직자로서의 교육

---

[35] 이상 인용문은 『성 김대건 안드레아의 체포와 순교』, pp. 161-163.

에서 그의 동포보다 훨씬 뛰어난 사상을 얻었습니다. 그의 열렬한 신앙심, 솔직하고 진실한 신심, 놀랄 만큼 유창한 말씨는 대번에 신자들의 존경과 사랑을 그에게 얻어주는 것이었습니다. 성직을 행하는 데 있어서 그는 우리가 바라던 것보다 더 나았고, 몇 해 동안만 실천을 하였더라면 지극히 유능한 신부가 되었을 것입니다. 그가 조선에서 태어났다는 것을 거의 알아차리지 못할 지경이었습니다. 그에게는 어떤 일이라도 맡길 수가 있었으니 그의 성격과 태도와 지식은 그 성공을 확실히 하여주는 것이었습니다. 조선 포교지가 지금 처해 있는 처지로 보아서 그를 잃는 것은 엄청나고 거의 회복할 수 없는 불행이 되는 것입니다.36)

페레올 주교의 이런 언급은 앞서 살펴본『일성록』등 조정의 공식 문초 기록과 비교해 볼 때 조금도 과장이 아님을 알 수 있다.

김대건 신부의 최후에 대해서는 시복 재판을 위한 증언 기록을 통해서도 많은 것을 알 수 있다. 그 가운데 36번 증인이었던 박 글라라는,

(형지를 갈 때) 신부를 조잡한 의자에 앉혔다. 두 다리를 두 막대기에 붙잡아 댔고, 두 손은 등 뒤로 묶고 머리털은 풀어서 의자 앞에 묶었다. 그때 신부는 자색 겹조끼와 바지를 입고 있었는데, 바지는 중국 무명으로 된 것이었다. 나는 신부를 직접 보러 네거리까지 갔다. 신부는 얼굴에 슬픈 기색이 없었다.37)

---

36) 위의 책, p. 231.
37) 위의 책, p. 231.

라고 증언하였는데, 이것은 페레올 주교의 편지 내용과 거의 일치하고 있음을 알 수 있다.

또한 "신부가 형지로 갈 때, 나는 서소문에서부터 새남터까지 행렬을 따라갔다. 당고개에서 한 번 멈추었다. 그때 나는 김 신부가 땀을 아주 많이 흘리며 들것에 앉아 있는 것을 보았다. 그때 김대건 신부가 자색 겹조끼를 입고 있었다."라고 박 베드로는 증언하였다.[38] 김대건 신부가 겹조끼를 입고 있었음이 다시 확인되었지만, 왜 그렇게 땀을 많이 흘리고 있었을까? 더웠기 때문이었을까, 아니면 두려움 때문이었을까?

이런 점에서 최 베드로의 다음과 같은 증언은 매우 암시적이다.

새남터의 형지로 가는 동안, 그의 목숨을 구해줄 것이라는 희망을 한 후에, 죽음에 직면하게 될지 모른다는 놀라움 때문이었는지 슬픈 기색이었다. 그러나 형지에 이르러 군인들이 신부를 묶고 그의 두 팔 밑에 막대기 하나를 끼우고 광장을 한 바퀴 돌게 하였을 때 신부는 다시 즐거운 기색이 되었고, 휘갱이들에게 이렇게 말하였다. "나는 하늘로 올라가 당신들을 지금처럼 보게 될 것이오. 교우가 되어 나와 같이 있도록 하시오."[39]

김대건 신부는 형지로 갈 때 처음에는 살아나리라는 희망을 지니고 있었으며, "죽음에 직면하게 될지 모른다는 놀라움 때문"에 "슬픈 기색"이었다. 그러나 형장에 도착하여 죽음을 맞을 때는 "다시 즐거운 기색"

---

38) 위의 책, p. 233.
39) 위의 책, p. 235.

이 되었다. 최 베드로의 눈에는 용감한 김대건 신부도 죽음에 앞서 두렵고 슬퍼하는 것으로 보였던 것이다. 아마 실제도 그랬을 것이라고 생각한다. 그러면서도 김대건은 그 처참한 순간에도 자신을 잃지 않았던 것이다.

김대건 신부는 한국천주교회 안에서 너무도 유명한 인물이 되었다. 그러므로 그의 생애에 대한 수많은 사실들이 다 드러난 것처럼 보이는 것도 사실이다. 그러나 어떤 역사적 인물이 유명해질수록 그에 대한 사실들은 점차 신화나 전설처럼 현실로부터 유리되기도 쉽다. 그래서 그 인물이 겪었던 구체적인 삶은 잊혀지고, 그의 업적만이 전설처럼 남게 된다. 그리고 전설은 시간의 경과에 따라 더욱 비현실적인 이야기로 확대되기 마련이다. 김대건 신부의 그 어려웠던 생애와 처참했던 최후가 잊혀지고, 다만 그의 용맹한 업적만이 기억된다면 우리 또한 그를 신화적 영웅으로만 기억하는 것이 아니겠는가? 그런 의미에서 김대건 신부의 생애와 죽음이 바로 우리 가운데서 구체적으로 일어난 현실적 사건임을 일깨워주는 이런 생생한 기록들이 이처럼 남아 있다는 것은 얼마나 다행스런 일인지 모른다.

6. 김대건 신부가 한국천주교회에 미친 영향

김대건이 이렇게 순교한 것은 1846년 9월 16일이었다. 당시 그의 나이는 불과 26세였다. 그가 상해에서 사제서품을 받았던 1845년 8월 17일로부터 1년이 지날 무렵이었으며, 서품을 받고 귀국하여 본격적으로 활동을 시작한 1846년 10월 중순경부터 치면 불과 1년도 되지 않는 해였다. 그는 아주 단명하였으며, 그가 신부로서 활동한 기간도 너무나 짧았다. 그럼에도 불구하고 그가 한국천주교회에 끼친 영향은 결코 작은 것이 아니었다.

그는 그 어린(?) 나이에도 불구하고 자신의 소명을 깊이 자각한 사람이었다. 그는 국내에서 활동하는 그 바쁜 기간 중에 많은 일을 하였지만, 그 가운데서 그가 초기 한국천주교회의 역사를 정리하고자 하였다는 사실을 특별히 기억할 수 있겠다. 그는 1845년 7월 23일자로 상해에 있는 스승 리부아 신부에게 보낸 보고서에 "조선 순교사와 순교자들에 관한 보고서"라 제목을 달고 그때까지의 한국교회의 역사를 정리하였다.[40]

이 보고서에서 그는 북경의 예수회 회원과 만난 조선의 사신들을 통해 그리스도교 사상이 전해지고, 천주교 서적이 전해졌음을 먼저 지적하였다. 그리고 홍유한이란 사람이 만물의 창조자이신 천주님이 계시다는 것을 믿고 공경하기 시작하였으며, 초창기 아직 교회에 대한 기초지식이 없었어도 매달 일곱째 날만은 지킬 줄 알고 있었음을 말하였다. 또한 그는 이후에 많은 선비들도 모든 만물의 창조자를 예견하게 되었으며, 그 가운데서도 이벽(요한)이란 인물이 가장 열심하였다고 말하였다. 그리고 이벽의 가르침을 받은 이승훈(베드로)이 중국으로 가 세례를 받았으며, 1784년 그가 북경에서 천주교에 대한 서적과 성물을 가져오자 조선에 새로이 그리스도교가 전해졌다고 설명하였다. 이어서 이승훈·권일신·이존창·최창현·유항검 등이 매우 열심히 믿었으며, 이들은 자기들 나름대로 주교와 사제를 선출하고 성체성사, 견진성사, 고해성

---

40) 이 보고서는 『성 김대건 안드레아 신부의 서한』, pp.217-341에 실려 있다.

사 등 성사를 집행하였음을 밝혔다. 그러나 북경 주교의 명에 순종하여 이들이 성사 집행을 중지하고 한결같이 신앙을 위하여 목숨을 바쳤다고 기록하였다.

이렇게 초기 교회 창립의 역사를 기록하고 나서 그는 1791년의 1차 박해 당시 윤지충(바오로)이 순교한 사실과 1795년 주문모 신부의 입국을 주동한 윤유일의 순교 사실을 썼다. 그리고 1801년의 제3차 박해, 1816년의 4차 박해 및 1819년, 1828년, 1833년, 1836년, 1839년의 연이은 박해를 약술하였다. 그리고 이때까지의 순교자가 "800명, 아니 그 이상에 달했습니다."라고 보고하였던 것이다.

이러한 김대건의 초기 천주교회사 서술은 오늘날 천주교회사가들에 의해 밝혀진 사실에 비해 매우 소략하고 부정확한 대목이 없는 것도 아니지만, 당시 그가 처한 현실 속에서 이처럼 초기의 역사를 정리하고자 했던 그의 식견은 매우 탁월한 것이었다고 생각한다. 이런 역사의식 속에서 그는 비록 나이 어리고 사제로서의 경험이 매우 짧지만 자신이 그 여건 속에서 무엇을 해야 하는지를 깊이 자각하였던 것이다. 그는 당시 국내에서 활약한 거의 유일한 사제이며, 특히 조선인으로서는 최초의 사제라는 자신의 위치를 깊이 자각하였던 것이다.

김대건 이전에 국내에서 활약하던 사제는 모두 외국인이었으며 그들 대부분이 순교하였다. 그리고 수많은 순교자가 있었지만, 이들 외국인 사제들을 제외한다면 모두가 평신도들이었다. 이런 상황에서 김대건이 모범적인 신앙생활을 하지 못했다면 그 결과는 어떠했을까? 그가 사제서품을 받기 전에 순교했다면 또 어떠했을까? 아니 그가 유일한 조선인으로서 체포되어 모진 고문을 받다가 배교하였다면 또 어떠했을까?

이런 점을 생각해 보면 그의 짧은 생애는 그야말로 한국천주교회의 희망이요 모범이 되었다고 말할 수밖에 없다. 그리고 그의 체포와 진술 및 천주 신앙을 증거했던 사실이 그가 쓴 편지를 통해서만이 아니라 그를 심문했던 당시 조정의 공식 기록에도 그대로 남아 있어, 그 누구도 그의 언행을 의심할 여지가 없다는 것은 또 얼마나 다행한일인가?

7. 김대건 신부의 생애가 의미하는 것

김대건 신부의 생애가 우리들에게 어떠한 의미를 지니고 있는가 하는 것은 여러 가지 관점에서 생각해 볼 수 있을 것이다. 그러나 김대건 신부의 생애와 활동에 대한 이 글을 준비하면서 나는 김대건 신부가 아직도 약관의 나이에 어떻게 그 험난한 길을 용감하게 걸어갈 수가 있었으며, 자신의 어깨 위에 놓여진 엄청난 짐을 짊어질 수 있었을까 거듭 생각해 보았다. 김대건 신부의 짧지만 긴 생애 동안 그가 항상 천주께 대한 사랑으로 충만해 있었다는 것을 확인하면서 나는 그의 활동과 신앙의 원동력을 어느 정도 알게 되었다. 그가 천주께 대한 사랑으로 충만할 수 있었던 것은 바로 그가 천주의 무한한 사랑을 깊이 느끼며 살아갔다는 것을 의미한다.

요즘 나는 사랑한다는 것보다는 사랑받는다는 것, 아니 사랑받고 있다는 것을 깊이 느낀다는 것에 대하여 생각할 때가 많다. 우리는 흔히 사랑한다고 말을 하고, 또 내가 남을 사랑한다고 믿고 지낼 때가 많다. 그러나 남이 자기를 깊이 사랑한다는 것을 내밀하게 느끼며 생활하기는 어려운 일이다. 과거와 마찬가지로 오늘날도, 그리고 저 미래에도 천주의 사랑은 온 세상에 가득차고 넘칠 것이다. 이처럼 우리는 특별한 노력을 하지 않고도 그 사랑의 은총을 들이마시며 살아가지만, 우리 자신이 천주의 그 사랑을 느낄 수 있어야만 사랑의 결실을 거둘 수 있을 것이다. 그러므로 우리는 열심한 공적과 활동을 강조하는 신앙이 아니라, 한 순간이라도 천주의 사랑을 깊이 느끼며 체험하는 신앙을 갈구해야 할 것이다. 현세적으로는 비록 드러나지 않아 아무런 상도 받을 수 없고 오히려 멸시를 받을 때가 허다하지만, 나의 무한히 작고 겸손한 사랑일망정 천주께서는 기쁘게 받아주신다는 신앙을 지녀야 한다. 바로 이 점이 김대건 신부를 위시한 우리 한국교회의 순교 성인들의 삶과 죽음 속에서 우리가 발견해야 할 진정한 가르침일 것이다.

산골에 숨어 사는 양떼들을 찾아 헤매며

최양업 신부의 생애

1. 머리말

    최양업 신부는 조선인으로서는 두 번째로 사제가 된 사람이다. 그의 생애는 오랫동안 김대건의 활약과 순교에 묻혀 그다지 주목을 받지 못하였다. 김대건은 페레올 주교와 다블뤼 신부를 영입하기 위해 상해에 머물러 있는 동안 사제서품을 받았는데, 두 신부를 모시고 귀국하여 활동하다 1846년에 체포되어 순교하였다. 한편 최양업은 김대건에 이어 곧 입국하고자 하였지만 실패하고 1849년에 사제서품을 받고 그해에 입국하여 12년여 동안 활동하다가 1861년에 과로로 병사하였다.

    김대건은 조선인으로서는 첫 번째의 사제이고 또 사제로서 첫 번째 순교자이다. 그리고 그는 조선인 사제로서는 처음으로 성인에 추대된 사람이다. 그의 생애는 실로 말할 수 없는 어려움으로 가득찬 것이었지만, 사후에 그는 온갖 추앙을 한 몸에 받는 영광을 누리고 있었다. 그러나 최양업은 김대건과는 달리 그 생애와 활동 모든 것이 그늘에 가려져 있었다. 그는 조선인으로서는 김대건에 이은 두 번째 사제였으며, 박해로 체포되어 순교한 것이 아니었으므로 성인품에 오른 인물도 아니었다.

    그러나 최양업은 12년간 박해를 피해 전국 방방곡곡을 찾아다니며 극도의 어려움에 처해 있는 신자들의 용기를 북돋우고 새 신자들을 교육하였다. 조선이라는 나라 전체가 그의 사목 지역이었으며, 그는 발바닥이 닳도록 전국을 돌아다녔다. 그로 인하여 김대건 순교 후, 목자 잃은 양떼같이 의지할 데 없던 조선의 천주교우들은 모두 그에게 의지하여 다시금 힘을 추스를 수가 있었던 것이다. 만일 그가 없었다면 당시의 한국천주교회가 제대로 자랄 수 있었을까?

1984년 4월 한국교회사연구소에서는 『최양업 신부 서한집』이라는 책을 간행한 바 있다. 최양업 신부는 1842년 4월 26일 마카오에서 그의 스승인 르그레주아 신부에게 편지를 쓴 이래 1860년까지 19통의 편지를 모두 라틴어로 썼는데, 임충신과 최석우 두 분에 의해 번역과 주석이 달린 이 책은 최양업 신부의 생애를 이해하는 데 가장 중요한 사료가 되고 있다. 나는 이 책에 실린 최양업 신부 편지의 일부를 소개하여 고난에 가득찼던 그의 생애와 깊은 영성을 독자들과 더불어 묵상해 보고자 한다.

2. 최양업 신부의 생애

최양업 신부는 1821년 충청도의 홍주 다락골에서 출생하였다. 아버지 최경환 프란치스코와 어머니 이성례 마리아는 모두 뒷날 순교로 일생을 마쳤다. 최양업의 집안은 이미 그의 증조부인 최한일이 천주교를 믿기 시작한 이래 대대로 신앙을 이어왔다. 그러나 천주교에 대한 박해가 시작되면서 최양업의 아버지는 홍주 다락골에서 한양으로, 다시 한양에서 과천의 수리산으로 거처를 옮길 수밖에 없었던 것 같다. 최양업의 어린 시절은 잘 알려져 있지 않으나, 15세 때인 1836년 당시 조선에서 선교하던 프랑스인 모방에 의해 김대건, 최방제와 함께 신학생으로 선발되면서 그의 일생은 중대한 전기를 맞게 되었다. 1836년 12월 3일 최양업은 김대건, 최방제와 함께 서울을 출발하여, 이듬해인 1837년 6월 7일에 마카오에 도착하여 본격적으로 신부가 되기 위한 교육을 받기 시작하였다.

1838년 11월에는 함께 신학생으로 뽑혀 왔던 최방제가 병으로 세상을 떠났으며, 1839년 4월에는 중국에서 일어난 민란을 피해 필리핀의 마닐라로 피신하였다가 반년 후인 11월에 마카오로 되돌아오기도 하였다. 이후 약 2년 반 동안은 별다른 일이 없어 비교적 평안한 상태에서 공부에 열중할 수가 있었을 것으로 생각된다. 그러나 1842년 2월 15일 세실 함장이 이끄는 프랑스 함대의 조선 원정시 김대건은 조선에 입국하기 위하여 에리곤 호를 타고 마카오를 떠났으며, 최양업은 김대건이 떠난 지 5개월 후인 7월 17일에 귀국길에 올랐다. 이때부터 최양업은 조선에 입국할 때까지 한시도 안정이 없는 떠돌이와 같은 생활을 7년이 넘게 계속할 수밖에 없었다.

1842년 7월 마카오를 떠난 최양업은 잠시 상해에서 머문 후 같은 해 10월 23일에 요동에 당도하였으며, 외몽고인 소팔가자로 가서 중단되었던 신학 공부를 계속하였다. 그리하여 1844년 12월경 최양업과 김대건은 삭발례와 부제품을 연달아 받을 수 있었다. 이때부터 그는 본국으로 들어가기 위하여 백방으로 노력하였다. 이때에 그가 조선에 돌아가기를 얼마나 열망하였는지는 1844년 5월 19일에 그의 스승이었던 르그레주아 신부에게 보낸 편지의 다음과 같은 말에 잘 드러나 있다.

언젠가 하느님께서 허락하시면 눈물 없이는 만날 수 없는 내 동포들을 만날 날이 다가오기를 바라면서 이곳에 머물러 있습니다. 물론 슬픈 소식입니다만 어떻게 생각하면 기쁜 소식이기도 한 조선의 소식에 대해서는 이미 신부님께서 장상들의 편지를 통해 알고 계실 것이기 때문에 말하지 않겠습니다. 아! 불행한 나의 신세여! 나의 부모들이며 나의 형제들인 저들을 나는 따라갈 자격이 없었습니다.
 그리스도의 용사들이 싸우는 저 전쟁에 나는 참여하지 못하였습니다. 정말 부끄럽습니다! 이렇듯이 용감한 내 겨레인데 나는 아직도 연약하고 나약함 가운데 신음하고 있습니다. 인자하신 아버지시여, 당신 종들의 피가 호소하는 소리를 들으소서. 언제나 나도 신부님들과 내 동포 형제들이 겪은 고난과 수고에 참여하기에 합당한 자가 되어 그리스도의 고난에 부족한 것을 기워, 구속 공부를 완성할 수 있을까요. (제2신, 八家子에서, 1844.5.19, 르그레주아 신부께)

그는 만주와 요동과 외몽고 일대를 헤매면서 한시도 마음 편할 날이 없었던 것이다. 1845년 1월 김대건이 의주를 통해 입국에 성공하자, 이듬해인 1846년 1월 20일 최양업도 두만강을 건너 입국을 시도했다. 그러나 중국 경비병에 체포되어 입국에 실패하고 다시 소팔가자로 돌아와야 했다. 1846년 12월 말 조선에서 온 밀사를 만나 입국을 꾀하기 위해 만주의 심양으로 갔으나, 바로 그해에 조선에서 있었던 대규모의 박해에 관한 소식만을 듣고 다시 팔가자로 돌아올 수밖에 없었다. 이때의 심정을 그는 이렇게 남겨두었다.

지금까지 나는 내 포교지 밖에서 방황하고 있으니 나도 답답하고, 듣는 신부님도 마음이 아프실 것입니다. … 발길은 달리고 뛰고 있으나 얼굴은 무겁게 수그러집니다. 이는 나의 죄악과 빈곤과 허약 때문입니다. 그러나 하느님의 풍부한 자비심에 희망을 갖고 하느님의 섭리에 나 전체를 맡깁니다. 그리고 "너희는 무엇을 말할 것인가를 생각하지 말라. … 하느님께서 무엇을 말할지 일러주실 것이다."라고 하신 우리 주 예수 그리스도의 말씀을 기억합니다. 말한다는 것은 비단 설교의 은총뿐만 아니라 우리에게 필요한 것을 의미하는 줄로 압니다. 그러므로 나의 빈약하고 연약함을 생각하면 두렵습니다만 주께 바라는 굳센 믿음으로 실망하지 않겠습니다. 원컨대 저 십자가의 능력이 내게 힘을 주어, 내가 십자가에 못박히신 예수 외에는 아무것도 배우려 하지 않기를 바랍니다. (제3신, 심양에서, 1846. 12. 22, 르그레주아 신부께)

병오박해로 알려진 1846년의 박해에서 절친한 친구요 동료였던 김대건이 순교하였다는 사실을 알게 되자 최양업은 말할 수 없이 애통해 했는데 바로 이런 시기에도 그는 페레올 주교가 불어로 번역한 조선의 순교자들에 대한 기록을 라틴어로 번역하고 있었다.

신부님께 가장 슬픈 소식은 나의 가장 친애하는 친구 안드레아(김대건을 뜻함: 필자 주)의 죽음입니다. 그런 중에서도 크게 위로가 되는 것은 페레올 주교께서 불어로 기록하신 치명자들의 행적을 읽어보는 것입니다. 이 치명자들의 행적을 주교님도 원하시고 메스트르 신부님도 권하시므로 라틴어로 번역하였습니다. 불어도 못 알아듣는 곳이 있고, 라틴어도 초보자인 내가 번역에 착수한다는 것은 쉬운 일이 아니었습니다. … 그러나 이 번역이 여행 중에 사전도 없이 한 것이어서 오자나 문법에 거슬리는 곳이 많을 것이므로 로마로 직접 보낼 수 없습니다. 신부님께서 자세히 읽어보시고 잘못된 곳을 정정하신 후 보내십시오. (제4신, 1847.4.20, 홍콩에서 르그레주아 신부께)

1846년 말, 르그레주아 신부에게 세 번째의 편지를 보내고 다시 입국을 시도하기 위해 조선 국경 변문에 도착했으나, 그곳에서 그는 김대건 신부와 교우들이 순교했다는 소식을 듣게 되었던 것이다. 이로 인하여 조선의 국경 감시가 더욱 심해져서 해로를 통해 입국하기로 하고 1847년 초 홍콩으로 철수하였으며, 여기에 머물며 순교자 현석문이 쓰고 페레올 주교가 불어로 번역한 순교자 일기인『기해일기』를 라틴어로 번역하였던 것이다. 김대건의 순교로 슬픔에 차 있으면서도 무엇인가 의미 있는 일을 계속하지 않는다면 그 자신을 지키기가 더욱 어려웠을 것이다. 아마도 순교자에 대한 일기를 번역하면서 귀국하여 신자들을 위로하려는 의지를 더욱 다지게 되었을 것이다.

『기해일기』의 번역을 마친 1847년 7월 28일 그는 다시 프랑스 군함을 타고 홍콩을 떠나 마카오를 경유하여 고군산도 쪽으로 입국을 시도하였다. 그러나 8월 10일 고군산도 부근에 도착한 배가 난파하였기 때문에 8월 26일에는 다시 상해로 돌아갈 수밖에 없었다. 배가 난파하여 일시 고군산도에 상륙한 최양업은 그곳의 동포를 만나보고 우리말로 대화를 나누었던 짜릿했던 경험을 이렇게 기록했다.

(고군산도에서) 내 동포들을 보기도 하고 그 말을 듣기도 하니 크게 위로가 되었고, 마침내는 그들과 담화할 기회가 생겨 이루 말할 수 없이 즐거웠습니다. 저녁에는 혹시 교우의 배가 나타나지 않을까 사방을 둘러보았습니다. 기다리고 기도하고 하느라고 애가 바짝바짝 탔습니다. (제5신, 1847.9.30, 르그레주아 신부께)

그러면서 그는 혹시나 교우들의 배가 자신을 태우러 오지나 않을까 기다리면서 "애가 바짝바짝" 탔던 것이다.

1848년을 그가 어떻게 보냈는지는 알 수가 없다. 그러나 1849년에는 다시 백령도 부근을 통하여 입국을 시도하였다. 그러나 이때에도 입국에 실패하였다. 그때의 실망과 안타까움, 그러면서도 결코 포기할 수 없는 소망 등은 다음의 편지를 통해서도 잘 알 수가 있다.

이 귀양살이에서 다시 한 번 신부님께 편지를 씁니다. 아직도 우리의 소망은 이루어지지 않고 있습니다. 항상 불행한 소식만 전하게 되니 내게도 신부님께도 괴로운 일입니다. 그러나 우리는 하느님께 의합한 것 외에 무엇을 찾겠습니까? 우리는 썩어 없어질 이 세상이나 우리 자신을 위해 일하는 것이 아니라 오직 주님을 위해 일하고 있습니다. 주께서는 우리를 꿰뚫어 보시고 우리의 도움이 필요 없으시고, 영원무궁지세로부터 모든 것을 안배하셨습니다. 우리가 기다리고 참고 하는 고통이 아직도 미약합니다. 주께 청한 바를 기다리는 시간도 아직 짧습니다. 얼마나 많은 성인들이 죄인 한 사람의 회개를 위하여 10년, 20년, 30년, 40년 … 동안 기도와 희생과 극기 등을 주께 바치셨습니까? 나는 주께 바라는 데에는 소홀하였고, 인간의 힘에만 너무 의존하였으므로 무수한 죄를 지었습니다. 그 벌로 주의 은혜를 받는 데 장애가 되었습니다. 주여, 내가 당신 분노의 원인이 되었으면 용서하십시오. (제6신, 1849. 5. 12, 르그레주아 신부께)

백령도를 통한 입국이 어렵게 되자 다시 상해로 돌아왔는데 이때에 그는 기다리던 사제서품을 받게 되는 큰 기쁨을 누릴 수 있었다. 1849년 4월 15일, 부활절이 지난 첫 주일에 상해에서 중국 강남 교구장이던 예수회원 마레스카 주교로부터 서품을 받았던 것이다. 그의 나이 28세였다. 그는 사제서품을 받은 다음 달 다시 요동으로 떠났으며, 그해 (1849년) 12월 초 압록강을 건너 의주를 통해 입국할 수가 있었다. 그가 입국을 시도한 지 실로 7년 반 만의 일이었다.

최양업은 1850년부터 본격적인 사목활동을 시작하였는데, 바로 그해 6개월 동안 5개 도에 걸쳐 산재해 있는 신자들을 순시하였으며, 그 결과 3,815명을 심방하였고, 2,401명의 고해를 들었으며, 1,764명에게 성체를 배령하게 하였고, 181명에게 세례를 베풀었다. 그리고 278명의 예비자를 구했던 것이다.

당시 계속되는 박해를 피해 신자들은 깊은 산골에 숨어 살았으므로 이들을 찾아다닌다는 것은 결코 쉬운 일이 아니었다. 최양업은 귀국하여 한시도 쉴 사이 없이 이렇게 전국을 누비고 다니며 맹렬한 사목활동을 벌였던 것이다. 1년에 7천여 리를 헤매고 다닐 정도의 고된 사목활동을 그는 1850년부터 1861년 6월까지 계속하다가, 결국 지친 몸에 식중독까지 겹쳐 세상을 떠나고 말았다.

3. 귀국 후의 첫 편지

1849년 말 의주를 통하여 입국한 최양업 신부는 1850년 10월 1일자로 스승인 르그레주아 신부에게 장문의 편지를 써서 그 동안의 활동에 대하여 보고를 드렸다. 그의 편지 중에서 일곱 번째의 편지이지만, 천신만고 끝에 고국에 들어온 지 10여 개월 만에 쓰는 첫 편지라는 점에서 눈여겨볼 데가 많은 것이다.

김대건 신부가 입국할 때와 마찬가지로 최양업 신부도 죽음을 각오하지 않을 수 없었다. 사실 지난 7년 반 동안 두만강, 압록강, 고군산도, 백령도 등을 경유하여 입국하려고 온갖 노력을 하였던 그는 이때에 주어진 기회를 놓칠 수가 없었지만, 동시에 실패할 경우엔 살아날 가망성이 없었다. 그런 위태로운 형편이 이 편지에 잘 나타나 있다.

혼자 길을 재촉하여 조선의 가공할 장벽의 문을 돌파하려 하였습니다. 나는 경비초소의 경계망을 뚫을 수 있는 아무런 희망도 가지지 못하였습니다. 나의 모든 기대와 희망은 주님의 전능에 의탁하는 것뿐이었습니다. 주님의 팔에 의지하고, 체포될 각오를 하고, 밤중에 경비초소에 접근하였습니다. 관례에 따라 압록강 연안과 성 위와 읍내 성문에는 보초병들이 있는 법입니다. 그러나 폭풍이 불었고, 밤은 깊었습니다. 아마 거센 바람과 혹독한 추위 때문에 보초병들이 집 안으로 들어갔던 것 같습니다. 왜냐하면 아무도 보는 사람 없이 보초를 지나왔으며, 아무도 우리를 심문하는 사람이 없었습니다. 이 위기를 극복한 후 서울에 도착하였습니다.

마침 거센 바람과 혹독한 추위 때문에 조선의 국경 경비군들이 초소에 들어가 나오지 않았기 때문에 무사히 입국하게 된 경위가 위의 편지에 잘 나타나 있다.

이렇게 어렵게 입국하여 쉴 겨를도 없이 그는 곧 한양을 떠나 충청도에 있던 병중의 디블뤼 주교를 만나고, "하루 동안 주교님과 담화를 나눈 후 휴식도 취하지 못하고 곧 전라도로 전교를" 떠났으며, 이후 "6개월 동안 5개 도를 무사히 순회"하였다. 이런 사목여행 중에 위험도 많이 만났지만, 그의 마음을 아프게 한 것은 그가 곳곳에서 목격한 교우의 참상이었다.

교우 촌락을 두루 순회하며 빈민들의 불쌍하고 궁핍한 처지를 목격할 때 저들을 도와줄 능력이 없는 나를 원망합니다. 저들은 정부의 학정에 시달리고 비참한 곤경에 빠져도 손가락 하나 까딱할 수 없이 무기력합니다. 동포들의 박해, 부모들의 박해, 부부간의 박해, 친척들과 이웃들로부터도 박해를 받습니다. 그들은 험준한 산 속으로 들어가 초라한 움막을 짓고 이틀이고 삼 년이고 간에 마음 놓고 편안히 살 수만 있다면 그것을 행복으로 여기고 있습니다.

정부의 박해, 동포들의 박해, 부모와 부부간의 박해, 친척과 이웃들의 박해를 피해 험준한 산속에서 움막을 짓고 살아가는 교우들은 그나마 마음 편하게 살 수만 있기를 바랄 뿐이었다. 이처럼 처참한 상태에 있는 교우들을 대할 때마다 "도와줄 능력이 없는" 자신을 원망할 뿐이었다고 그는 한탄하였던 것이다. 그러나 그는 실망하지 않고 단 한 명의 교우를 만나기 위해서 그 어떤 노력도 마다하지 않았다. 이러한 사정은 안나라는 세례명을 지닌 여교우에게 성체를 모시게 했던 한 에피소드에 잘 나타나 있다.

안나는 천주교를 믿지 않는 양반집의 여자였다. 그녀는 집안 몰래 일찍이 영세를 하였지만 신부를 만날 수가 없어서 19년간 교우들과 상종도 못하였을 뿐 아니라 성사도 받지 못하였다. 안나의 먼 친척이며 교우인 한 사람이 안나를 찾아가 최양업 신부가 사목방문을 다니고 있다는 소식을 전하였다. 그때에 최양업 신부는 안나가 사는 집에서 50여리 떨어진 곳에 있었는데, 안나의 친척 교우가 찾아와 "안나가 신부를 얼마나 기다리는지 모릅니다. 온갖 미신을 숭상하는 동네에서 혼자 신앙을 지키며 여러 해 동안 성사를 받지 못하였습니다. 그 여자는 성사받기를 지극히 원하며 신부를 자기한테 보내주기를 날마다 기도하고 있습니다."라고 안나의 근황을 털어놓았다. 최양업 신부는 이 말을 듣고 크게 감동하여 안나에게 고해성사를 베풀고 성체를 영하게 해줄 묘책을 강구하며, 급히 성체를 모시고 안나가 있는 동네로 갔다. 그러나 이 동네가 모두 외인이요, 이 집안이 모두 외인이므로 성체를 안치할 장소도 없었으며, 고해소를 꾸밀 곳도 없었다. 게다가 식구들이나 동네 사람들의 눈에 띄면 무슨 변을 당할지 몰랐다. 이런 상황 속에서 최양업 신부가 안나를 만나던 장면이 이 편지에 잘 묘사되어 있다.

나는 강둑의 나무 그늘에 앉아서 마치 길 가다가 피곤하여 잠깐 쉬는 것처럼 앉아 있었습니다. 그때 나와 동행하던 교우를 그 집으로 보냈는데 집안 식구들은 전부 밭에 나가 있었고 안나만이 자기 딸과 어린이들을 데리고 남아 있었습니다. 교우가 안나의 성찰을 기록한 쪽지를 가지고 왔습니다. 나는 나무 그늘 밑에서 그 쪽지를 읽어보고 급히 그 집으로 달려가 외딴 방에서 안나에게 사죄경을 염해주고, 성체를 영하게 해준 후 도망치다시피 나왔습니다. 그러나 신락으로 충만하였습니다.

고해성사를 보려면 자신의 양심을 성찰하는 등 상당한 시간이 걸릴 것을 예상하고 사람을 보내어 안나가 서면으로 쓴 성찰 내용을 검토한 다음, 식구들이 모두 밭일을 나간 틈을 타서 그 집에 들리 재빨리 고해성사를 베풀고, 영성체를 하게 해준 다음 부리나케 도망쳐 나왔던 것이다. 그러나 안나의 소원을 들어준 그는 "신락으로 충만"하였던 것이다. 그의 사목여행은 사뭇 이러한 것이었다. 어느 마을 어느 골짜기에 한 교우가 있다면 위험을 무릅쓰고 찾아가 그를 위로하고 성사를 베풀었던 것이다.

이 편지에서 그는 많은 신자들의 지극히 어려운 사정에 대해서 언급하고 있으나, 위의 안나처럼 당시의 여교우들이 겪는 어려움에 대하여 각별한 관심을 표명하였다. 당시의 사정상 부녀자들이 홀로 집을 떠나 여행할 수가 없었으므로 신앙을 지킨다는 것은 더욱 어려운 일이었다. 더욱이 외인인 부모나 남편 슬하에 있는 여교우들은 성사를 받기가 더욱 어려웠다. 항상 성사를 갈망하기만 하는 이 여인들에 대해 최양업 신부는 안타까운 마음을 금할 수가 없었던 것이다. 그래서 그는 "언제나 저들을 천상음식으로 배불릴 수 있을까요!"라고 하며 간절한 기도를 드리곤 하였다.

그러나 최양업 신부도 때때로 한 곳에서 마음 놓고 여러 교우들을 만나는 기쁨을 누리기도 하였다. 몇 년이고 신부를 애타게 기다리던 교우들과, 이들을 찾아 전국의 곳곳을 찾아 헤매었던 최양업 신부의 만남은 정말 특별한 것이었다. 이들이 만나던 때의 사정이 이 편지의 한 대목에 이렇게 적혀 있다.

한 번 신부의 얼굴을 보는 것이 교우들에게는 큰 은덕입니다. 신부를 보기 위해 이틀이나 사흘 길을 멀다고 여기지 않습니다. 우리는 교우들이 신부를 보기 위해서나 미사에 참례하기 위해 떼를 지어 몰려오는 것을 엄격히 금하고 있습니다. 그러나 교우들은 이 금령을 위반하는 것을 두려워하지 않습니다. 이 점에 대하여는 순명하지 않습니다. 우리가 어느 공소에 도착하면 어른이고 아이들이고 모두 새 옷을 입고 신부에게 인사하러 달려옵니다. 만일 신부가 그들의 인사를 받는 시간이 늦어지면 그들은 조금도 참지 못합니다. 때때로 회장을 들여보내서 인사를 올리고 강복을 받게 해달라고 조릅니다. 공소를 떠날 때는 길에 나설 옷을 갈아입을 때부터 온 강당이 울음소리와 탄식소리로 진동합니다. 어떤 이는 내 옷소매를 붙잡고 길을 못 떠나게 하고, 어떤 이는 내 옷깃에 눈물을 뿌려 정표를 내 옷에 남겨두려 합니다. 그들은 나를 따라오며 멀리 사라질 때까지 돌아가지 않습니다. 어떤 때는 높은 언덕으로 올라가 나를 좀 더 오래 보려 합니다.

신부를 보고 싶어하는 교우들의 안타까운 마음, 만났을 때의 기쁨에 이어 한번 헤어지면 언제 다시 보게 될지도 모를 이별을 서러워하는 마음이 위의 편지에 그대로 드러나 있다. 신부의 옷깃에 눈물을 뿌려 정표를 남기려 하는 신자들과 헤어져야 하는 최양업 신부의 심정은 또 어떠하였을까? 이처럼 간절한 원의를 지닌 교우들을 거두어야 하는 자신의 능력이 너무나 적다는 점을 그는 깊이 자각하였던 것이다. 그래서 그는 "만일 프란치스코 하비에르 성인이나 베르나르도 성인 같은 분이 나타나서 전교를 하였더라면 얼마나 풍성한 전교의 효과를 거두었을 것입니까?"라고 탄식하였던 것이다.

귀국 후 첫해를 이런 식으로 전교여행을 다녔던 그는 조금도 쉴 틈이 없었으니, 자신의 사목여행을 마무리하면서 르그레주아 신부에게 이렇게 보고를 하였다.

나는 조선에 돌아온 후 한 번도 휴식을 취하지 못하였고, 7월 한 달 동안만 같은 장소에 있었을 뿐, 항상 여행 중에 있었습니다. 1월부터 지금까지 여행한 이수는 중국에서 서울까지 여행한 것을 빼고도 5,000리를 돌아다닙니다.

그러나 이처럼 계속되는 고달픈 여행을 통해서 거둔 소득은 결코 적은 것이 아니었다. 이 해의 여행에서 그가 심방한 교우 수는 3,815명인데, 그 가운데 고해자가 2,401명, 영성체자가 1,764명, 대인 영세자가 181명, 유아 영세자가 94명, 보례자가 916명, 예비자가 278명, 유아 위험 대세자가 455명에 달했던 것이다.

수백만을 헤아리는 오늘날의 한국천주교회의 규모로 보거나, 한 본당의 신자 수가 만 명을 넘는 대도시의 성당을 생각해 본다면 이 수는 얼마나 작은가? 그러나 항상 박해와 죽음의 위험 속에서 숨도 제대로 쉬지 못하고 숨어 살아가던 신자들을 일일이 찾아다니면서 성사를 베풀 수밖에 없는 당시 형편을 생각해본다면 이 숫자는 말할 수 없이 큰 것이 아닌가?

4. 귀국 후의 두 번째 편지

최양업 신부의 편지 가운데 여덟 번째 편지는 귀국해서 쓴 두 번째 편지이기도 하다. 1951년 10월 15일 르그레주아 신부에게 보낸 이 편지를 보면 최양업 신부가 얼마나 어려운 여건 아래서 사목활동을 하였는지가 잘 드러난다. 특히 이때에는 다블뤼 주교의 병이 깊어 공소 순회를 할 수가 없었으므로 전국의 신자들이 모두 최양업 신부 하나에 의지하고 있는 형편이었다. 그래서 그는 이 편지의 서두에, "다블뤼 주교가 신병으로 많은 공소를 다닐 수 없으므로 나는 너무 무거운 짐을 약한 어깨에 짊어지게 되었습니다."라고 고백하였다. 그런 가운데서도 이 해의 사규고해자(四規告解者)가 3,620명, 영성체한 자가 2,753명, 재고해자가 235명, 재영성체자가 220명, 대인 영세자가 197명, 예비자가 229명, 유아 영세자가 54명, 보례자가 293명, 대인 보례자가 28명, 외인 유아 위험 대세자가 255명에 달했다고 보고하면서, "조금만 세월이 평안했더라면 얼마나 더 많은 영세자들이 생겼겠습니까?"라고 안타까워하였다.

그러나 이러한 사목활동 외에도 최양업 신부는 순교자들의 행적을 조사하는 일에 열중하였다. 이미 1847년 페레올 주교가 불어로 번역한 현석문의 『기해일기』를 다시 라틴어로 번역한 적이 있던 최양업 신부는 자신이 고국에서 활동하면서 "순교자들의 사적을 정확히 여러 증인들의 말을 토대로 하여 기록"하려고 노력하였던 것이다. 바로 이 편지에서 그는 르그레주아 신부에게 자신이 조사하여 새롭게 알게 된 순교자들의 사적을 보고하면서 다음과 같이 썼다.

이 삼천리 강토를 아름답게 꾸민 수많은 순교의 꽃들 중에서 어느 꽃다발을 먼저 신부님께 드릴까요? 자식된 도리로 보나 신부님의 관심사로 보나 내 부친과 모친에 대해 우선적으로 말씀드리는 것이 당연할 줄로 믿습니다.

그는 자신의 부모의 순교에 대한 상세한 증언을 들었으며, 이것을 직접 스승에게 알리는 형식으로 정리하였던 것이다. "내 부친은 최 프란치스코요, 내 모친은 이 마리아입니다."로 시작하는 이 편지는 눈물 없이는 도저히 읽어 나가기 어려운 것임에도 불구하고 최양업 신부는 마치 다른 사람 이야기하듯 담담하게 써 내려가고 있다.

최양업 신부의 아버지 최경환 프란치스코는 "매우 순직하고 열심하며 가난한 친척들과 이웃들에게 구제의 손길"을 펼치며 살아가는 사람이었으며, 심지어는 자기 종들에게도 "자기를 영감이나 마님이라 부르지 말고 아버지, 어머니라고 부르라."고 당부할 정도였다. 그는 남에게 무엇을 꾸어줄 때는 거저 줄 것이며, 절대로 보증을 서거나 중매를 서지 말고, 이웃과 화목하게 지내라는 유언을 남겼다고 한다. 이로 보아 최경환은 무척 섬세하고 매사에 철저한 사람이었음을 짐작할 수 있다. 그는 천주 신앙을 열심히 지키며 살고자 애를 썼으며, 교리 공부에도 열심이었던 것 같다. 이에 관한 최양업 신부의 기록을 보면 다음과 같다.

최 프란치스코가 비록 무식하지만 여러 교회 서적들을 숙독하여 해박한 교리 지식을 얻었습니다. 열변과 달변으로 강론이나 강의를 할 때에는 박학한 교우들도 그의 강론을 들으러 왔고, 천주교를 반대하는 외교인들도 그의 호교 변론에 주눅이 들어 돌아갔습니다. 밭에서 일할 때나 집에서 일할 때나, 길에서 누구와 담화할 때나 항상 천주교 교리와 열심히 신앙생활을 영위하는 것에 대해서 말씀하셨습니다.

그는 해박한 교리 지식을 가지고 교우들에게 강론을 하였던 것이니, 당시 신부도 없던 상황에서는 교우들을 이끌어가는 중심인물이기도 하였던 것이다.

1839년의 박해가 다가오자 그는 회장에 임명되어 치명자들의 시체를 거두어 장사를 지내주는 등 열심히 활동하면서, 자신도 순교할 기회를 기다리고 있었다. 그가 체포되던 사정이 최양업 신부의 편지에는 이렇게 기록되어 있다.

어느 날 새벽에 포졸들이 문 밖에 와서 주인을 찾으므로 프란치스코가 나갔습니다. "어디서 오셨습니까?" "서울서 왔노라." "왜들 이렇게 늦었습니까? 우리는 오래 전부터 기다렸습니다. 다 준비되었으니 걱정 마십시오. 아직 날이 새지 않았으니 좀 쉬십시오. 조반을 먹은 후 질서있게 출발하겠습니다." 이 말을 듣고 포졸들이 기뻐하며 "이 사람이 참 교우요, 이 사람들이 참 교우들이다! 이 사람들은 달아날 염려가 없다."고 하며 교우들을 다 풀어주었고, 자러 갔습니다.

포졸들이 닥쳤을 때 그는 마치 기다리던 손님이 온 듯이 그들을 맞아들이고 잡혀갔던 것이다. 잡혀가면서도 그는 흔들리는 교우들에게, "제형들이여, 용기를 분발하라! 주의 천신이 금으로 된 자를 가지고 너희 걸음을 재며 세는 것을 보라. 너희 앞장을 서서 갈바리아로 올라가시는 오 주 예수 그리스도를 보라."고 격려하기를 그치지 않았다.

법정에 끌려나와 형벌을 받고 배교하라는 말에 대하여는, "이 세상에서 자기가 섬기는 주인도 배반치 못하겠거늘 하물며 천지만물의 주인이신 하느님을 어떻게 배반하라 하십니까? 나는 결단코 배교는 못하겠습니다."고 대답하였다. 결국 그는 곤장 110대를 맞고 팔과 다리가 부러지고 의식을 잃은 채 감방으로 옮겨졌다. 그 후 40여 일 동안 형벌을 받다가 1839년 9월 12일, 감방에서 세상을 떠났다. 나이 36세였다.

그의 어머니 이 마리아는 남편 최 프란치스코와 함께 체포되어 한양으로 압송되었다. 당시 이 마리아에게는 젖먹이 어린 아기와 아직 어린 아이들이 있었으며, 야고보라는 다 큰 아들이 있었던 것 같다. 야고보는 그 아버지와 함께 형벌을 받았으나, 결국 배교를 하고 석방되었다. 그러나 어린아이들은 그 어머니와 함께 감옥에 있을 수밖에 없었다. 여인들은 남편들과 다 큰 자식들과는 격리되어 수감되게 마련이었다. 그 남편이 형벌을 받은 다음날 이 마리아도 문초와 형벌을 당하였는데 그 정황을 최양업 신부는 이렇게 써두었다.

살이 찢어지고, 팔과 다리가 부서져 유혈이 낭자하였습니다. 그러나 자신의 이런 육체적 고통은 아무것도 아니었습니다. 모성애로부터 나오는 마음의 고통이 몇 배 더 심하였습니다. 젖을 달라 하나 젖이

안 나오고, 먹을 것을 달라 하나 먹일 것이 없어 굶어 죽어가는 어린 것들이 더러운 감방에 죽 드러누운 것을 볼 때, 마리아의 마음은 흔들리기 시작했습니다. 곤장에도 칼에도 용맹했으나 자식에 대한 애정에는 약해졌습니다. (남편) 프란치스코가 살아 있는 동안에는 버티어 나갔으나 그가 죽은 후에는 배교하는 말을 하고 감옥에서 나왔습니다.

자신이 형벌을 받는 고통 중에서도 그 신앙을 지켜갈 수 있었던 용맹한 여인도 어린 자식들이 죽어가는 모습을 외면할 수는 없었던 것이다. 결국 이 마리아는 배교를 하고 감옥에서 나왔던 것이다. 그러나 그녀가 석방된 지 얼마 후 그녀의 큰아들 최양업이 신학생으로서 마카오에서 공부하고 있다는 사실이 드러나게 되어 그녀는 다시 잡혀갔다. 그러나 이때부터 이 마리아는 "모든 유혹을 용감히 이겨내고 또 모정에서 오는 모든 유혹도" 이겨냈다. 마리아는 "감옥에서 그의 어린 자식이 굶주림"과 비참으로 인해 죽는 것을 목격하였지만, "두 아들을 천주께 바친 것을 기뻐"하였다. 마리아는 사형이 가까워 오자 배교하여 석방되었던 아들 야고보를 불러 형장에 나오지 말도록 당부하였다. "왜냐하면 모정에 끌려 그 순간에 허약해질까 두려웠기 때문"이었다. 그리고 1840년 1월 31일, 39세의 나이로 칼을 받고 치명하였다.

이상이 최양업 신부가 귀국해서 두 번째로 쓴 편지에 적힌 부모님의 순교사적이었다. 생각해보면 얼마나 기가 막힌 사정인가? 그의 아버지의 장렬하기는 하나 참혹한 죽음은 말할 것도 없고, 자신은 보지도 못했던 어린 동생이 감옥에서 굶어 죽고, 그 죽음을 지켜보아야 했던 어머니의 고통을 그는 어떻게 받아들였을까? 그러나 이런 심정에 대하여 그는 단 한 마디도 한 적이 없었다. 오히려 어머니의 죽음까지 언급하고서는, "이제 편지를 끝내면서 공경하올 나의 모든 신부님들에게 문안과 함께 나와 나의 교우들을 위해 기도를 간청합니다."라는 말로 편지를 마쳤다.

5. 나머지 말

최양업 신부는 귀국하기 위해 7년 반을 육지와 바다를 헤맸으며, 귀국해서는 햇수로 12년을 활동하였다. 그는 12년간을 하루같이 순교의 삶을 살았다. 박해를 피해 전국 산골짜기에 흩어져 사는 교우들은 신부를 만나 성사를 보고 미사를 드리는 것이 평생의 소원이었다. 그러나 이들을 돌볼 신부는 거의 없는 것이나 다름없었다. 아마도 많은 신자들은 신부를 만날 수가 없어 평생 성사 한 번 제대로 보지 못하고 죽어갔을 것이다. 최양업은 이들의 간절한 소망을 잘 알고 있었다. 그래서 그는 관헌의 눈을 피해 한 해에 수천 리를 쉴 사이 없이 걸어 다니며 그의 양떼를 보살피려 하였다. 그러나 돌보아야 할 양 떼는 너무나 많고, 그 무리가 사는 지역은 너무나 넓어 한 사람의 목자가 이것을 다 보살필 수는 없었다.

그럼에도 불구하고 그는 단념하지 않고 자신의 힘이 다할 때까지 해야 할 일을 멈추지 않았다. 김대건 신부의 순교 이후 목자 잃은 한국교회를 최양업은 혼자의 몸으로 지탱해 낸 인물이었던 것이다.

오늘날 전국 각지에는 수백의 성당이 있으며, 신자 수는 수백만을 헤아린다. 최양업 신부의 시대에 비교한다면 신부도 수도자도 그 수가 차고 넘칠 정도이다. 그러나 오늘날의 신자들은 신부를 만나 성사를 보고 미사에 참례하는 것을 150여 년 전의 신자들처럼 애타게 열망하는가? 오늘날의 사제들은 온몸을 던져 자신에게 맡겨진 양떼를 보살피려 노력하는가? 나는 최양업 신부의 편지를 읽으면서 깊은 감동을 느꼈다. 그분의 헌신적인 노력과 금강석처럼 단단한 신앙심, 그리고 당시 말할 수 없이 힘든 고통 중에 있던 가난한 교우들의 소박하지만 충실한 신앙심은 그대로 보잘것없는 나 자신을 비추어 주는 거울이었다.

내가 그분들의 행적에 대해 글을 쓴다는 것이 오히려 사치스러운 도락에 지나지 않는 것은 아닐까 하는 생각마저 들었다. 그러나 정체불명의 미신적이며 허황된 신앙에 빠져들기 쉬운 오늘날의 신앙인 모두에게 한국천주교회의 초기 역사를 들려주고 싶은 마음이 더욱 컸다. 그것은 멀리 이스라엘과 로마를 보지 않더라도 우리 가까이에 우리 신앙의 표상이 되는 역사가 그대로 살아 있고, 최양업 신부와 그의 교우들은 지나간 과거로서가 아니라 오늘 우리의 현실 속에 살아 있어야 하는 존재들이기 때문이다.

병인박해(1866년)의 순교자들

천주교도에 대한 박해는 1801년부터 본격화되어 많은 사람들을 희생시켰지만, 그런 박해 가운데서도 병인년의 박해가 가장 규모가 크고 가혹하였다고 알려져 있다. 병인년은 곧 1866년으로서 당시는 대원군이 집권하던 때였다. 대원군은 많은 개혁을 단행한 인물로 잘 알려져 있지만, 그의 개혁은 당시 밀려오던 새로운 문명을 이해하고 수용하려는 것이 아니었다. 어디까지나 쓰러져 가던 조선왕조의 지배체제를 다시 강화하려는 것이었다. 조선왕조의 지배체제는 유교적 이념에 토대를 둔 양반 중심의 사회였다. 그러므로 그가 정국을 지배하던 당시에 하느님 앞에 만민이 평등하고 예수 그리스도가 진정한 구세주라는 믿음을 강조하는 천주교 신앙이 이단시되고 이적시된 것은 당연한 일이었다. 더욱이 이때는 우리나라의 해안에 서양의 선박들이 수시로 출몰하던 때이기도 하였다. 이미 중국에도 서양 세력이 침투해 있었으며, 일본은 개국 후 덕천막부가 몰락하고 새로운 명치정부에 의해 근대적인 개혁이 추진되던 때였다. 이러한 주변 정세가 대원군으로 하여금 서양으로 대표되는 외부 세력을 매우 위험스러운 것으로 생각하게 만들었다.

이러한 모든 것이 요인이 되어 1866년부터는 더 극심하게 천주교도들을 박해하였던 것이다. 도대체 병인년 박해 때에 희생된 천주교도들은 얼마나 될까? 흔히들 대원군의 쇄국정책의 결과로 천주교도가 박해

당했다는 점을 강조하면서도 정작 얼마나 많은 사람들이 이때에 희생되었던가에 대해서는 그다지 관심이 없었다. 마침 1987년에 한국교회사연구소에서 『병인박해 순교자 증언록』을 현대문으로 정리하여 출판하였는데 바로 이 책을 통해 우리는 부족한 대로 당시 박해의 실상을 접할 수 있게 되었다.

　병인박해 당시의 순교자들에 대한 기록은 거의 찾아볼 수 없으며, 이들에 대한 처형 사실 역시 공식문서에조차 자세히 기록되어 있지 않다. 그러므로 어떤 사람들이 얼마나 희생되었는지를 완벽하게 전해주는 자료는 없다고 할 수 있다. 그러나 마침내 조선이 문호를 개방하고 서양 여러 나라들과도 정식 외교관계를 맺게 되자 박해도 끝이 나고 프랑스 신부들의 활약도 재개되었다. 그러자 이들 프랑스 신부들은 1880년대 이후부터 박해기간에 희생당한 사람들의 사적을 본격적으로 수집 정리하기 시작하였다. 조정의 공식문서에 나타나는 기록들도 정리하였지만 이것만으로는 부족하였기 때문에, 박해 당시의 현장을 생생하게 목격한 증인들이 아직도 살아 있을 때에 그들의 증언록을 정리하는 일에 많은 노력을 기울였다. 가해자인 조정의 기록만이 아니라 피해자의 동료요 가족이요 친지였던 사람들, 그러면서도 용케 살아남았던 사람들의 증언은 매우 중요한 자료가 되었기 때문이다. 더구나 이러한 작업을 통하여 당시의 프랑스 신부들은 한국에서의 순교자들에 대한 시성시복 운동을 전개하려고 하였기에 무분별하게 아무 증언이나 다 수집하지는 않았다. 그들은 엄격하게 그 증언들을 검증하였으며, 조금이라도 의심스러운 것은 일단 배제하였다. 이렇게 해서 만들어진 증언록들을 1987년 한국교회사연구소에서 더욱 체계적으로 종합 정리하여「병인박해 순교자 증언록」이라는 제목으로 출판한 것이었다.

여기에는 여러 증언들이 채록되어 있으며, 그 증언을 토대로 희생자들의 이름과 나이, 처형지 등이 정리되어 있다. 나는 이 책에 정리된 순교자들의 기록을 다시 전체적으로 재정리하였다. 여기에는 모두 1,310건의 순교 사실이 기록되어 있지만, 이를 다시 정리해가는 과정에서 증언이 각기 다른 증인들에 의해 이중 삼중으로 기록되어 있는 것을 발견하였다. 그래서 중복된 부분을 가능한 한 가려내어 모두 1,092명의 순교자 명부를 만들었다. 물론 병인박해 시에 얼마나 많은 사람들이 목숨을 잃었는지를 정확하게 알 수는 없다. 그러나 적어도 이 증언록에 수록된 인원보다 훨씬 많은 사람들이 순교하였으리라는 것은 쉽게 짐작할 수 있다. 이름조차도 알 길이 없는 그 수많은 사람들은 다 누구였을까?

이 증언록의 기록을 자세하게 살펴보면 이때에 순교한 사람들에 대한 인적 사항에는 불확실한 것이 많지만, 그래도 이들이 순교한 장소는 다른 내용에 비하여 비교적 잘 밝혀져 있다. 그래서 이 당시의 박해상황을 알아보기 위해 우선 이들이 처형된 장소를 정리해 보는 것이 좋을 것 같았다. 아래의 〈표 1〉은 증언록을 토대로 지역별로 순교한 사람들의 인원수를 정리한 것이다.

〈표 1〉을 보면 천주교도들에 대한 박해는 전국 팔도에서 행해지고 있었음을 알 수 있다. 그 가운데서도 충청도에서 모두 409명이 처형되었으며, 서울에서는 377명이 처형되었다. 이 두 지역에서만, 처형 장소를 알 수 있는 1,045명 가운데서 75%가 넘는 786명이 목숨을 잃었다. 그리고 경기도에서 119명, 전라도에서 71명이 희생되었다. 지역을 조금 좁혀서 군 단위로 본다면, 서울을 제외하면 공주에서 168명이 처형되었

으며, 홍주(오늘날의 충청남도 홍성)에서 77명, 충주에서 72명, 수원에서 64명이 이 그들의 신앙 때문에 목숨을 빼앗겼다.

지명	순교자수	지명	순교자수
서울	377 (377)	전라 나주	14
경기 광주	20	여산	41
남양	7	전주	15
수원	64	진산	1 (71)
양주	4	경상 대구	8
연천	1	상주	9
용인	1	울산	3
장단	1	진주	4
죽산	21 (119)	통영	2 (26)
충청 공주	168	황해 곡산	1
덕산	2	풍천	1
보령	7	해주	20
신창	1	황주	1 (23)
청주	30	평안 평양	1 (1)
충주	72	함경 영흥	19 (19)
해미	52		
홍주	77 (409)	지명 미상	47 (47)
총합계			1,092명

〈표 1〉 병인박해시 지역별 순교자 수. ( )의 숫자는 도별 합계

이런 통계는 당시에 천주교도들이 서울과 경기, 그리고 충청도 지역에 몰려 있었다는 것을 말해주기도 한다. 그리고 이런 박해는 그 수가 적다고는 하지만, 멀리 평안도와 함경도에서도 벌어졌던 것이다. 그러므로 병인박해가 전국적으로 매우 광범위하게 조직적으로 행해졌다고 말할 수 있다. 그러나 병인박해가 병인년, 즉 1866년 한 해에만 국한하여 일어났던 것은 아니었다. 1,092명의 순교자 가운데 그 처형 연대를 알 수 있는 사람은 모두 912명이 되는데 이들 숫자의 처형 연도별 통계를 조사해 보면 〈표 2〉와 같다.

연대	인원	연대	인원
1860	2	1871	38
1864	1	1872	4
1865	4	1873	2
1866	376	1876	1
1867	131	1877	12
1868	257	1878	17
1869	39	1879	7
1870	20	1880	1
총합계			912명

〈표 2〉 병인박해시 연도별 순교자 수

위의 증언록에 기록된 순교자들이 처형된 시기는 1860년부터 1880년까지 20년에 걸쳐 있다. 물론 이 가운데 병인박해가 본격적으로 시작된 1866년 한 해에만 전국적으로 376명이 희생되었으며, 이후로도 박해는 지속되었다. 그래서 1867년에는 131명, 1868년에는 257명이 목숨을 잃었다. 이 3년 동안의 희생자만 모두 764명이나 되며, 이는 처형 연대를 알 수 있는 912명의 희생자 가운데서 무려 84%에 해당된다. 그러므로 당시의 박해는 1866년에서 1868년까지의 3년 동안에 집중적으로 행해졌다고 말할 수 있다. 그러나 이것으로 박해가 완전히 끝난 것은 아니었다. 그것은 처형자가 1869년에도 39명이나 되며, 1870년에는 20명, 1871년에도 38명이 된다는 사실로써도 알 수가 있다. 병인년에 이 대박해가 시작되었다고 해서 이를 '병인박해'라고는 하지만 거의 20여 년 동안 천주교도들은 잠시도 편안한 삶을 영위할 수 없었으며, 늘 이곳저곳을 떠돌아다니며 피난생활을 해야 했던 것이다.

위의 증언록을 통하여 당시 순교자들에 관한 인적 사항 가운데 그래도 상당한 정도 알 수 있는 것은 이들의 연령이다. 전체 1,092명 가운데 그 연령이 밝혀져 있는 경우는 모두 674건이 된다. 이들의 나이를 10년 단위로 나누어 정리하면 다음의 〈표 3〉과 같다.

연령	인원	연령	인원
10세 미만	2	50대	145
10대	38	60대	91
20대	109	70대	12
30대	127	80대	5
40대	144	90대	1
총합계			674명

〈표 3〉 병인박해 순교자들의 연령별 분포

위의 표를 보면, 10세 미만의 어린이로부터 90대 노인에 이르기까지 모든 연령층에 걸쳐 희생되었음을 알 수 있다. 그 가운데서도 역시 가장 활동적인 연령층이라 할 수 있는 40대와 50대에 해당되는 사람들이 모두 289명으로 전체 674명의 43% 가량 된다. 그 다음으로는 30대가 127명, 20대가 109명이 되며, 60대도 91명이나 된다. 그리고 이들 희생자의 대부분은 남자들이었다. 이 당시의 희생자들의 성별 분류는 매우 자세하게 되어 있다. 이 증언록에 나타난 전체 희생자 1,092명 가운데 성별 구분이 되어 있는 수는 무려 1,050명이나 된다. 바로 이 1,050명 가운데 약 86%에 달하는 899명이 남자였으며, 그 나머지 151명이 여자였다. 이들은 대부분 당시의 천주교도 가운데 가장 활동적이어서 신앙 공동체의 중심이 되는 사람들이었으며, 동시에 그 가족들의 생계를 유지하는 데서도 핵심이 되는 사람들이었다. 이러한 박해로 인해 처형된 사람이 설사 이 증언록에 나타난 대로 1,092명밖에 되지 않는다고 가정하더라도, 그들이 속해 있는 가족 구성원 전체의 생활이 완전히 파괴되었다고 보아도 좋을 것 같다. 그만큼 병인박해는 철저하고, 잔인하고, 장기간에 걸쳐 지속된 것이었다.

이 글에서 제시하는 이 단순한 몇 가지의 통계를 대하는 독자들은 무척 의아해하거나, 아니면 전혀 흥미를 느끼지 못할지도 모르겠다. 통계란 숫자의 나열이요, 그 안에 살아 있는 인간의 체취를 담아낼 수는 없는 것이기 때문이다. 오늘날 많은 사람들은 103위의 성인들을 추앙하고 있다. 이들도 모두 박해 때에 참혹한 죽음을 당한 사람들이었다. 그러나 이들은 그 이름이 전해 오고 있고, 그들의 순교 행적도 다 잘 알려진 사람들이다. 그러나 박해 때에 희생된 수많은 다른 사람들에 대하여 우리는 알고 있는 것이 거의 없다. 여기 이 글의 통계에 숫자로밖에 나타낼 수 없는 수많은 사람들이 바로 그러한 사람들이다. 이름 없이 억울하고 참혹하게 죽어간 이 수많은 사람들의 존재를 이런 식으로라도 드러내고 싶은 것이 나의 심정이었다.

내가 이 병인박해 순교자들에 대한 증언록을 이러한 방식으로 정리할 때 1,092명에 대한 기록은 한 사람당 단 한 줄뿐이었다. 그러나 그 한 줄에 압축되어 있는 이들의 삶과 고통 그 자체가 한 줄 정도밖에 되지 않는다고는 결코 생각할 수가 없다.

병인박해가 일어났던 1866년은 대원군의 전성기였다. 우리나라 사람들은 대체로 대원군의 인물됨과 그 업적에 대하여 많은 관심을 지니고 있다. 권좌에 오르기까지의 파란만장했던 그의 생애가 너무 극적이고 영웅적이기도 하며, 그 나름대로 조선왕조를 다시 세워보겠다고 과감한 조처를 취하는 그의 정책이 너무나 무기력했던 당시의 지배층에 비하여 크게 돋보였다는 사실이 많은 이들로 하여금 그에 대하여 호의를 지니게 했을 것이다. 경복궁을 다시 세우고, 양반 특권층의 이익을 옹호하고, 당쟁의 바탕이 된다고 판단되었던 서원을 철폐하고, 또 조세정책을 비롯하여 국가의 내정을 일신하려고 한 그의 노력에 대하여 대개는 깊은 관심과 호의를 표하는 것이 일반적인 추세였던 것이다. 그러나 수천 명에 달하는 양민들을, 그들이 단지 천주교도였다는 사실 때문에 이처럼 조직적이고 필사적으로 잡아내고 처형한 사실을 기억하는 사람은 거의 없을 것이다.

1866년 당시 조선의 천주교도들은 이미 반세기 넘게 진행된 박해로 말할 수 없는 고통을 당하였다. 그리고 이들은 구체적으로 사회를 위협

할 수 있는 사회적 경제적 정치적 힘을 거의 지니지 못한 사람들이었다. 물론 당시 조선에서 활약하던 10여 명의 선교사들은 모두 프랑스 신부들이었으며, 이들의 존재가 서양 세력의 침투를 조장할지도 모른다는 우려를 자아냈다고 볼 수 있다.

위의 증언록을 보면 천주교도들을 처형한 방법도 여러 가지였음을 알 수 있다. 목을 졸라서 죽이고, 생매장해서 죽이고, 굶겨 죽이고, 때려 죽이고, 독약을 먹여 죽이고 … 심지어는 백지를 얼굴에 붙이고 그 위에 물을 뿌려 숨 막혀 죽게 만들기도 하였다. 그뿐만 아니라 이들이 형장에서 최후의 형을 받기 이전에 이미 끔찍한 고문을 당했다는 것은 더 말할 필요도 없다. 조정에서 남긴 기록이나 그 어떤 다른 기록에도 천주교도들이 무장 반란을 꾀했다든가, 아니면 적어도 조직적인 반항을 했다는 기록은 없다. 그들은 당시로서는 모두 사회에서 버려진 정말 가난하고 무력한 사람들이었을 뿐이었다. 그렇다면 이러한 사람들의 죽음이 지니는 의미는 무엇일까? 우리나라의 역사에서, 또 한국천주교회의 역사에서 이들의 죽음이 아무런 의미도 없는 것이라면, 우리네 평범한 사람들의 삶은 과연 어떤 가치가 있는 것인가?

이들은 그 이름자도 제대로 전하지 못한 사람들이었지만, 천주를 믿는 신앙을 지키기 위하여 자신의 목숨을 버린 사람들이었다. 그러나 대원군은 자신이 권력을 쥐고 있던 때는 대단한 신념의 소유자처럼 보였지만, 정작 권력에서 밀려났을 때는 너무나 초라하였다. 그는 자신의 권력으로, 소중한 가치를 끝까지 저버리지 않은 수많은 양민들을 학살하였지만, 정작 그 자신은 목숨을 바쳐야 할 아무런 가치도 찾지 못한 채 치욕스러운 말년을 보냈던 보잘것없는 사람이 아니었던가? 오늘날의 많은 한국인들은 여전히 사람을 평가할 때 그의 화려한 세속적 경력만을 앞세우려는 경우가 많은 것 같다. 그리고 한국의 천주교회도 성인품에 오른 소수의 순교자들에게만 자신의 시선을 고정시키고 있는 것은 아닌가. 이러한 태도는 눈에 보이는 것만을 진실이라고 믿는 태도와 무엇이 다른가? 만약 눈에 보이는 것만이 진실이라면, 우리가 애써 이 신앙을 고백하며 살아야 할 이유는 또 어디에 있는 것인가?

고통 속에 꽃피운 영성

흑산도에 유배된 정약전의 생애에 대한 재조명

1. 들어가는 말

정약전(丁若銓, 1758-1816)은 무엇보다도 『자산어보』(玆山魚譜)의 저자로서 우리에게 잘 알려져 있다. 이 『자산어보』는 우리나라 최초로 어류 형태를 조사하여 분류한 책이다. 이러한 분야에 대하여 거의 관심을 기울이지 않았던 조선시대의 상황을 고려해 볼 때, 정약전의 업적은 매우 특이한 것으로 평가되어도 마땅한 것이라 생각한다. 그러므로 『자산어보』는 과학적이요 이용후생(利用厚生)적인 실학사상이 거둔 중요한 성과 중의 하나로 기억되었던 것이다. 그러면 정약전은 어떠한 사람인가? 그는 무슨 목적으로 이 책을 썼을까? 사실 그는 어류학자가 되려는 이상을 가지고 살았던 사람은 아니었다. 그렇다면 이처럼 특이한 업적을 남긴 한 인간으로서의 정약전의 삶에 깊은 관심을 기울여 보아야하지 않을까?

그는 흑산도에서 16년 간 유배생활을 하였고 결국 그곳에서 외롭게 죽어간 매우 불행했던 사람이었다. 그는 먼 바다 외딴섬에서의 격리된 삶 속에서 무엇보다도 바다와 물고기에 대하여 많은 관심을 가지게 되었을 것이며, 『자산어보』는 그런 환경 속에서 집필되었을 것이다. 그러나 그런 절박한 상황 속에서 그는 무슨 생각을 하며 어떻게 살았을까?

자신을 그와 같은 처지로 내몬 현실에 대한 분노가 그를 사로잡았던 순간도 많았을 것이며, 사랑하는 모든 것으로부터 격리되었기에 말할 수 없는 외로움과 절망 속에서 살아갈 수밖에 없었을 것이다. 그는 왜 그러한 심정을 더 직접적인 형태로 터뜨리지 않고 『자산어보』를 집필할 생각을 했을까?

필자는 『자산어보』를 읽을 때마다 이러한 의문들이 끊임없이 솟아오름을 금할 수 없었다. 이 책의 생태학적 가치에 대해서는 문외한인 필자가 함부로 논할 것은 아니다. 그러나 격동하던 조선후기의 역사 속에서 시류에 영합하지 않고 자신의 양심이 지향한 바를 추구하려고 노력했던 한 지식인의 삶에 대해서는 역사학도인 필자가 관심을 기울여도 좋은 분야라고 생각한다. 그러기에 필자는 본고를 통해서 『자산어보』를 더욱 깊게 이해하는 계기가 되길 기대해 본다. 그리고 절박한 상황 속에서도 사색하기를 멈추지 않았던 한 지식인의 삶을 통하여 우리의 모습을 비추어볼 수 있는 계기가 되기를 바란다.

정약전의 생애에서 전라도의 먼 바다 외딴섬인 흑산도에서 보낸 마지막 16년은 가장 견디기 어려운 때였으며, 결국 그는 그곳에서 생애를 마쳤다. 오늘날 우리가 그를 이처럼 기억하려는 것도 대부분 그 흑산도에서의 삶 때문이다. 그 당시 흑산도는 추방의 유형지였으며, 인간이 살아 나가지 못할 곳이었다. 그곳은 말 그대로 희망이 없는 곳이었다. 그런데도 그는 희망을 버리지 않았고, 때로는 가망이 없는 줄 알면서도 흑산도를 벗어나 사랑하는 가족들이 사는 고향으로 되돌아가기를 희망했으며, 때로는 '죽음의 섬, 흑산도'를 벗어나지 못하고 그곳에 뼈를 묻게 되더라도 사후에 사람들에게 바로 읽혀 도움이 될 무엇인가를 해야겠다고 소망하기도 하였다. 그것은 일상적인 평화 속에 있을 때보다 삶과 죽음, 절망과 끝내 버릴 수 없는 희망이 교차되는 절박한 상황 속에서 더 깊이 새겨졌다. 고통과 죽음 속에서 더 큰 희망이 이루어진다는 천주교의 가르침이 그에게는 현실로 존재하였다. 그러했기에 흑산도에서의 그는 절망 속에 살았지만, 그 절망의 깊이만큼 영성도 깊어졌다. 그래서 필자는 이 영성을 제대로 이해하는 것이야말로 정약전을 올바로 이해하는 길이며, 이런 역사의 이해를 통해서만 모순으로 가득 찬 현세에서 희망을 버리지 않고 살아갈 수 있는 지혜의 샘을 찾을 수 있다고 생각한다.

2. 방황과 모색의 생애

정약전은 1758년(영조 34년) 경기도 마현(馬峴)에서 출생하였다.[1] 당시 대표적인 남인 가문이었던 압해 정씨 출신이었으며, 아버지 정재원(丁載遠)은 진주목사를 역임하였다. 사실 그의 가문에 대해서는 그가 다산 정약용(茶山 丁若鏞)의 둘째 형이었다는 것을 지적하는 것만으로도 충분하리라 생각한다.

---

[1] 정약전의 생애는 다산이 쓴 「선중씨묘지명」(先仲氏墓誌銘)을 중심으로 정리하였으며, 그 외에도 다산 자신의 「자찬묘지명」(自撰墓誌銘) 집중본(集中本)과 광중본(壙中本), 「녹암권철신묘지명」(鹿菴權哲身墓誌銘) 등을 참고하였다. 이는 모두 『여유당전서』(與猶堂全書) 1집 15-16권에 실려 있다. 다산은 특히 억울하게 죽어간 자신의 동기간들이나 선후배들의 묘지명을 지었는데, 최근 박석무(朴錫武)는 이러한 것들만을 모아서 번역하여 『다산 산문선』(창작과비평사, 1985)이라는 책으로 출판하였다. 필자는 이 자료를 이용하는 데 있어 특별한 이의가 없는 한 박석무의 번역을 그대로 따랐다. 독자들도 이 책을 읽으면 정약전의 생애뿐 아니라 그 시대의 사회적 사상적 분위기를 파악하는 데 많은 도움이 되리라 생각한다.

그는 33세 되던 1790년(정조 14년) 여름, 왕자(후의 순조)의 탄생을 경하하기 위하여 실시된 증광별시에 급제하여, 승문원 부정자(承文院 副正字)로 임명되었으며, 얼마 지나지 않아 규장각의 월과(月課)의 일을 맡게 되었다. 동생인 다산은 그보다 한 해 전인 1789년(정조 13년)에 급제하여 서열이 높았다. 이에 정조는 "형이 아우의 뒤를 따르는 것은 편치 못하겠다"고 하면서 규장각 월과를 면해 주었다. 그는 한가하게 지내며 할 일이 없자 날마다 한치응(韓致應) 윤영희(尹永僖) 이유수(李儒修) 윤지눌(尹持訥) 등과 함께 어울려 지냈다. 이후 1797년(정조 21년) 가을에 다산이 외직으로 나가 곡산도호부사(谷山都護府使)가 되었을 때, 정조는 정약전의 벼슬이 낮음을 생각하여 자신의 직권으로 6품의 사관직에 임명하였으며, 뒤이어 성균관의 전적(典籍)을 거쳐 병조좌랑에 임명하였다. 이는 다산을 크게 신임하였던 정조의 특별 배려로 이루어진 인사였으며, 그가 40세 되던 때의 일이었다.

이듬해인 1798년(정조 22년) 겨울에 왕명으로 『영남인물고』(嶺南人物考)를 편찬하였다. 그러나 1800년 정조가 승하하고 이어서 1801년 신유사옥이 일어나자 그는 흑산도로 유배를 가게 되었으며, 16년에 걸친 고독한 생활 끝에 유배지에서 일생을 다하였다. 33세에 문과에 급제하여 관직에 나아갔으나 관직생활에서 성공을 거두었다고는 결코 말할 수 없었다. 오히려 그의 일생은 성공이라기보다는 실패에 가까운 것이었다.

그러나 그의 일생이 부귀와 공명을 얼마나 누렸느냐는 세속적인 척도로 평가될 수는 없다. 사실 정약전은 18세기 후반 격동하는 사회현실을 직시하면서 새로운 방향을 모색하기 위하여 끊임없이 방황하였던 인물이었으며, 바로 이러한 의미에서 그의 일생은 다시 조명되어야 할 필요가 있다고 생각한다.

정약전의 지적인 세계를 알기 위해서는 다음과 같은 다산의 말을 먼저 음미해 볼 필요가 있다.

어려서는 얽매이지 않으려는 성격이었고 커서는 사나운 말이 아직 길들여지지 않은 듯하였지만 서울에서 지내면서 넓게 듣고 뜻을 고상하게 하였다. 이윤하, 이승훈, 김원성 등과 함께 굳은 우정을 맺었다. 성호의 학문을 이어받아 주자를 거쳐서 공맹의 가르침에 이르기까지 거슬러 오르기 위하여 열심히 갈고 닦으며 서로가 권면하며 덕업을 쌓았다.[2]

어려서는 꽤 자유분방한 성격의 소유자였으나 서울에서 이윤하(李潤夏), 이승훈(李承薰) 등 당시의 남인 소장학자들과 어울리면서 학문적인 열정에 눈뜨게 되었으며, 성호 이익의 학문에 접하면서 본격적으로 유교적인 진리를 깨우치기 위하여 노력하였음을 다산의 증언을 통하여 알 수가 있다. 그러나 주자학 위주의 학풍에 만족하지 않고 유교의 근원이 된다고 할 수 있는 공맹(孔孟)의 가르침을 배웠다는 것은 그가 현실에 안주하지 않으려는 사람이었음을 말해주고 있다. 사실 그의 이러한 지적인 모색은 녹암 권철신(鹿菴 權哲身)을 만나면서 더욱 새로운 경지로까지 확대되었다.

그는 정식으로 권철신과 사제의 예를 맺고 그의 문하에서 학문에 정

---

[2] 丁若鏞, 「茶山散文選」, 朴錫武 譯(創作과批評社, 1985), 200-201

진하였다. 특히 녹암의 문하생들은 다만 학문을 배우는 데 그치지 않고 그 가르침대로 살아가기 위하여 더욱 노력하였다. 다산은 이러한 사정을 다음과 같이 전해주고 있다.

> 언젠가 겨울에 주어사(走魚寺)에 머물면서 강학회를 열었던 사람으로는 김원성(金源星), 권상학(權相學), 이총억(李寵億) 등 여러 명이었는데, 녹암이 지켜야 할 규칙들을 만들었다. (그 규칙에 따라 그들은) 새벽에 일어나 얼음물을 떠서 세수를 하고 나서 숙야잠(夙夜箴)을 암송하고, 해가 뜨면 경재잠(敬齋箴)을 외우며, 정오가 되면 사물잠(四勿箴)을 암송하고, 해가 지면 서명(西銘)을 암송하였다. (이 모든 것이) 장엄하고 겸손하여 법도에 어긋남이 없었다.3)

이들은 경기도 광주 소재의 산사인 주어사에서 함께 기숙하며 주자의 가르침을 그대로 실천하며 몸과 마음을 닦으며 학문에 열중했던 것이다. 사실 이 주어사의 강학회는 매우 특이한 것으로 관심을 끌어 왔지만 불행하게도 이 강화에서의 구체적인 강학내용 및 그 참여 인물의 전모 등은 전해지는 자료가 없어 잘 모르고 있다. 이 강학회가 얼마나 지속되었는지도 정확하게 알 길이 없다.

그러나 1779년 겨울에 시작된 이 강학회에 참여했던 인물들은 당시로서는 매우 진보적인 사상의 소유자들이었다. 이러한 모임의 주동인물이 정약전이었다는 사실은 그가 얼마나 지적인 호기심이 많은 사람이었

---

3) 같은 책, 201

던가를 잘 알려주고 있다. 이 강학회를 계기로 그의 학문세계는 새로운 경지로 발전되어 갔다.4)

특히 이벽과 교류하면서 본격적으로 서학과 천주교에 대하여 깊은 관심을 가지게 되었다. 그의 묘지명 계묘년(1783년)조(條)에는 다음과 같은 기록이 있다.

> 일찍이 이벽을 따라 교유하며 역수의 학문에 대하여 듣고 「기하 원본」(幾何原本)을 연구하여 정밀하고 오묘한 뜻을 파헤쳤으며 신교 (천주교)의 학설을 듣고서 혼연히 기뻐하였다. 그러나 깊이 믿지 않았다.5)

그는 이벽의 영향으로 중국에 와 있던 예수회 신부들이 번역한 유클리드(Euclid)의 『기하원본』을 읽고 그 정교한 이론을 깊이 탐구했음은 물론 천주교의 교리에 대해서도 많은 부분을 이해했던 것이다. 물론 위의 사료에서 다산은 정약전이 천주교를 깊이 믿지는 않았다고 했으나, 사실 그는 이에 깊이 경도(傾倒)했음을 위의 사료에서도 숨기지는 않았던 것이다. 이는 대단한 변화였다. 다만 서양의 학문과 종교에 대하여 지적인 호기심만을 표명한 것이 아니라, 깊이 공감하고 심취했던 것이다. 이러한 사정은 그의 묘지명 뒷부분에 있는 '부견한화조'(附見閑話條)에서 구체적으로 표현되어 있다.

---

4) 이 강학회에 대하여는 李元淳, "天眞庵 走魚寺講學會 論辯," 「韓國天主敎會史硏究」 (한국교회사연구소, 1986), 80-103 참조
5) 丁若鏞, 앞의 책, 202

갑진년(1784년) 4월 보름날 큰형수의 제사를 지내고 우리 형제는 이 벽과 함께 배를 타고 물결을 따라 천천히 내려오는 배 속에서 천지 조화의 시초와 신의 형상대로 태어나고 죽는 이치 등을 듣고, 그 황홀함과 의아심을 이기지 못하였다. (이는) 마치(『莊子』에 나오는 대로) 하늘의 강이 멀고멀어 끝이 없다는 것과 비슷하였다. 서울에 온 후 이벽을 따라다니다 『天主實義』와 『七克』 등 여러 권의 책을 보고 흔쾌하게 그쪽으로 기울어져 있었다. 그러나 그때는 제사를 폐한다는 설이 없었다. 신해년(1791년) 겨울 이후로 나라에서 (천주교를) 금하는 일이 더욱 엄중해지자 한계가 드디어 구별되어 버렸다. 다만 얽혀 매어진 것은 풀기가 어려웠으니 칡이나 등나무 얽히듯 하여 명확하게 화란이 다가옴을 알면서도 막아낼 수 없었다.6)

1784년에 죽은 큰형수는 다산의 큰형인 정약현(丁若鉉)의 부인으로 이벽의 누이였다. 그래서 이벽은 누이의 장례식에 왔던 것이며, 장례를 마치고 서울로 돌아올 때는 배를 타고 남한강을 따라왔던 것이다. 바로 이 배 안에서 이벽은 다산 형제에게 천주교의 교리를 말해주었던 것 같다. 위의 기록으로 보면, 특히 천지창조설과 인간은 신의 모상대로 창조되었다는 것, 그리고 천주교의 사생관(死生觀) 등에 관해 깊은 이야기가 있었던 것 같다. 여기에 상당한 감명을 받은 듯 정약전은 서울로 돌아온 이후 이벽의 권유로 『천주실의』와 『칠극』 등 서교의 관계서적을 탐독했으며 마침내 천주교를 신봉하는 단계에까지 이르게 된 것이다.

---

6) 같은 책, 210-211

그러나 이러한 정약전의 사상적인 전환이 1784년 이벽의 권유로 간단히 이루어졌다고 생각할 수는 없다. 성리학적 가치관이 수백 년에 걸쳐 깊은 뿌리를 내리고 있던 조선 후기의 사회적인 여건 속에서 서학과 천주교에 깊이 경도된다는 것은 결코 간단한 일이 아니다. 따라서 그는 적어도 1784년 이전부터 서학과 천주교에 대해서 어느 정도는 알고 있었다고 생각되며, 최소한 이 이전의 학문적인 편력 과정에서 이러한 사상적인 전환을 가능하게 할 바탕이 마련되었을 것이다. 그렇다면 주어사에서의 강학회는 주자의 가르침을 몸소 익히며 실천하는 것 이상이었을 것이다. 이에 대하여 권철신의 묘지명에 있는 다음과 같은 기록을 살펴볼 필요가 있다.

돌아가신 우리 형님 약전은 정식으로 사제의 예를 행하고 공(녹암 권철신)을 섬겼는데 지난 기해년(1779년) 겨울 천진암 주어사에서 강학회를 열었을 때 눈 속에 이벽이 밤중에 찾아와 촛불을 켜놓고 경전에 대한 토론을 밤새우며 했었다. (그러나) 그 후 7년이 지나 서학에 대한 비방이 생겼으니 이 때문에 그처럼 성황을 이루었던 이 모임이 다시는 열 수 없게 되어 버리고 말았다.7)

위의 기록에 따르면, 앞서 정약전의 묘지명에 있는 기록대로 주어사 강학회는 1779년에 시작되었음을 알 수 있다. 그해 겨울 어느 눈 내리는 밤 이벽이 주어사를 찾아와 경전에 관한 토론을 하였던 것이다.

---

7) 같은 책, 87

그리고 1784년 4월에 큰형수의 장례식이 있었으며, 이때 이벽과의 만남을 통하여 서학과 천주교에 깊이 경도되었던 것이라고 생각한다. 그러나 위의 사료에서 다산이 이러한 사정을 주어사의 강학회와 연관지어 말하고 있음을 주목해 볼 때, 이 강학회에서는 주로 유교의 경전에 관한 탐구를 하였을 것이지만, 그것이 단순히 당시의 학풍을 그대로 좇아가는 것은 아니었을 것이다. 일찍이 그가 성호의 학문에 자극을 받아 주자학에서 시작하여 공맹의 가르침에까지 거슬러 올라갔다는 점을 고려해 보면, 경전에 관한 논의에서도 매우 독창적이며 진보적인 태도를 취했을 것이라고 생각한다. 그리고 자연히 이 자리에서는 그 당시의 상황과 이의 극복을 위한 방안도 논의되었을 것이 틀림없다.

그러기에 1784년 이벽과의 만남을 계기로 서학과 천주교에 깊이 공감하고 경도될 수 있었던 사상적 토대는 이 주어사의 강학회에서 마련된 것이라고 할 수 있다. 즉 정약전은 관직생활이 극히 미미하였던 것과는 달리, 새로운 사상적 진로를 적극적으로 모색했던 인물이었다는 사실을 우리는 기억해야 할 것이다.

그러나 이러한 사상적인 모색은 그에게 엄청난 희생을 안겨준다. 그러한 조짐은 이미 그의 운명을 결정지어 버린 신유박해(1801)가 일어나기 오래 전부터 시시각각으로 나타나기 시작하였다. 1785년 '을사 추조 적발사건'이 일어나 김범우 등 천주교 신자들이 체포되고 이 일로 인하여 결국 이벽마저 사망하였다. 이는 정약전에게도 상당한 충격을 주었을 것으로 생각된다.

1791년 5월(음), 이미 북경교구장 구베아(Gouvea) 주교는 조상에 대한 제사가 교리에 어긋난다 하여 이를 금하는 조치를 취하였다. 이는 지금까지 현지 문화를 존중하는 바탕 위에서 선교를 해왔던 예수회의 선교방식과는 완전히 배치되는 방침이었다. 특히 조상에 대한 제사를 인륜의 기본으로 생각하던 조선사회에서 이러한 제사금지령은 큰 사회적 문제를 야기시킬 수 있었다.

이 해 8월 전라도 진산에 사는 윤지충(尹持忠)과 그의 외사촌 권상연(權尙然)은 교회의 금지령에 순응하여 제사를 지내지 않고 신주(神主)를 불태웠다. 이 사건은 당시로서는 매우 충격적인 반응을 불러일으킬 수밖에 없었다. 그리하여 그들은 곧 무군무부(無君無父)한 불효자로 고발되어 전주감영으로 호송되었으며, 마침내는 조정에까지 알려지게 되어 결국 사형을 당하였다.

이 사건이 직접적으로 정약전의 신변에 어떠한 영향을 끼쳤는지는 확실하지 않다. 그러나 윤지충이 그의 외사촌이었으며 그 또한 1784년 이후 천주교 신앙에 깊이 경도되었다는 사실로 보아, 진산사건이 그의 내면에 상당한 영향을 미쳤을 것이라고 생각할 수 있다. 1795년에는 중국인 주문모(周文謨) 신부가 체포되는 사건이 일어났다. 그러자 목만중(睦萬中)을 비롯한 다산의 반대파는 이를 구실로 이가환(李家煥), 정약전 등을 탄핵하였다. 이들은 곧 이가환 등이 주문모 사건의 배후 인물이므로 처벌해야 한다고 주장하였던 것이다. 말하자면 정약전 등이 천주교와 관련 있다는 것을 익히 잘 알고 있었던 반대파들이 이를 주문모 사건과 연결지은 것이었다.

이로 말미암아 이가환은 충주목사로 좌천되었으며, 다산은 홍주의 금정찰방(金井察訪)으로 좌천되었던 것이다. 별다른 벼슬이 없었던 정약전이 이로 인하여 어떠한 영향을 받았는지 확실하지는 않지만, 주변의 여건이 악화되어 가고 있다는 것을 충분히 감지하고 있었을 것이라고 생각된다. 1800년에는 정조가 승하하고, 이어 1801년에는 신유사옥이 일어나자 그는 마침내 전라도 신지도(新智島)로 귀양을 가게 되었으며, 얼마 지나지 않아 황사영백서(黃嗣永帛書) 사건이 일어나자 흑산도로 유배되었다. 그리고 그는 그곳에서 16여 년에 걸친 유배생활 끝에 1816년 59세의 나이로 일생을 다하였다.

1779년 주어사 강학회를 중심으로 새로운 학문에 열중하였을 때는 22세의 약관이었으며, 이벽의 권유에 따라 서학 및 천주교의 교리를 깊이 탐구하기 시작했던 1784년은 27세 때였다. 그는 일찍부터 성리학 일변도의 사상적 분위기에서 벗어나 새로운 가치를 추구하였으며, 그러한 그의 의식적인 방황은 끝내 그의 일생을 비극적인 것으로 만들고 말았던 것이다.

3. 『자산어보』에 나타난 학문세계

정약전은 40대 중반, 그의 학문이 한참 꽃필 무렵에 흑산도로 쫓겨났다. 주어사 강학회 이후 20여 년에 걸친 학문적이고 사상적인 모색의 결과는 무엇이었을까? 이러한 의문에 답하기 위해서는 그의 저작으로 오늘날까지 남아 있는 유일한 작품인 『자산어보』를 좀 더 깊이 살펴볼 필요가 있다고 생각한다.[8]

정약전은 『자산어보』를 저술함에 있어서, 바다생물들을 인류(鱗類),

---

8) 필자는 이 글에서 정약전, 『자산어보』, 정문기 역(지식산업사, 1977)을 전적으로 참고하였다. 물고기나 해조류의 한문 명칭은 까다롭기 짝이 없는데, 이 번역이 있어서 큰 도움이 되었기 때문이다. 『자산어보』에서의 인용문도 거의 이 번역을 따랐음을 밝혀둔다.

무린류(無鱗類), 개류(介類), 잡류(雜類) 등 4종류로 분류하였다. 말하자면 물고기를 비늘이 있는 것과 없는 것으로 나누고, 게나 새우 등과 같이 껍데기가 단단한 것들과 기타 바다물새나 해초 등으로 구분하여 서술한 것이다. 그리고 다시 비늘 있는 것들은 21조목으로 나누어 모두 71종류의 생선을 조사 정리하였으며, 비늘 없는 것들은 19조목으로 나누어 43종류의 어류를 정리하였다. 그리고 개류는 12조목에 66종류, 잡류는 4조목에 44종류를 조사하였다. 예를 들어 인류의 제8조목 상어조(條)에는 기름상어, 참상어, 게상어, 죽상어, 비근상어, 왜상어, 병치상어, 줄상어, 모돌상어, 저자상어, 귀상어, 사치상어, 은상어, 환도상어, 극치상어, 철갑장군, 내안상어, 총절입 등 18종의 상어의 생태가 서술되어 있다. 이 가운데 모돌상어에 대한 서술을 한번 보기로 하겠다.

크기는 다른 상어와 비슷하나 큰 놈은 열자 이상 된 것도 있고 아주 큰 놈은 길이가 3-40 자나 되어 잡을 수가 없다. 이빨이 매우 단단하고 날래며 용감할 뿐 아니라 힘이 절륜하다. 어부들은 삼지창으로 이를 찌른다. 삼지창에 찔린 상어가 성이 나서 날뛸 적에는 날뛰는 대로 버려두었다가 지칠 대로 지친 때를 기다린 연후에 밧줄을 끌어당긴다. 혹은 낚시질을 할 때에 갑자기 낚시 바늘을 물고 달아나기도 한다. 이때에 만일 밧줄이 손바닥에 감기는 날이면 손가락이 잘리고 밧줄이 허리에 걸릴 적에는 온 몸이 이에 따라 물에 빠져 들어갈 때도 있다. 이럴 때에 사람은 상어에 끌려 다니게 된다. 용도는 다른 상어와 같다. 맛이 약간 쓰다.9)

이처럼 모돌상어의 크기, 잡는 방법, 상어의 습성, 그리고 이의 위협성과 그 용도와 맛에 이르기까지 매우 흥미롭게 조사 기록하고 있다. 이런 식으로 서술된 이 책이 우리나라 근해의 어류를 연구하는 데 매우 귀중한 자료가 될 것이라는 점은 당연하다고 하겠다. 그러나 이러한 흥미 외에도 이 책을 자세히 보면, 정약전의 학문세계의 특징을 어느 정도 파악할 수 있을 것이라고 생각한다. 이 책을 읽노라면 그의 관찰이 매우 세심하다는 것을 발견하게 된다. 숭어에 대한 묘사를 보기로 하겠다.

큰 놈은 길이가 5-6자 정도이며 몸이 둥글고 까맣다. 눈은 작고 노라며, 머리는 편편하고 배는 희다. 성질은 의심이 많고 화를 피하는 데 민첩할 뿐 아니라 헤엄을 잘 치며, 잘 뛴다. 사람의 그림자만 비쳐도 급하게 피해 달아난다. 맑은 물에서는 아직까지 낚시를 문 적이 없다. 물이 맑으면 그물에서 열 발자국쯤 떨어져 있어도 그 기색을 알아차릴 수 있으며, 그물 속에 들었다 해도 곧잘 뛰쳐나간다. 그물이 뒤에 있을 때에는 물가로 나가 흙탕 속에 엎드려 있고 물속으로 가려 하지 않는다. 그물에 걸려도 그 흙탕에 엎드려 온몸에 흙을 묻고 단지 한눈으로 동정을 살핀다.10)

위의 기록을 보면 숭어의 크기, 생김새, 눈과 배의 색깔은 물론 숭어의 날랜 습성까지 알 수가 있다. 이러한 기록은 직접 숭어를 잡아보고 그 생태를 세밀하게 관찰하고 조사하지 않으면 알 수가 없는 것이다. 또

---
9) 정약전, 앞의 책, 42
10) 같은 책, 25

한 청어조(鯖)를 보면 다음과 같이 청어의 일반적 생태를 기록하고 있다.

> 건륭 경오년(1756년, 영조 26년) 후, 10여 년 동안은 풍어였으나 중도에서 뜸하여졌다가 그 후 다시 가경 임술년(1802년, 순조 2년)에 대풍어였으며, 을축년(1805년, 순조 5년) 후에는 또 쇠퇴하는 성쇠를 거듭하였다. 이 물고기는 동지 전에 영남 좌도에 나타났다가 남해를 지나 해서(海西)로 들어간다. 서해로 들어온 청어떼는 북으로 올라가 3월에는 해서에 나타난다. 해서에 나타난 청어는 남해의 청어에 비하면 배가 크다. 영남, 호남은 청어떼의 회유의 성쇠가 서로 바뀌어진다고 한다.11)

이 문장은 흑산도 근해에서의 청어의 어황이 어떻게 달라지고 있는지를 잘 말해 주고 있다. 그리고 청어가 우리나라 근해에서 어떻게 오가는지를 시기에 따라, 지역에 따라 설명해 주고 있다. 우리는 이러한 기록을 통하여 당시 흑산도 근처의 어민들이 청어잡이를 하는 모습을 여러 가지로 상상해 볼 수 있을 것이다.

그러나 어민들이 모든 종류의 생선의 명칭이나 습성들을 정확하게 다 알고 있는 것은 아니었을 것이다. 특히 어류에 대한 중국이나 우리나라 고전에 기록되어 있는 바와 자신이 현지에서 조사한 것과는 어떤 관련을 지니고 있는지에 대하여도 그는 세심한 주의를 기울였다. 날치조(鯖)의 후반부를 보면 다음과 같다.

---

11) 같은 책, 34

『여씨춘추』(呂氏春秋)에는 관수의 물고기 이름은 요(鰩)이며 그 모양은 잉어 같은데, 날개가 있어 항상 서해에서 동해로 날아다닌다고 기록되어 있다. 신이경(神異經)에서는 말하기를 동남해 중에는 따뜻한 호수가 있는데, 그 속에는 요어가 있는 바, 길이가 여덟 자나 된다고 했고, 좌사(左思)의 「오도부」(吳都賦)에는 문요는 밤에 놀다가 줄에 걸린다고 했고, 「임읍기」(林邑記)에는 날치는 몸이 둥글고 큰 놈은 열 자나 되며 날개는 호선(胡禪)과 같고 출입할 때에는 떼를 지어 날아간다고 하였다. 『명일통지』(明一統志)에는 … 이 물고기를 먹으면 치질이 낫는다고 했다.12)

이것은 민어에 대하여 중국의 고전에 있는 기록을 검토하여 고증한 것이다. 사실 이 책에 인용되어 있는 책명은 그 종류가 매우 다양하다. 위에서 인용되어 있는 『여시춘추』를 위시하여 『정자통』(正字通), 『영표록』(嶺表錄), 『남월지』(南越志), 『사기』(史記) 등 중국 고전과 『동의보감』(東醫寶鑑) 등 우리나라의 책 등 모두 70여 종에 가까운 서책이 인용되어 있다. 물론 그가 이 책들을 하나하나 다 본 것인지는 확실하지 않으나 아마 이 가운데는 어느 책에 인용되어 있는 서명도 있으리라고 짐작한다. 그러나 흑산도에서 이 책을 쓰면서 이 많은 기록을 조사하고 일일이 고증하기 위해서는 대단한 노력이 필요했을 것이며, 식견 또한 넓었을 것이라고 생각한다. 그는 무척 부지런하고 철저한 학자였던 것이다. 또한 어류에 대한 조사를 하면서 이것이 사람들의 일상생활에 어떠한 가

---

12) 같은 책, 59

치가 있는지를 잊지 않고 있었다. 홍어조(鯗)에 대해서 예를 들면 다음과 같다.

> 동지 후에 비로소 잡히나 입춘 전후에야 살이 찌고 제 맛이 난다. 2월에서 4월이 되면 몸이 쇠약해져 맛이 떨어진다. 회, 구이, 포 등에 모두 적합하다. 나주 가까운 고을에 사는 사람들은 즐겨 썩힌 홍어를 먹으며, 지방에 따라 기호가 다르다. 배에 복결병(復結病)이 있는 사람은 썩은 홍어로 국을 끓여 먹으면 더러운 것이 제거된다. 이 국은 주기(酒氣)를 없애는 데 효과가 있다. 그리고 또 뱀은 홍어를 기피하기 때문에 그 비린 물을 버린 곳에는 뱀이 가까이 오지 않는다. 대체로 뱀에 물린 데에는 홍어 껍질을 붙이면 잘 낫는다.[13]

이 홍어가 복결병이나 주기를 없애는 데도 효과가 있으며, 또한 뱀에 물린 데에도 효과가 있음을 상세하게 밝히고 있다. 또한 오징어의 뼈는 상처를 아물게 하며 새 살을 돋게 하고, 그 뼈는 말이나 당나귀 등의 등창을 고치는 데에도 특효가 있음을 밝히고 있다. 그리고 전복의 내장은 종기를 치료하는 데 좋은 약이 된다고도 하였다. 이러한 서술을 보면 그가 어류를 관찰함에 있어서 항상 사람들의 생활에 얼마나 유익한 것인지를 염두에 두고 있었음을 알게 된다.

이상의 검토를 종합해 보면, 『자산어보』는 세밀하고 철저한 관찰과 치밀한 고증을 바탕으로 저술된 것이며, 궁극적으로는 인간의 생활에

---

13) 같은 책, 72

유익하게 사용될 수 있도록 만들어진 것이라는 결론에 이르게 된다. 사실 정약전은 이 책의 짧은 서문에서 어보를 만들기 위하여 섬사람들을 널리 만나 보았으나 사람마다 설명이 달라 어느 말을 믿어야 좋을지 몰랐다고 하면서, 그 섬에 사는 장덕순(張德順), 즉 창대(昌大)라는 사람의 도움으로 물고기의 연구를 지속할 수가 있었다고 하였다. 창대라는 사람은 성격이 조용하고 정밀하여 대체로 그곳의 생물들에 대하여 세밀하게 관찰하고 깊이 생각하여 그 성질을 이해하고 있었으므로 이 책을 쓰는 데 큰 힘이 되었던 것이다. 그러므로 『자산어보』는 현지인의 증언과 자신의 관찰을 바탕으로 씌여진 것이다. 이는 결코 수월한 작업이 아니었다. 이처럼 그가 힘든 과정을 거쳐 『자산어보』를 저술하게 된 목적은 인간 생활에 실질적인 도움이 되도록 하기 위함이라고 밝히고 있다.

> 후세의 선비가 이를 수윤(修潤)하면 이 책은 치병(治病)과 이용(利用), 그리고 이치를 따지는 집안에 있어서는 도움이 될 것이다.14)

이 점은 실로 당시 이용후생적인 실학사상이 어류의 조사연구에 반영된 구체적인 증거였다.

그는 20대에서 40대에 이르는 동안 유교적인 이치를 폭넓게 탐구하면서, 나아가 유클리드의 정밀한 기하학의 세계를 깊이 알게 되고, 천주교와 같은 새로운 종교 신앙에도 빠져들었던 인물이었다. 그는 18세기 조선왕조의 학문과 사상적 분위기 속에서 벗어나 새로운 학문적인 방법

---

14) 같은 책, v.

론과 가치체계를 찾아 방황하였던 것이다. 『자산어보』에 나타나는 생생한 관찰력과 치밀한 고증, 그리고 깊이 있는 인본주의 정신은 이러한 방황과 모색의 생애 속에서 터득된 것이었다. 이러한 점에서 이 책은 우리나라의 어류를 연구하는 데에 기여할 뿐 아니라, 당시 실학적인 학풍을 구체적으로 확인할 수 있다는 점에서 그 가치가 돋보이는 것이라고 생각한다.

4. 『자산어보』에 숨겨진 소망

앞에서 『자산어보』에 대하여 살펴보았지만, 이러한 검토만으로 끝낼 수는 없을 것 같다. 필자는 이 책을 보면서 항상 심각한(?) 의문에 사로잡히곤 하였다. 그 옛날에 흑산도라면 가히 절해고도(絶海孤島)로 여겨졌을 것이다. 이곳에 억울하게 유배당하여 16년간을 살았던 정약전은 무슨 생각을 하였을까? 사랑하던 모든 것으로부터 격리되어 그 오랜 세월을 어떻게 살아 갈 수 있었을까? 그러한 상황에서라면 누구나 말할 수 없는 외로움과 자신을 그러한 지경으로 몰아낸 모든 것에 대한 분노, 그리고 끝없는 절망감을 느끼지 않을 수 없을 것이다. 그는 그러한 감정을 더 직접적으로 터뜨릴 수 있는 글을 쓸 수도 있었을 것이다. 그러나 그러한 글은 전해지지 않는 것이 아니라 쓰지 않은 것이 분명해 보인다. 감정이 전적으로 배제된 채 이 『자산어보』를 썼다는 것이 그의 삶 가운데서 어떠한 의미를 가질 것인가? 그는 전혀 분노와 절망감을 느끼지 않았던 사람이었던가? 이 모든 의문이 이 책을 읽을 때마다 나의 가슴 속에 가득 찼던 것이다. 그런 의미에서 우리는 그의 성품과 유배생활에 대하여 좀 더 알아보아야 한다고 생각한다.

정약전은 매우 섬세한 사람이었던 것 같다. 초천(苕川)으로 낙향한 후 자신의 서재를 매심(每心)이라고 짓고, 동생인 다산에게 「매심재기」(每心齋記)를 짓도록 부탁하면서 다음과 같이 말하였다.

매심이라는 것은 뉘우침(悔)이다. 나는 뉘우칠 일이 많은 사람이다. 나는 그러한 뉘우칠 일을 잊지 않고 항상 마음에 두려고 (매심을) 서재의 이름으로 했으니 네가 그것에 대한 기(記)를 짓도록 해라.15)

위의 글은 다산이 지은 「매심재기」에서 인용한 정약전의 말이다. 그에 의하면 매심은 '회'(悔)자를 분해한 것이니, 항상 자기 반성적인 생활을 영위하고자 하는 서실 주인의 마음가짐을 잘 보여주고 있다. 그는 자신을 일러 항상 뉘우칠 일이 많은 사람이라고 했던 것이다. 다산은 이 「매심재기」에서 다음과 같이 말하고 있다.

뉘우침이 마음을 수행하게 하는 일은 분뇨가 새싹을 키우는 것과 같다. 분뇨는 부패하여 썩어서 밑거름이 되어 좋은 곡식을 맺게 한다. (이처럼) 죄나 잘못을 뉘우침으로써 덕을 함양시킬 수가 있으니, 그 이치가 한가지라 하겠다. 나의 뉘우칠 일은 작은 형님의 만 배나 되니 (차라리) 매심을 나의 서실 이름으로 삼을 수가 있을까?16)

이상에서 보는 것과 같이 다산은 부단히 진리에 정진하고자 하는 형

---

15) 丁若鏞, 「茶山散文選」, 285
16) 같은 책, 286

의 뜻을 기렸던 것이다. 그러므로 정약전은 무척 섬세한 사람이었다고 생각된다. 이처럼 자기반성적인 사람은 항상 자신을 되돌아보는 생활을 하기 때문에 화려하다기보다는 소박한 생활을 하며, 업무가 많고 남의 이목을 크게 모으는 공직생활에 어울리기보다는 현실과 일정한 거리를 두고 조용하게 살아가기 마련이다. 이러한 모습은 그가 관직에 적극 나아가려고 애쓰지 않았다는 점에서도 알아 볼 수 있지만, 동생인 다산에게 했다는 다음과 같은 말 속에서도 엿볼 수가 있다.

너(다산)는 모(某) 상서(尙書), 모(某) 시랑(侍郞)과 좋아 지내지만 나는 술꾼 몇 사람과 구애됨이 없이 큰 소리치고 이렇게 살아간다. 그렇지만 바람이 일어나고 물이 치솟으면 어느 쪽이 서로를 배신해 버릴지는 알 수 없다.17)

위의 글은 다산이 지은 「사헌부 지평윤무구(지눌)묘지명」[司憲府 持平尹无九(持訥)墓誌銘] 가운데 나오는 구절이다. 정약전은 윤지눌, 윤영희, 이유수 등과 어울려 친하게 지내면서 남산 아래에 모여 '술을 마시고 떠들어 대며 잡된 오락'을 즐기기도 하였다. 이들은 '모두 비분강개'한 인사들로서 권력과 세속에 아첨이나 하는 세태를 매우 비판하는 사람이었다고 다산은 이 글에서 지적하였다. 그러므로 위의 인용문에서 보이는 바와 같이 조정에서 관직생활에 열중하는 다산에 대하여 정약전은 한번 상황이 바뀌면 지금 믿고 지내는 사람 중에 의리를 배반하는 사람이

---

17) 같은 책, 175.

적지 않을 것이라고 충고를 한 것이다. 당시의 분위기 속에서 그와 같이 섬세하고 자기반성적인 사람들은 현실과 일정한 거리를 두고 지낼 수밖에 없었던 것이다.

그러나 그를 단순한 현실도피론자로 판단할 수는 없다. 이미 살펴본 바와 같이 그는 당시의 형식화되어 입신출세나 지양하는 학문태도를 지양하고 진실을 추구하기 위하여 부단히 노력을 한 사람이었다. 그는 성호의 학문에 깊이 영향을 받고, 이어 권철신의 문하에서 본격적으로 공부를 하면서 주어사 강학회를 주관하였으며, 서학과 천주교에 대하여 적극적인 관심을 가지고 접근했던 지적인 모험가였다. 그는 다산이 말한 그대로, '정밀한 지식과 꿰뚫는 식견을 묵묵히 마음속에만 가득 감추어 두고' 살았던 사람이었지 자신의 감정을 직접적으로 드러내는 사람이 아니었던 것 같다. 다산과는 달리 그가 남긴 글이 매우 적다는 것도 이러한 성품과 무관하지 않은 것 같다.

이와 같은 그에게 16년간에 걸친 절해고도에서의 유배생활은 말할 수 없는 고통을 주었다고 생각한다. 다산과 그는 새로운 유배지인 강진과 흑산도로 갈 때 같이 만났던 듯하다. 형제가 나란히 유배지를 향하면서 어떤 생각을 했을까? 그들이 나주(羅州) 어귀의 율정점(栗亭店)에 이르러서는 서로 길을 달리해야만 했다. 이때의 심정을 다산은 「율정별」(栗亭別)이란 시에서 이렇게 읊었다.

주막에 등 밝으니 하늘빛 사라지고
일어나 밝은 별을 보니 다가올 이별 더욱 슬퍼
망연히 마주 보며 할 말을 잊고

솟구치는 슬픔에 목이 메인다
멀고 먼 흑산도는 바다 하늘 잇닿는 곳
형이 어찌 그 곳에 살 수 있으리[18]

이제 길이 한번 나뉘면 다시 만날 날을 기약할 수 없는 이별을 앞두고 자신의 참혹한 심정을 이렇게 읊으면서, 다산은 자기와 달리 멀고먼 섬으로 가는 형에 대한 걱정에 발길을 떼지 못하였던 것이다. 정약전의 심정도 그와 같았을 것이다. 이러한 심정으로 흑산도에 가서 지내다가 7년 만에 아들 학초의 사망소식을 접하였다. 다산의「형자학초묘지명」(兄子學樵墓誌銘)을 보면, 정약전은 여러 명의 아들을 낳았으나 모두 중간에 잃고, 늦게 이 아들을 두어 몹시 사랑스러워 했다고 한다. 그가 흑산도로 귀양살이를 떠날 때, 학초는 열한 살이었다. 당시 그의 집에는 뱀을 쫓는 데 효력이 있다는 사안주(蛇眼珠)라는 희귀한 구슬이 있었던 모양이다. 학초는 아버지의 유배지에 뱀이 많을 것을 염려하여 이를 길 떠나는 아버지에게 드리는 장면을 다산은 이렇게 쓰고 있다.

학초가 울면서 (사안주를) 아버지(정약전)에게 드리면서 "흑산도는 칙칙 우거진 곳이어서 무서운 뱀들이 많은 곳입니다. 바라건대 이것을 가지고 가셔서 몸을 보호하십시오" 하니, 선생께서 받아 가지고 주머니에 넣으면서 역시 눈물을 줄줄 흘리면서 마침내 서로 헤어졌다.[19]

---

18) 정약용,『증보 여유당전서』(경인문화사, 1970) 제1집 제1권, 74
19) 같은 책, 216

이렇듯 애절한 이별을 나눈 지 7년 후에 아들 학초는 죽고 말았다. 이 소식이 흑산도에 그대로 전해졌는지, 전해졌다면 이 슬픈 소식에 접한 정약전의 심정이 어떠했는지는 전해지는 바가 없다. 그러나 짐작하기 불가능한 것은 아니다.

유배지 흑산도에서의 생활이 어떠했는지를 알려주는 자료도 거의 없다. 그와 같은 절박한 상황에서 자신을 저버린 현실에 대한 분노도 느꼈을 것이며, 사랑했던 그 모든 것으로부터 격리되었기에 말할 수 없는 외로움과 슬픔, 그리고 절망감을 금할 수 없었을 것이다. 그러나 그는 이러한 심정을 토로하는 단 한 편의 글도 남기지 않았다. 오직 『자산어보』만이 흑산도에서의 생활을 말해 주고 있을 뿐이다. 그러나 이 책은 어류 생태에 관한 것이어서, 이것을 가지고는 그의 복잡한 심정을 알아낼 길이 없다. 그렇다고 우리가 생각하는 그러한 심정을 전혀 느끼지 못하는 사람이었다고 생각할 수 있을까? 그러나 앞에서 살펴본 바와 같이, 그는 섬세하고 다감한 사람이었다. 아무런 생각 없이 그곳에서 생활할 수는 없는 노릇이었다.

다산이 쓴 그의 묘지명에는 그의 흑산도에서의 생활 모습의 한 면이 다음과 같이 서술되어 있다.

공이 바다 가운데로 돌아온 때부터는 더욱 술을 많이 마셨는데 상스러운 어부들이나 천한 사람들과 패거리가 되어 친하게 지내며 다시는 귀한 신분으로서의 교만 같은 것을 부리지 않았기 때문에 더욱 섬사람들이 기뻐하여 서로 싸우기까지 하면서 자기 집에만 있어 달라고 하였다. 그러는 동안 우이(牛耳, 흑산도 입구의 작은 섬)로부터 흑산도에 들어가 살았다. 약용이 석방되었다는 것과 또 이미 대계(臺啓)가 정지되었다는 소식을 듣고는 "차마 내 아우로 하여금 바다를 두 번이나 건너며 나를 보러 오게 할 수는 없지 않은가. 내가 마땅히 우이보에 나가서 기다려야 되지"라고 하고는 우이로 돌아가려고 하였는데, 흑산도 사람들 중에 말깨나 하는 사람들이 모두 일어나 공을 붙들고 떠나지 못하게 하자 공이 몰래 우이보 사람들을 시켜서 야밤을 타 안개 낀 때에 첩과 두 아들을 배에 싣고 돛대도 내리고 그냥 몰래 빠져 나갔는데 안개가 걷히고 날이 밝자 흑산도 사람들이 알아차리고서는 급히 배를 타고 바다 가운데까지 쫓아와서는 배를 빼앗아 돌아와 버리니 아무리 사정해도 방법이 없었다. 한 해가 넘도록 섬사람들에게 공이 약용과의 정리를 가지고 애걸한 탓에 겨우 우이보로 돌아올 수 있었다.[20]

위의 기록에 의하면, 정약전은 흑산도에서 더욱 술을 많이 마셨으며, 그곳의 섬사람들과 친하게 지냈다는 점을 알 수 있다. 그는 술을 많이 마시지 않을 수 없었을 것이다. 위의 기록에 의하면, 다산이 유배에서 풀리면 흑산도로 그를 만나러 오라는 소식을 들은 듯하다. 그러므로 동생을 보고 싶은 마음이 간절하여 흑산도보다도 조금은 육지에 가까운 우이보로 나가려고 했던 것이다. 1810년 이후 다산을 석방하려는 노력이 있었는데, 아마 이러한 조정의 분위기를 알고 있던 다산이 1814

---

20) 같은 책, 206-207

년경에는 풀려나리라고 생각하고 형을 만나러 가겠다고 소식을 전했던 것 같다. 그러나 결국 반대파의 방해로 석방되지 못하였다.

위의 사료에는 정약전이 동생을 그리워하는 심정이 매우 잘 나타나 있다. 아마도 그의 안타깝고 그리운 심정은 여기에 표현된 것보다 훨씬 더 간절했을 것임을 짐작할 수 있다.

결국 정약전은 그렇게 보고 싶어 하던 동생을 보지 못하고 그곳에서 3년을 지내다가 결국 1816년 죽고 말았다. 『자산어보』에 감정이 전혀 표현되어 있지 않다고 해서 그가 아무런 생각이 없었던 사람은 아니었던 것이다.

흔히 조선시대의 사대부들은 유배지에서 자신의 심정을 읊는 시도 많이 쓰고, 혹은 자신이 처한 현실에 대한 생각을 정리하는 저술을 남기곤 하였다. 다산 같은 이가 대표적인 사람이었다. 그러나 정약전은 그렇지 않았다. 전해지지는 않지만, 그도 귀양지에서 『논어난』(論語難) 2권, 『역간』(易柬) 1권, 『송정사의』(松政私議) 1권 등을 남겼다. 그러나 어디에도 자신의 심정을 토로한 글은 남기지 않았다. 그러나 다산이 자신의 저술 원고를 보내면 정약전은 이를 읽고 논평하는 과정에서 일정하게 학문 활동을 지속하고는 있었다. 그러나 다산과 서신을 주고받는 가운데에서도 자신의 간절한 심정을 따로 표현한 작품을 썼다는 기록은 찾을 수 없다. 그런 의미에서 『자산어보』의 서문의 첫 대목에 좀 더 주의를 기울여야 하지 않을까 한다.

자산은 흑산(黑山)이다. 나는 흑산에 유배되어 있어서 흑산이란 이름이 무서웠다. 집안사람들의 편지에는 (흑산을) 번번이 자산이라고

쓰고 있다. '자'(玆)는 '흑'(黑)과 같은 뜻이다.21)

이 서문의 첫머리에서 흑산이라는 이름이 무서워서 이를 자산이라고 바꾸어 부른다는 사실을 먼저 기록하였다. 그는 흑산이 무서웠던 것이다.『자산어보』에 유일하게 남아 있는 유배지 생활에 대한 그의 직접적인 표현은 무섭다는 것이었다. 한가하게 물속에서 노니는 물고기들을 관찰하다가 여가에 기록하여 남긴 결과가 아니라 무서운 생활 속에서 이 책을 쓴 것이었다. 때문에 이러한『자산어보』를 읽으면서, 나는 한 줄 한 줄 써나갔던 그의 내면 깊숙이 숨어 있는 그 어떤 생각의 정체를 짐작해 보지 않을 수 없었다.

그는 흑산도에서 할 수 있는 수많은 일 가운데 하필이면 어류에 대한 저술을 하였을까? 그는 결코 어류 학자를 꿈꾸는 사람은 아니었다. 물론 흑산도라는 지역적 상황을 본다면 이 부분은 설명이 가능한 것이기도 하다. 그러나 그와 같이 절박하고 외롭고 고독한 생활 가운데서 소일거리로 어류 관찰을 하였을까? 이렇게 생각하다 보면, 이 책의 근본적인 저술 동기는 어류 관찰에 있는 것이 아니라, 이 책에는 거의 표현되지 않은 내면 깊숙이 자리 잡은 그 어떤 생각을 표현하고자 한 것이 아니었을까 하고 추측된다. 말하자면 그는 흑산도에서 볼 수 있는 망망한 바다와 그 속에서 자유롭게 어울려 사는 수많은 어족들을 자신을 불행하게 만든 현실과 연결하여 꿈에서나마 바다처럼 넓고 관대한 세계에서 다종다양한 생각을 가진 사람들이 다 어울려 살 수 있는 이상향을 그리

---

21) 정약전, 자산어보, IV

려 했던 것은 아니었을까 생각해 보는 것이다.

5. 정약전·정약용과 천주교: '每心齋記'

'매심재'는 정약전이 스스로 지은 서재의 이름이다. 정약전은 서실의 이름을 '매심재'라 짓고 동생 정약용에게 '매심재'에 대한 글(每心齋記)을 써 달라고 청했다. 그러므로 '매심재기'란 정약용이 둘째 형 정약전의 서재 이름에 붙인 글이라 하겠다. 짤막한 이 '매심재기'가 학문적으로 깊이 검토된 적은 없는데, 필자는 정약전 정약용 형제의 사상에 천주교 신앙이 미친 영향을 살피는 데 있어서 매우 중요한 기록이라고 생각하고 있다. 그 전문을 부족한 대로 옮기면 다음과 같다.22)

1. 둘째 형님이 초천(苕川)으로 귀향하신 다음, 그 서재 이름을 매심(每心)이라 짓고는 내게 그에 대한 글을 쓰라고 하시면서, "매심(每心)이라는 것은 뉘우침(悔)이다. 나는 뉘우칠 일이 많은 사람이다. 나는 그러한 뉘우칠 일을 잊지 않고 항상 마음에 두려고(每心) 서재의 이름으로 했으니 네가 그것에 대한 기(記)를 짓도록 해라"고 말씀하셨다.

2. 내가 듣건대, 사람에게는 형상(形象)과 기질(氣質)이 있게 마련이어서, 비록 가장 지혜로운 사람이라 할지라도 허물이 없을 수 없다. 그가 성인(聖人)인가 광인(狂人)인가는 오직 그 잘못을 뉘우치느냐, 아

---

22) 丁若鏞, 「茶山散文選」, 284-286 매심재기는 박석무의 번역을 참조하였으나 의미를 명료하게 드러내기 위해 필자가 번역한 부분도 있다.

니냐에 달린 것이다. 그렇기 때문에 이윤(伊尹)이 말하기를, "아무리 광인이라 해도 생각하기만 하면(念) 성인이 될 수가 있으며, 성인이라 해도 생각하지 않으면 광인이 되고 만다"라 하였다. 공자(孔子)가 말씀하시기를, "비록 주공(周公)이 지닌 재주가 아무리 빼어나다 하더라도, 교만하여 인색하다면, 그 나머지는 족히 볼 것이 없다"고 하였다. 여기서 인색하다는 것(吝)은 '뉘우치지 않는다(不悔)'는 말이다. 공자(孔子)가 말씀하시기를, "내가 몇 년을 더 살게 되어 끝내 『주역』(周易)을 깨우치게 된다면 참으로 큰 허물은 없이 산다 할 것이다"라 하셨다. 무릇 주공과 공자 같은 성인들은 뉘우칠 만큼의 잘못은 없을 것인데 그 말씀이 이와 같으니, 하물며 평범한 사람들에 있어서랴.

3. 『주역』(周易)은 잘못을 뉘우치는 것에 관한 책이다. 성인들은 걱정과 근심거리가 있을지라도 하늘을 원망하지도 않고 다른 사람의 탓으로 돌리지도 않으며, 오로지 모든 것이 자신의 탓이라고 스스로 뉘우치기만 하였다. 그러므로 문왕(文王)이 유리(羑里)에 갇혀 있을 때 비로소 처음으로 『주역』을 지었으며, 공자는 진채(陳蔡) 사이에서 곤경에 처했을 때 「십익」(十翼)을 두었으니, 주역 64괘(卦)란 모두 뉘우치고 뉘우치지 않는 것으로 기본을 삼은 것이다. 이로 본다면 성인이라 할지라도 어찌 뉘우칠 일이 없겠는가? 만약 성인이라도 뉘우치지 않는다면, 성인은 우리와 같은 사람이 아닐 것이니, 우러러 보아야 할 까닭이 어디에 있겠는가? 안자(顏子)는 인(仁)을 행함에 있어서 같은 과실을 되풀이 하지 않았으며, 자로(子路)는 용(勇)을 행함에 있어 자신의 과실을 지적하는 말을 듣기를 좋아했다. (그러므로) 뉘우칠

일인 데도 잘못이라 여기지 않는 것이야말로, 큰 허물이 되는 것이다.

4. 형님이 그 서재 이름을 지음에 있어 어찌 그 뜻이 크다 하지 않으리오. 그러나 뉘우침에도 일정한 도리가 있다고 생각한다. 만약 밥 한술 먹는 동안에 불쑥 분통이 터지듯 뉘우치다가 그만 뜬 구름이 허공을 지나가듯 사라지고 만다면 그게 어찌 뉘우침의 도라 하겠는가? 조그만 잘못이라면 그것을 바로잡고 나서 잊어버려도 그만이지만, 큰 잘못이라면 비록 그것을 바로 잡았다 하더라도 하루라도 뉘우치는 일을 잊어서는 안 된다.

뉘우침이 마음을 기르는 것은 마치 똥이 새싹을 기르는 것과 같다. 똥이 썩어 좋은 곡식을 기르는 거름이 되는 것처럼, 뉘우침은 죄로 말미암은 것이지만, 마음을 길러 덕성을 함양할 수 있는 것이니, 그 이치가 매한가지라 하겠다. 나는 뉘우칠 일이 형님의 만 배나 되리니, 이 이름을 나 서재의 이름으로 삼게 해달라고 조를까? 그러나 (그것을) 마음에 담고 살면 되는 것이니, 구태여 내 서실의 이름으로 삼지 않아도 좋을 것이다.

위의 글에 의하면, 정약전은 "매심," 즉 뉘우침을 자기 삶의 모토로 정하고 있었음을 알 수 있다. 그리고 이러한 형의 청에 따라 쓰여진 정약용의 "뉘우침의 철학"을 우리는 특별히 주목해야 한다고 생각한다. 다산은 멀리 주공에서부터 공자를 거쳐 안자 자로에 이르는 유교의 성인들과 주역과 같은 고전의 가장 근본적인 가르침이 뉘우침에 있다고 정리하였다. 말하자면 형 정약전의 "뉘우침의 삶"을 그처럼 멀고 유장(悠長)한 유교의 전통 속에서 찾아내고, 형의 삶의 뜻이 높고 고매함을 드러내고자 하였다. 그리고 나서 그는 뉘우침은 자신이 지은 죄로부터 비롯되는 것인데, 이것은 마치 더러운 똥이 썩어서 오곡을 익게 만드는 거름이 되는 이치와 같다고 풀이하였다. 말하자면 비록 죄를 범했다 하더라도 뉘우침을 통해 마음의 덕성은 더욱 함양된다고 정약용은 말하고 있는 것이다.

필자는 중국 고전의 세계는 물론이거니와 그에 대한 풀이 모두에 대해 너무도 아는 것이 없다. 그러나 모든 유교적 가르침의 핵심을 "뉘우침"으로 본 다산의 견해나 그것을 목표로 삼아 정진하겠다는 정약전의 뜻 모두는 매우 새로운 관점이라 생각한다. 말하자면 필자는 죄와 뉘우침에 대한 정약전 정약용 두 형제의 생각은 그들이 젊어서 접했던 천주교의 가르침이 아니고서는 그 근원을 설명하기 어렵다고 생각한다. 뉘우침(悔)은 바꾼다는 개(改)의 의미를 내포하고 있다. 죄를 뉘우쳐 죄를 범하지 않는 새로운 사람으로 거듭남을 의미한다. 이는 항상 자신이 부족한 존재라는 생각이 앞서야 하며, 동시에 부족하지만 뉘우침을 통해 새 사람, 더 나은 사람으로 거듭날 수 있다는 희망이 전제되어야 한다. 죄와 회개, 죽음과 부활의 가르침은 유교적 전통에서는 찾아보기 어렵다. 적어도 조선시대에 들어와 지배자의 이데올로기가 된 성리학의 가르침에서 이러한 죄와 뉘우침의 교리를 발견할 수는 없을 것이다. 그런 의미에서 이 "매심재기"는 정약전과 정약용 형제의 핵심적 사상에 천주교가 어떻게 영향을 주었는가를 살피는 데 있어서 매우 소중한 자료가

되고 있다고 생각한다.23)

　물론 이러한 영향을 강조한다 해서 이들이 천주교 신자로서 평생을 살았다고 할 수는 없다. 신유박해에 몰려 멀리 추방된 삶을 살았지만, 그들은 이미 천주 신앙을 버렸던 것이다. 그러나 이들에게 닥친 고통의 삶은 그들로 하여금 더 영적으로 성장하게 만들었음이 틀림없다. 이미 젊어서부터 새로운 가르침을 찾아 사상적인 편력을 겪었던 그들에게 고통의 신비를 강조하던 천주교의 가르침이 특별한 의미로 되새겨지는 순간이 적지 않았을 것이라고 짐작하는 것은 지나친 일은 아니다.

　최근 '호남교회사연구소'의 김진소 신부에 의해 흑산도에서의 정약전의 모습에 대한 새로운 자료가 발견되었다. 1901년 이후 목포성당 주임신부였던 불란서인 더예(Deshayes Albert, 1871-1910) 신부는 흑산도에 사목방문을 다녀온 결과를 1902년 6월 6일자로 뮈텔 주교에게 제출한 「사목 보고서」(1901. 6 - 1902. 5)에서 다음과 같이 보고하였다.

　… 저는 정약전이 흑산도에 있는 박인수네 집에 귀양 가 있었다는 것을 알았습니다. 박인수도 교우가 되었습니다. 정약전은 한국어 성가의 가사를 만들었는데 제가 그것을 받게 되면 곧 주교님께 보내드리겠습니다. 이 최초의 교우에 대한 평판은 존경에 가득 찬 것이었습니다. 모든 사람이 그를 겸손과 정결함의 모범으로 이야기하고 있습니다.

---

23) 특히 서학이 정약용의 사상에 미친 영향이 컸다는 것은 최근의 연구성과로 더욱 확실시되고 있다 이에 대해서는 김승혜 외, '다산사상 속의 서학적 지평(서강대학교 출판부, 2004) 참조

이 더예 신부의 「사목보고서」는 어디까지나 정약전이 세상을 떠난 후 80년 이상이 지난 다음 흑산도 신자들의 말을 전한 것에 지나지 않는다. 그러므로 정약전이 천주교에 입교했다가 전례문제가 발생했던 1791년 이후에 교회를 떠났는데, 흑산도 유배시절에 다시 신앙을 되찾았다고 확정적으로 해석할 필요는 없다. 그러나 유배지에서의 특수한 상황을 고려해 본다면, 더예 신부의 보고는 흑산도에서의 그의 모습의 일면을 보여주고 있다는 점에서 매우 흥미로운 자료라고 생각한다. 말하자면 그가 사랑하는 모든 것으로부터 격리된 16년간에 걸친 흑산도에서의 외로운 생활은 끝내 그를 죽음으로 몰고 갈 정도였다. 그런 그에게 회개와 부활의 가르침은 각별한 의미로 되새겨졌을 가능성을 부인할 수는 없다. 그가 지녔던 해박한 유교적인 지식과 서학과 같은 신학문에 대한 깊은 조예와 더불어 천주교의 가르침은 그를 더욱 영성적인 사람으로 만들었음이 틀림없다. 흑산도에서의 정약전을 이해함에 있어서 이 정도면 충분한 것이지, 그가 천주교회가 인정하는 신자였느냐 아니냐는 필자의 관심에서 거리가 먼 질문이다. 그러므로 필자는 『자산어보』가 그처럼 깊어진 정약전의 영성에 대해서 알고 읽을 때 이해될 수 있다고 확신한다.

6. 나가는 말

이상에서 제한된 자료를 가지고 정약전과 『자산어보』에 대하여 살펴보았다. 그는 매우 비극적인 인물이었다. 20대 초반에서 40대 초반까지 20여 년 동안 새로운 학문적인 진실을 찾아 헤매었던 사람이었다. 그러나 그에게 주어진 보답은 흑산도로의 유배였다. 그는 16년을 흑산도에서 머물다가 결국 그곳에서 일생을 마쳤다. 아마도 유배지에서의 객고(客苦)가 그의 생명을 단축시켰을 것임에 틀림없다. 그런 의미에서 그는 인생의 실패자였다. 그러나 『자산어보』가 지금까지 전해져 그의 존재를 우리에게 일깨워 주고 있다.

그는 자신이 살던 현실 속에서 매몰된 사람이었지만, 이 책으로 인하여 역사 속에서 부활한 사람이 된 것이다. 그런 뜻에서 그의 삶은 오늘날의 우리에게도 매우 고귀한 의미를 지니고 있다고 생각한다. 먼 바다 외딴섬에서의 억울한 유배생활은 누구에게나 견디기 어려운 시련이었다. 자신이 살던 사회에서 격리된다는 것은 누구에게나 죽음을 의미하는 것이다. 그것은 엄청난 좌절이었다. 더욱이 정약전은 영웅호걸과 같은 배포와 기개를 자랑할 만한 인물은 결코 아니었다. 그는 섬세했으며, 항상 자신을 되돌아보며 살아가는 소심한 사람이었다. 그러나 그는 그런 절박한 생활 속에서도 사색하기를 멈추지 않았던 것이다. 『자산어보』와 같은 이지적인 책을 그런 상황 속에서 집필하였다는 것이 그 명백한 증거이다.

그는 말할 수 없는 괴로움 속에서도 생각하기를 멈추지 않았으며, 이것이 그로 하여금 미래를 낙관하게끔 만들었다. 언젠가는 이 책이 읽히고 자신의 존재가 밝혀진다는 희망이 없었다면 이러한 업적을 남길 수 없었을 것이기 때문이다. 그러한 점이 오늘을 살아가는 우리에게 무한한 감동과 용기를 주는 것이라고 하겠다. 유배지에서의 16년간은 19세기 초반으로서 수세기를 지속해 왔던 조선왕조의 사회가 무너져가던 때였다. 이때는 진실로 우리 역사의 암흑기로 생각될 수도 있으며, 또 그렇게 생각하는 사람도 많이 있을 것이다. 그러나 이러한 시대에 저 먼 바닷가 한구석에서 물고기의 생태를 관찰하며 그 관찰 결과가 언젠가는 사람들에게 유익하게 읽혀지기를 바라는 희망을 다듬고 있던 이 한 사람의 생애를 통하여 우리는 무한한 기대와 용기를 얻을 수 있을 것이다.

한국천주교회사의 현재적 의미를 생각하며

1

이 책을 통하여 나는 대체로 18세기 중엽부터 19세기 중엽까지의 100여 년 간의 한국천주교회사에서 나의 관심을 끄는 이야기들을 소개하였다. 이 시기는 천주교의 교리가 신앙으로 받아들여지고, 한국에 천주교회가 성립해 가던 때였다. 그리고 이 한국천주교회 역사의 여명기는 모진 박해가 가해지던 시련의 시대였다. 이때는 또한 사상적으로 성리학이 미치는 영향이 매우 완강한 시대였으면서 동시에 성리학이 아닌 새로운 사상에 대한 갈구가 크게 일어나던 시대였다. 그리고 양반을 중심으로 하는 신분제적인 질서가 아직도 확고하던 때였다. 이러한 역사적 배경 속에서 전개된 한국천주교회 초기의 역사가 지니는 의미는 어디에 있는 것일까?

1623년 조선왕조에서는 광해군을 축출하고 인조를 왕으로 추대하는 소위 인조반정(仁祖反正)이라는 큰 사건이 일어났다. 이 문제는 단순히 국내적인 문제에 그치지 않고 당시 만주에서 새롭게 일어난 여진족(女眞族)과의 마찰을 불러일으켰다. 새로운 세력으로서의 여진과 평화로운 관계를 유지하기 위해 노력한 광해군의 실각은 곧 여진족의 침입을 초래하여 1627년에는 정묘호란(丁卯胡亂)이 있었다. 이때 조정에서는 강화를 청하고 "형제의 맹약"을 맺을 것을 약속하여 여진(당시 국호를 後金이라

함.)의 군대를 철수시킬 수가 있었다. 그 후 후금의 황제 태종(太宗)은 국호를 청(淸)이라 칭하고 사신을 조선에 보내어 "군신(君臣)의 관계"를 맺을 것을 요구하자, 조선왕조는 이에 반발하여 청의 요구를 거절하였다. 이에 청 태종은 1636년에 대군을 거느리고 조선을 다시금 침략하였는데, 이것을 병자호란(丙子胡亂)이라 한다. 조선왕조는 저항다운 저항도 한 번 해보지 못하고 왕 이하 모든 신하들이 남한산성으로 피난하였다가 결국 청에게 항복을 하고 그 조건을 다 수락하는 수모를 겪었던 것이다.

청의 이 침략 사건은 조선왕조의 사상사에도 커다란 영향을 끼쳤다. 이 전쟁에서 조선이 여진족의 청나라에 항복하였다는 사실은 조선왕조의 지배체제에 깊은 상처를 남겼던 것이다.

조선왕조는 유교국가였으며, 유교이념에서는 가정의 윤리[孝]와 국가에 대한 윤리[忠]를 동일시하였다. 그리고 국가적인 관계를 설정하는 데서도 이러한 충과 효의 윤리는 적용되게 마련이었다. 이런 윤리와 세계관에 따르면, 자연히 중국은 군부(君父)의 나라요, 조선은 신자(臣子)의 나라였다. 그러므로 여진이 중국(明)을 멸망시키고, 그 여진에게 조선이 항복하였다는 것은 유교적인 이념으로는 도저히 용납될 수 없는 치욕스런 일이었다. 말하자면 이러한 사실은 자식이 아비를 죽인 사건이요, 아비를 죽인 자를 아비로 섬긴다는 것을 의미하는 것이었다. 이렇게 되면 유교적 윤리에 입각하여 국가적 지배체제를 구축하였던 조선왕조의 권위는 땅에 떨어지는 것이며, 조선의 지배체제는 백성들에 대한 실제적 권위를 잃게 될 것이었다.

이것은 이념적으로 조선왕조가 심각한 위기에 처했음을 의미하는 것이었다. 그러므로 호란 직후부터 송시열을 대표로 하는 조선의 사상계는 현실적인 상황을 어쩔 수 없이 받아들이긴 하지만, 관념적으로는 여진[淸]의 존재를 인정치 않겠다는 자세를 취하게 되었던 것이다. 그러면서 조선후기의 성리학은 현실과 괴리되기 시작하였으며, 고도로 교조적인 것으로 변질되어 갔다.

그러므로 조선후기의 성리학은 그 나름대로 인간과 우주에 대한 보편적 가치를 추구해 가던 16세기 이래의 전통에서 벗어나, 왕조의 체제를 유지하기 위한 이념적인 보루로서 전락해 갔던 것이다. 청나라는 엄연한 사실로서 중국을 지배하고 있었으며, 조선은 사실상 청의 권위에 굴복하였으면서도 이것을 인정할 수 없는 모순에 빠진 것이다. 현실과 모순된 관념을 정당화하기 위해서는 유교적인 어떠한 해석도 봉쇄하지 않으면 안 되었다.

17세기 이후 조선왕조의 침체는 이런 식으로 진행되어 갔다. 많은 사람들이 새롭게 현실을 인식하고 그 바탕 위에서 새로운 사상적 가능성을 모색하려 하였지만, 이 모든 시도는 이단시되었다. 이러한 시도는 대부분 유교적 전통 안에서 모색되었음에도 불구하고 이처럼 죄악시되었던 것이다.

바로 이런 시기에 천주교가 우리나라에 수용되기 시작한 것이다. 한국천주교회사의 초기 100년사를 생각할 때에 이러한 배경을 반드시 염두에 두어야 한다. 다시 말해, 현실적 정치체제의 영속성을 정당화하기 위해 성리학적 사고를 더욱 완강하게 고집하던 17세기 중엽 이후, 이 세상만물은 천주의 창조물일 뿐이며 모든 인간은 천주 앞에서 평등하다는 새로운 가르침은 그 자체로서 지배자들에게는 불경스럽고 위험천만한 도전으로 간주되었으며, 이것을 받아들인 당시의 교우들에게는 처음

들어보는 복된 소식이었던 것이다. 말하자면 모든 세속적인 질서가 절대적임을 주장하는 당시의 성리학적 이념에 따른다면, 왕과 신하, 지배자와 피지배자, 양반과 상놈을 가리지 않고 모든 피조물은 하느님 앞에 평등하다는 가르침은 이단시될 수밖에 없었다.

이런 점에서 박해는 불가피하였다. 그러나 그처럼 잔인하고 철저한 박해가 장기간에 걸쳐 연속적으로 가해졌음에도 불구하고 천주교도가 줄어들지 않고 오히려 계속 늘어난 것은 그 사회에서 철저하게 소외되고 버려진 사람들에게 천주 신앙이 진정한 희망을 주고 있었기 때문이다. 그렇기 때문에 당시의 교우들은 무수히 목숨을 빼앗기면서도 그것을 포기할 수 없었던 것이다.

모든 역사는 현재적인 의미를 함축하고 있기 마련이며, 그런 의미에서 현재 우리가 직면한 문제에 대한 역사적 조명이라는 목적 하에서만 과거의 역사가 되살아나는 것인지도 모른다. 그렇다면 오늘날 천주교나 개신교를 가리지 않고 하느님의 종교에 귀의하려는 사람들이 이처럼 급증하는 까닭은 또 어디에 있는가? 이들은 과거의 선조들처럼 모든 것을 잃는 한이 있더라도 결코 포기할 수 없는 그 어떤 소망을 지니고 있는가?

한국천주교회의 초기 신자들은 수백 년 동안 자신들을 지배해 온 세속적 권위로부터 해방되기를 갈구하였으며, 사회로부터 버림받았던 처지에서 참으로 인간다운 대접을 받을 수 있다는 희망을 발견하였던 것이다. 그렇다면 오늘날 한국의 기독교인들은 왜 현세적 질서에 만족하지 못하고 또 다른 소망을 찾아 신앙을 선택하였는가?

2

　말할 수 없이 처참한 고통 속에 있었던 초기 한국천주교회의 역사를 생각해 보면 종교의 자유가 보장되는 현재의 우리는 얼마나 행복한가? 처음에 수만 명을 넘지 못했던 신자 수가 그 동안 자유로운 분위기 속에서 300만을 헤아리게 되었고, 개신교도와 합한다면 무려 천만에 이르게 되었다. 남한 인구의 1/4에 육박하는 사람들이 예수의 가르침을 얻기 위해 세례를 받았다면, 정말 우리나라는 기독교의 나라가 되었다고 말할 수도 있을 것이다.

　그러나 오늘날의 한국사회에 참다운 기독교적 정신이 지배하는 곳은 있는가? 예수는 언제나 사랑에 대하여 말씀하셨으며, 심지어는 원수까지도 사랑하라고 가르치셨다. 그리고 항상 가난하고 소외된 이웃들을 특별히 사랑하라고 말씀하시면서 부유한 사람들에게는 그들이 소유한 것이 자신의 영적인 구원에 걸림돌이 되지 않도록 하라고 부단히 일깨우셨다. 이런 가르침을 따르겠다는 사람이 천만을 헤아리는 오늘날 이 땅에는 과연 하느님의 사랑과 정의가 차고 넘치는가?

　조선후기 모진 박해가 계속 이어지던 때 천주교회는 분명히 가난한 사람들의 교회였다. 비록 항상 가난하고 언제나 박해로 인해 도망을 다녀야 하는 교회였지만, 그 교회는 가난한 사람들의 천국이었으며, 교회의 신자들은 모든 것을 서로 나누는 사랑을 실천하며 살아갔다. 그렇기 때문에 이들은 모진 박해를 겪으면서도 그들의 신앙을 지켜 나갈 수 있었던 것이다.

　이처럼 조선후기의 천주교회사를 생각해 보면 종교적 가르침이란 그 시대 그 사회에서 소외되고 가난한 사람들에 대하여 각별한 관심을 보여야 한다는 것을 새삼스럽게 깨닫게 된다. 국가체제나 사회의 온갖 제도는 어떤 형태로든 부유한 사람들의 권익을 더 보호하고 그들의 특권적 지위를 지속시킬 수 있도록 마련되어 있다. 오늘날과 같이 자유 평등의 이념에 토대를 둔 국가체제 아래서도 기득권을 지닌 부유한 사람들과 가난 하고 소외된 사람들 사이의 차별이 완전히 소멸될 수는 없는 것이다.

더욱이 자유경쟁의 원리 위에 경제 체제를 마련한 현대의 자본주의 경제 아래서는 소외되고 가난한 자는 공정한 경쟁의 패배자로 인식되기 쉽다. 제도적으로 누구나 자신의 처지를 뒤바꿀 수 있는 가능성이 열려 있다는 점에서는 신분제적 질서에 뿌리를 둔 전통사회와 크게 다른 것으로 보이지만, 사실상 한번 가난한 상태에 빠진 사람이 회복의 기회를 다시 갖기란 어려운 일이다. 그러므로 현대사회의 가난한 사람들은 정신적으로 더욱 큰 상처를 입을 수도 있는 것이다. 오늘날의 교회가 이들에 대하여 깊은 관심을 가지고 이들로 하여금 교회 안에서나마 진정한 사랑과 위안을 얻을 수 있도록 하지 않는다면 교회의 존재 이유는 어디에 있다고 할 것인가?

하느님의 사랑은 분명 부자와 가난한 자를 결코 구분하지 않을 것이다. 다만 현세에서 불행한 상태에 있는 많은 사람들에 대하여 부유한 사람들이 그 가진 것을 조금이라도 나누어 줄 것이 요청되는 것이다. 그리고 이것이 바로 형제적 사랑의 실천이 아니겠는가? 사실상 교회의 지난 역사는 우리로 하여금 현세적 질서에 안주해서는 안 된다는 점을 너무나 생생하게 증거해 주고 있다. 그리고 교회 내에서의 형제적 사랑의 실천이 사회적으로 확산될 때 오늘날 이 땅에 그 많은 교회가 존재하는 가치가 있지 않을까? 신자의 수가 수백만을 넘고 어디에서나 눈에 띄는 크고 화려한 교회가 무수히 존재하는 오늘날, 온갖 비리와 부정과 부패가 어느 때보다 극심한 것은 교회가 예수의 가르침을 지식으로만 간직하되, 몸소 실천하지는 않기 때문이라고 말할 수 있을 것이다. 그런 의미에서 작고 보잘것없었지만 참다운 천주의 위안을 얻을 수 있었으며, 또한 형제적 사랑을 서로 나누었던 초기 한국천주교회의 역사는 오늘날 우리에게 특별한 의미를 지니고 있다고 하겠다.

한국천주교 순교성인의 달을 맞으면서

　매년 9월은 한국천주교 순교성인들을 기념하는 달이다. 양반 중심의 사회구조 속에서 유교적인 이념이 깊이 뿌리내리고 있었던 18세기 후반에 수용되기 시작한 천주교 신앙의 역사는 여러 가지 점에서 오늘날 우리에게 시사하는 바가 크다고 생각한다. 초기 한국천주교회사가 가혹한 순교의 역사로 기억되는 것은 그만큼 천주교 신앙이 당시의 전통적 가치와 상충되는 면이 컸다는 것을 의미한다. 그처럼 어려운 환경 속에서 천주교 신앙이 성장하였다는 것은 어떤 의미에서 기적에 가까운 것이라고 여겨질 수도 있겠다.
　그러나 신앙의 자유가 보장되는 오늘날의 우리에게 교회의 순교 역사가 어떤 의미를 지니고 있는 것일까? 또한 천주교의 순교 역사는 오로지 천주교 신자들에게만 의미가 있는 것일까? 또한 이러한 사실이 신앙적 배경이 다른 사람들, 혹은 종교적 신앙생활을 영위하지 않는 많은 사람들에게는 어떤 의미를 줄 수 있을까?
　오늘날의 우리는 물론이거니와 과거 수백 년 전에 살았던 사람들도 모두 이 세상에서 성공한 사람이 되기를 소망하였으며, 또 그 소망을 달성하기 위하여 많은 노력을 하였다. 우리는 누구나 부귀와 영화(榮華), 명예(名譽)와 명성(名聲)을 얻기를 원하지 않는가? 그런 의미에서 박해시대의 순교자들이었던 이분들은 어쩌면 명백한 실패자들이었다. 그들은 인간이라면 누구나 얻기를 원하는 것으로부터 철저하게 유리된 채 사람 취급도 받지 못했다. 그런데 이들이 참혹한 죽음을 받은 지 백 수십 년 후에 영광스런 성인반열에 올랐다. 그렇다면 우리는 이들의 생애를 실패한 것으로 보아야 할 것인가, 성공한 것으로 보아야 할 것인가? 그들이 살았을 때 받았던 현세적인 평가는 그들 사후의 역사적인 평가에 의하여 완전히 뒤집어졌다.

우리나라 박해시대의 신앙은 항상 순교와 더불어 있었다. 최후의 순간에 신앙을 지키기 위하여 목숨을 바쳤다는 그것만이 순교의 모든 것은 아니었다. 우리나라 초기 천주교 신자들의 생애는 그들이 신앙을 가지기로 결심한 그 순간부터 죽는 그날까지의 삶의 과정 모두가 순교의 연속이었다. 수백 년간 철저한 유교국가였던 그 당시의 우리나라는 부모[祖上]에의 효성(孝誠)과 군주(君主: 나라)에의 충성(忠誠)을 동일시하던 사회였기에 초대 교우들은 부모와 조상에게는 패륜멸덕(悖倫滅德)한 사람으로, 왕과 나라에는 불충(不忠)의 반역자로 간주될 수밖에 없었다. 그러므로 그들은 일상적인 생활 속에서도 가족과 친척과 친지들로부터 버림을 받았던 것이다. 그들은 당시의 기준으로 볼 때 짐승만도 못한 사람들이었다. 그러므로 한 시대 한 사회 속에서 살아가야 하는 인간으로서 응당 가지고 있어야 할 그 모든 가치를 이들은 다 잃었던 것이다. 이들에게 있어서 진리(眞理)의 삶과 현세적(現世的)인 삶은 이처럼 생(生)과 사(死)를 갈라놓을 만치 너무나 대립적이어서 이 양자 사이에 중립지대란 존재할 여지가 없었다.

오늘날의 우리는 이와 같이 혹독한 양자택일(兩者擇一)의 기로에 서 있지 않아도 되니, 그 얼마나 다행한 일인가? 만약 그 선택이 오늘날 다시 요구된다면 나같이 보잘것없는 사람이 과연 진리의 길을 택할 수 있을까?

오늘날 우리는 초대 교우들에게 닥쳤던 것과 같은 순교의 삶은 아닐지라도 항상 옳은 것과 그른 것 중에서 하나를 선택해야만 하는 삶을 살고 있다. 사실 진실로 옳은 것과 그른 것 사이에 중간지대란 있을 수 없는 것이다. 그러므로 우리가 어떠한 삶을 추구할 것인가의 문제는 전적으로 우리 개인의 선택과 결단에 딸린 문제라 하겠다. 그러나 이 결단은 마냥 미룰 수 없는 것이다.

우리가 만약 진정으로 우리나라의 순교성인을 기념하고 그분들의 생애를 기리고자 한다면, 살아가면서 그 어떤 곤란한 처지에 놓인다 하더라도 옳다고 여겨지는 것이라면 과감하게 그것을 선택해야 할 것이다. 그리고 나서 우리의 삶에 대한 최후의 평가는 역사(歷史)에 맡겨둘 일이다. 그것이 참다운 신앙의 길에서야 더 말할 것이 어디 있겠는가?

오늘날에도 진리의 삶이 반드시 현세적인 보답을 받는 것은 아닌 것 같다. 그러기에 진실한 사람은 가려져서 보이지 않고, 허위와 거짓을 위장한 현인(賢人)들이 여전히 이 세상을 지배하는 것처럼 보일 때가 많은 것이 사실이다. 그렇더라도 우리는 진리가 반드시 존재하며, 또 우리는 그 진리에 합당한 삶을 살기 위하여 부단히 노력해야만 한다고 믿는다.

그런 의미에서 나태함과 교만에 빠져 있는 고린토 교회의 신자들을 꾸짖으며 바른 삶의 길을 가르쳐 주었던 사도 바오로의 다음과 같은 말씀 속에서 우리의 삶의 지표를 발견할 수 있을 것이라고 생각한다.

주님께서 오시면 어둠 속에 감추어진 것을 밝혀내시고 사람의 마음속 생각을 드러내실 것입니다. 그때에는 각 사람이 하느님께로부터 응분의 칭찬을 받게 될 것입니다. …

도대체 누가 여러분을 남보다 낫다고 보아줍니까? 여러분이 가지고 있는 것은 모두 하느님께로부터 받은 것이 아닙니까? 이렇게 다 받은 것인데 왜 받은 것이 아니고 자기의 것인 양 자랑합니까? 여러분은 벌써 배가 불렀습니다. 벌써 부자가 되었습니다. 우리를 제쳐놓고 벌써 왕이 되었습니다. …

우리는 지금 이 시간에도 굶주리고 목마르고 헐벗고 매맞으며 집 없이 떠돌아다니고 있습니다. 그리고 손발이 부르트도록 노동을 하고 있습니다. 그러면서 우리를 욕하는 사람을 축복해 주고 우리가 받은 박해를 참아내고 비방을 받을 때는 좋은 말로 대답해 줍니다. 그래서 우리는 지금도 이 세상의 쓰레기처럼 인간의 찌꺼기처럼 살고 있습니다. …

그러므로 나는 여러분에게 권합니다. 나를 본받으십시오.
(I 고린 4장 참조)

교만하고 부자처럼 산다는 것은 현세적인 부귀와 영화, 명예와 명성을 추구하는 것이 바람직한 삶이라고 생각하며 사는 태도일 것이다. 사도 바오로는 이러한 우리를 호되게 꾸짖으며 "이 세상의 쓰레기처럼, 인간의 찌꺼기처럼 살고" 있는 자신을 본받으라고 강력하게 권고하고 있다. 결국 무엇이 더 좋은 것인가는 뒷날의 엄연한 역사적 심판에서, 그리고 "어둠 속에 감추어진 것을 밝혀내시고 사람의 마음속을 드러내시는" 하느님의 심판에서 다 밝혀질 것이기 때문이다.

그러므로 한국천주교회의 순교자의 삶은 이 땅의 천주교도들에게만 의미가 있는 것은 아니다. 진정으로 올바른 삶의 추구가 현세적인 이익과 상충될 때 어떠한 선택을 하여야만 하는지를 그들의 생애가 너무나 잘 보여주고 있기 때문이다. 더욱이 당시의 순교자들은 대개 그 사회에서 버려진 사람들이었다. 그들은 높은 교육을 받았던 사람들도 아니요, 그 사회에서 기득권을 누릴 수 있는 처지에 있던 사람들도 아니었다. 설사 그들이 신앙을 위해 순교의 길을 걷지 않았다 하더라도, 그들은 현세적으로 부귀와 영화를 누릴 수 있는 형편의 사람들이 아니었다. 그러나 그들은 무엇이 진정으로 올바른 길인가를 선택해야 하는 기로에 섰을 때 합당한 결단을 내린 사람들이었던 것이다. 그리고 그러한 결단의 대가로 그들은 생명을 잃었던 것이다. 그들은 진정으로 "이 세상의 쓰레기"요 "인간의 찌꺼기"처럼 살기를 스스로 택한 사람들이다.

한국천주교회 순교성인의 달은 매년 9월이면 항상 맞이하게 되지만, 그들의 삶과 죽음의 의미를 우리가 되새기고, 우리의 삶과 신앙을 심각하게 성찰하지 않는다면 무슨 의미가 있겠는가? 그러므로 순교성인의 달은 그러한 위대한 성인들을 많이 지니게 되었음을 기념하는 자리가 되어서만은 안 될 것이다. 오히려 기회에 그분들의 고뇌에 가득찼던 생애를 묵상하고, 우리들의 현실적인 삶이 "헛되고 헛된" 것만을 추구하고 있는 것이 아닌지 깊이 성찰해 보는 기회로 승화시켜야 할 것이다.